九州の中世 IV

高志書院

神仏と祈りの情景

大庭康時・佐伯弘次・坪根伸也 編

刊行のことば

中世(一一世紀〜一六世紀)は、地方が成長し地方の自我が目覚めた時代である。あらゆるモノが基本的には中央(奈良・京都)に収斂し、中央から放射された古代とは異なり、中世は地方に核ができ、文化的にも政治・経済的にも自己主張した時代であった。それでは、中世の九州とは、どんな世界だったのだろう。畿内や関東などとはひと味ちがった九州らしさ、九州の個性は、あるのだろうか？　ないのだろうか？その答えに一歩でも近づきたい、そのための企画である。

この企画では、全国の歴史愛好者や研究者に、九州の中世とはどんなところなのかを知っていただくために、各地域に残る遺跡・文化財を活用して、地域に根ざした歴史像を具体的に描いてもらうことにした。

ここでいう歴史像とは、文献史学がつみかさねた史実をふまえたうえでの、武士の拠点、寺社や墓所、町場や集落、古道や旧河道といった諸要素がおりなす景観、中世の風景をいう。言いかえると、歴史景観の復元である。

すべてを描ききることは難しい。しかし、遺跡や文化財は歴史を語る物証であるから、各論者には地図や写真、図版などもフルに利用しながら、「わたしはこの地域の歴史像をこう描きたい」と目に見えるかたちで提言していただいた。もちろん、文献史学や考古学、美術史、宗教史などの最先端をゆく成果も、各々のテーマにあわせて提示してもらっている。

九州各地のこまやかな歴史像をときに大胆な仮説を交えて叙述する本シリーズの試みは、ほかの地域とくらべることではじめて生きてくる。その視点は九州にとどまらない。日本列島やアジアの世界に広げてゆけば、将来的には九州の個性を発見できるときが必ず来る、と信じて本シリーズをおくる。

はじめに

九州は、他国からわが国に新たな信仰・宗教がもたらされる際の窓口であった。博多には、空海が唐から帰国して最初に建立した真言宗寺院であると伝える東長寺が、また南宋から禅宗を伝えた栄西が創建し、「扶桑最初之禅窟」の扁額を掲げる聖福寺が現在もその威容を誇っている。中国から伝来した仏教の諸宗派は言うに及ばず、フランシスコ・ザビエルの来日に端を発したキリスト教の伝来も九州から始まった。中国の航海神である媽祖信仰のような、民間信仰までも伝わっている。

一方、日本固有の神々の世界とも結びついた山岳信仰は、九州各地に霊山を生んだ。大宰府の背後にそびえる宝満山は遣唐使が航海安全を祈った霊山であり、中世においても僧兵を擁して君臨した。国東半島においては半島の東部と西部で様相を異にするとはいえ、半島全体が「六郷山」という一つの寺院群を形作り、独自の宗教文化が育まれていた。全国的に展開した経塚造営においては、九州は早くから埋経が行われた地域であり、独自の経筒形式を生み出すとともに、博多周辺の中国人商人の間にまで広がるなど、九州独自の国際的な社会に順応したあり方を見せる。

九州各地に残る仏像においても独自性がある。都とは異なる特徴をもちながら、大陸の影響を受けた仏像が九州に認められるのは、豊前の宇佐八幡宮に始まる八幡信仰が大陸の文物や国内の古い図像の受け皿となって、新たな仏像を生み出す基盤になったとされている。宇佐宮・大隅正八幡などの八幡信仰の広がりは、九州の宗教文化を知る上では欠かせない要素となる。

信仰心の発露である石塔にも九州にしかないものがあり、大陸との密な交通は、列島の他地域にはない、中国系の石造物を生み出している。近年注目を集めている薩摩塔は、石材産地とともにその異様ともいえる独特の形態、刻まれた尊像の像容などから、中国寧波周辺との深いつながりが認められ、博多周辺・平戸周辺、薩摩半島周辺に著しく偏在している。首羅山遺跡のように中国との関わりをもつ山林寺院が営まれ、国東半島に独特な宝塔である国東塔が地域的な分布を示すのも、九州ならではのことである。さらに火山堆積物が豊かな九州では、やわらかな溶結凝灰岩を用いて装飾豊かな彫刻をこらし、木造建築物に見立てた石塔が肥後・薩摩など九州西岸を中心に広がっており、石塔文化の地域性は看過できないものがある。宗派・教義だけでは説明しきれない精神文化のありようがひそんでいるのかもしれない。

仏像や石塔の製作を担う職人たちが九州各地に根付いていたように、鋳物生産においても、北部九州にはいくつかの鋳物師組織があって梵鐘の製作に携わっていた。豊前・筑前・周防の鋳物師は琉球鐘の鋳造に関わるなど活動の場を広げているが、南九州に鋳物師組織がなく、搬入品の梵鐘でまかなっていたという。これもまた九州の北と南の個性として興味深い。

『九州の中世』シリーズでは、その締めくくりとして、中世九州の精神風土を取り上げた第Ⅳ巻を用意した。収録した論文は、石造物や仏像に及び、その論者の視点も歴史学・考古学にとどまらず、美術史にもわたっている。それぞれの論文の間には、一見すると関連性は見出しがたいかもしれない。しかし、そこに多様性を見出すことは可能であろう。その多様性こそが、中世九州の信仰世界が有した歴史的特徴と言えるのではなかろうか。

『九州の中世Ⅳ　神仏と祈りの情景』が、九州の精神世界を探る原点となり、今後の議論に一石を投じることができれば幸いである。

大庭　康時

目次

九州の中世Ⅳ　神仏と祈りの情景

宝満山の景観

山村 信榮

1　霊峰宝満山

宝満山は古代官衙としての大宰府の北東にある七世紀から現代に至るまで信仰で栄えた山で、遺跡としても祭祀や寺社関連遺構が調査で明らかとなり、遺跡の性格として重層的な価値を有することから平成二五年度に国史跡となった。

2　宝満山遺跡群の概要

太宰府市は玄界灘を臨む博多湾より南約一〇キロ、筑後平野と福岡平野とをつなぐ溝状の地狭帯に位置し、西に脊振山塊より派生した丘陵、東に三郡山系から連なる山に囲まれている。宝満山遺跡群は、古代大宰府条坊の北東に位置し、宝満山(標高八二九メートル)を主峰とし愛嶽(おたけ)山裾までを含む太宰府市から筑紫野市域の山中に展開する遺跡群で(図1)、旧石器時代から修験道やその他の信仰にかかわる、近現代までの遺構が調査報告されている(図2)。

歴史との関わりでこの山が注目されるのは、西暦六六三年の白村江の戦いにより倭が唐・新羅の連合軍に敗戦し、翌六六四年の水城築造に始まる大宰府の防衛線としての大宰府羅城の形成において、羅城ラインの東側の最高所として取り込まれた可能性が指摘されるところに始まる[阿部 一九九一、山村 二〇一八]。その後、山頂や高所の峰において皇朝銭、形代、緑釉陶器、墨書土器、製塩土器等を用いた祭祀が行われるようになり、遣唐使の入唐や蕃客などの対外

図１　宝満山遠景（南西より）

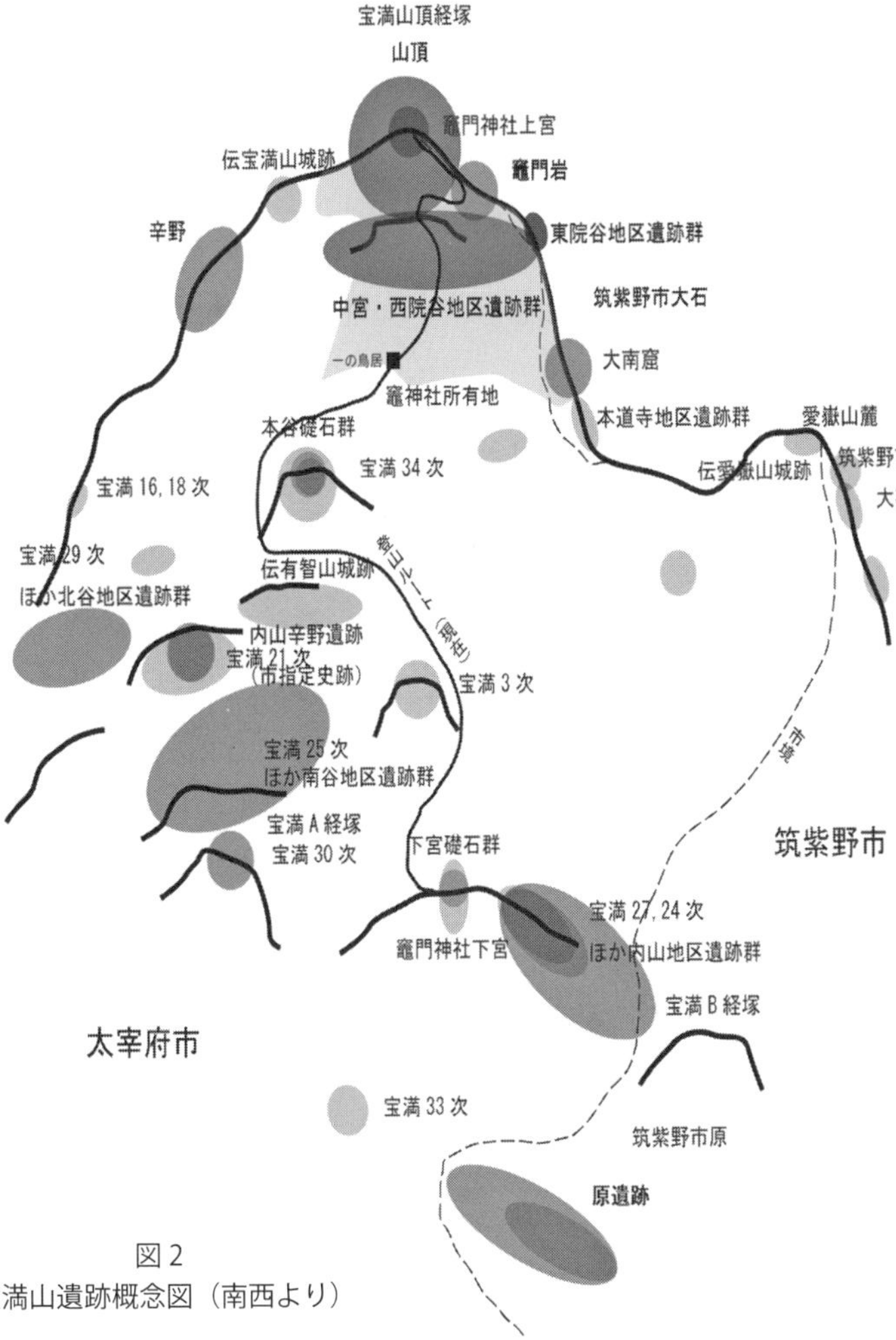

図２
宝満山遺跡概念図（南西より）

関係にかかわる国境での国家的な祭祀が含まれていたことが指摘されている［小田 一九八二・一九八三、山村 二〇〇五］。

　遺跡としては七世紀末から八世紀初頭の段階で内山集落の下宮地区、中腹の辛野地区および山頂東下の東院谷地区において土器が出土し、八世紀中葉から後半の段階で南西裾の原遺跡や中腹の辛野地区の21次において、土師器甕に供膳具を伴う土器相を持つ生活臭のある遺跡が形成されている。さらに山頂南東斜面における祭祀、南東斜面の大南窟（室構造を持つ巨岩露頭）の使用がこの時期に始まっている。

図３　宝満山安西塔復元案（山岸常人監修）

図４　宝満山下宮礎石建物復元案（山岸常人監修）

　九世紀後半から一〇世紀になると、現在の下宮と中宮跡の中間の独立峰に、三間四方の瓦を所要した礎石建物が、山を削り出して作った方形の基壇を伴っている。石で築かれた階段の位置から南を正面とした建物で、東に山頂を仰ぐ好位置に立地している。礎石の脇から平安時代の様式とされる小金銅仏が出土している。この施設が近年、天台宗を開いた最澄が企画した六所宝塔のうちの日本の西端に置かれた「安西塔」であったのではないかと指摘されている（図３）。
　竈門神社下宮境内においては、東西五間・南北七間の長大な総柱の礎石建物が平安時代後期以降の整地層上に建てられたことが調査によって判明し（図４）、その前面の谷部の調査ではそれに接続すると考えられる参道と思わしき石敷きと石垣などが確認された。講堂などの性格を持つ寺の中枢建物と目される。下宮からやや下った内山地区大門においても、創建が一〇世紀頃に想定される礎石建ちの堂舎が発見されている（42次調査）。
　平安後期以降は山中に広く遺物の散布地が知られて

おり、太宰府市側の内山、北谷をはじめ筑紫野市側の原、大石、本道寺などの集落、山中の東院谷、西院谷周辺などでは当該時期の遺物が雛壇状の造成面で広く採取されている。遺跡の西側では大字内山字辛野と大字北谷字小野にまたがる丘陵頂部の平坦面において行った21次調査で、八世紀後半の遺物包含層を埋めて一三世紀頃に造成し、前面に二段の石垣と石階段、後背面に土塁と景石を用いた庭園遺構と数寄屋風建物が存在することが判明した。

図5　宝満山北谷坊跡（宝満山29次調査 提供太宰府市）

その地点以下の北谷地区や南谷地区では、在来工法による石垣や石段を用いて区画した雛壇状の造成遺構と、その上に展開する掘立柱建物群が検出された。北谷地区では鍛造、内山地区では鋳造と鍛造の金属工房を伴う一三世紀の遺構が確認されている（図5）。この段階にあっては山裾の内山、北谷地区と裾から一段上がった南谷、辛野地区に遺構が集中し、遺物の散布状況から中宮周辺の西院谷、筑紫野市側の八合目付近にある東院谷地区などに若干住空間があったものと思われる［小西 一九八四、太宰府市教委 一九八九他］。

3　遺跡の性格

遺跡調査で面的な様相がある程度判明している山裾の内山地区、南谷地区、北谷地区では、一様に平安後期の一二世紀中に面的な開発が開始され、室町前期の一四世紀頃を境に急速に衰退する様相が共通して見られた。

遺跡の開始時期は、内山地区が他地区に先んじて八世紀前半からの遺物が出土し、中頃以降は包含層が形成される様相があり、当該期に山中の峰々において土器を廃棄する祭祀と考えられる行為が認められることから、その拠点的な位置づけが考えられる。その後の初期輸入陶磁器、緑・灰釉陶器の組み合わせでの出土は他地区には見られない現象であり、その後の一〇世紀（大門地区）と一二世紀代（下宮

図６　宝満山南谷坊跡全景（提供太宰府市）

地区)における大型礎石建物の建設に至る拠点的性格は、一貫して認められる。

一二世紀は各地区で段造成をはじめとする開発が開始された。奇しくも一二世紀前半には宝満A・B両経塚が形成された時期である。内山字ジル谷に隣接する筑紫野市大字原の山崎と呼ばれる丘陵頂部で発見された宝満B経塚の経筒の外面には、線刻で銘文が残されている。それによれば、肥前松浦郡の僧観尊が天永元年(一一一〇)に数ヶ月間寺内に宿善し、大南の毘沙門堂に籠り行を修して、家族安寧のため如法に法華経を写経したことが記されている[亀井 一九八二]。出土地の丘陵裾には「ビシャモン」のホノケが残されており、この一帯が一二世紀第1四半期の段階で、堂舎が占拠する寺地となっていたことが判明する。このことから宝満山遺跡では、平安後期における面的な開発行為が寺社の境内地整備に伴って行われたものと想定される。

地形と遺構の関係を整理すれば、傾斜面の尾根と谷の両者が段状に造成され、その高位置に瓦を要す礎石建物が建築され、下位には小規模な掘立柱建物からなる工房を含む生活空間が占拠していた。これら造成群から見上げた丘陵の頂に経塚が形成された。それは段造成群の外縁との境を示す位置にある。また、経塚については北谷地区では別所の丘の上に「キョウヅカヤマ」、内山地区の本谷寄りの丘の上に「キョウヤマ」の遺称があり、段造成群の最高所から山頂の間に見える丘の上にも経塚が形成されたことが考えられる。なお、宝満山山頂(標高八二九㍍)において中国産陶器の経筒の外容器が採取されていることから、経塚の造営が認められる。

歴史的には内山地区は延暦二二年(八〇三)の『扶桑略記』『叡山大師伝』などに記載される「竈門山寺」の比定地であり、同寺は承和一四年(八四七)の天台僧円仁が参籠した「大山寺」、応徳三年(一〇八六)の僧安尊の記事に見られる「内山寺」につながるものと考えられてきた。そして永暦元年(一一六〇)には石清水八幡宮との平安京での争論の末に大山寺は比叡山の末寺となった経緯がある[森 二〇〇八]。

一二世紀代はまさに宝満山を天台宗が占拠する形で権門支配下色が顕在化した時代であり、山裾の内山、南谷、北谷の三地区で同時的に山内の開発が進行した背景には、天台宗の地方開発欲が原動力になったものと想定される(図6)。

4 天台系山岳寺院の構造

山内の造成行為全体にかかわる問題として、平安後期から鎌倉期にかけての九州の天台系寺院に関する文献史料に次のようなものがある。福岡県添田町の彦山今熊野窟に残された嘉禎三年(一二三七)六月銘を持つ金石文には、仏の造立、堂舎の建設に先立って、まず如法(「奉書写一字三礼如法経」)が行われることが記されている[八尋 一九八七]。国東六郷山寺においても経塚造営が奥の院とその周辺に集中することが指摘されており、このことは寺院伽藍配置と展開に伴った、地鎮祭的な行為にも似た神聖な行為とみなされ、経筒埋納が地霊と一体化した聖地を形作った、とされている。この行為が一三世紀以降には奥の院下手前部における宝塔、国東塔などの造立につながるとし、縦方向に展開する伽藍の最奥部の聖地観念が後代に継続したことが指摘されている[栗田 一九九七]。

このことは奥の院や窟などが明確でない山岳寺院遺跡においても、段造成の高位側に経塚が存在するケースでは参考になるモデル提示である。また、大分県国東の六郷山寺院夷岩屋に関する余瀬文書「夷住僧行源解状」長承四年(一一三五)条によれば、石屋(山岳寺院)の地所はもと大小の樹林であり、それを伐り払い、石、木の根を掘り除け田畑を開発した後、寺料と食禄をまかなったとし、寺地確保の一環に耕作地が含まれていたことを示している[櫻井二〇〇五]。

このことから、平安後期における九州の天台系山中寺院の造営初期については如法という写経および埋経行為が行われて土地が清められ、その後に堂舎の坊の土地が切り開かれ、その周辺のエリアには耕作地が付帯して設定されていたことが知られる。宝満山遺跡での経塚造営の背景や広大な段造成中において、建物が積極的に発見できない箇所がある背景など、いくつかの問題が理解される。耕作地の想定はこれまでの調査ではなされておらず、重要な視点である。遺跡内での自給性は外部依存を抑え、より内部で完結する世界を志向したことが想起され、遺跡を包括する結界的な経塚の配置など、外界との関係性を重視した背景も連関するものと考えられる。

5　段造成と「谷」

宝満山を含む九州の天台系山岳寺院の場合、山内での段造成は平面的には主峰に対し、南、西、東斜面などの山斜面の大きな地勢に分かれて分布し、宝満山などはさらに谷と尾根で群が別れる。この分布構成の差(重層性)により寺社同士の相対的な規模の大小が区分される(図7)。

段造成群の展開する垂直方向の位置にも偏りがあり、山裾、山中、山頂の区分が設定しうる(図7)。これは従来から言われてきた寺社の下宮、中宮、上宮、山頂坊、山中坊、里坊などに相当すると考えられる。また、この区分においても寺社の規模によりいずれかが欠落するケースもある。さらにこの群の一単位は、通常裾に広く高位置方向に幅狭い三角形を呈し、発掘調査によれば裾部

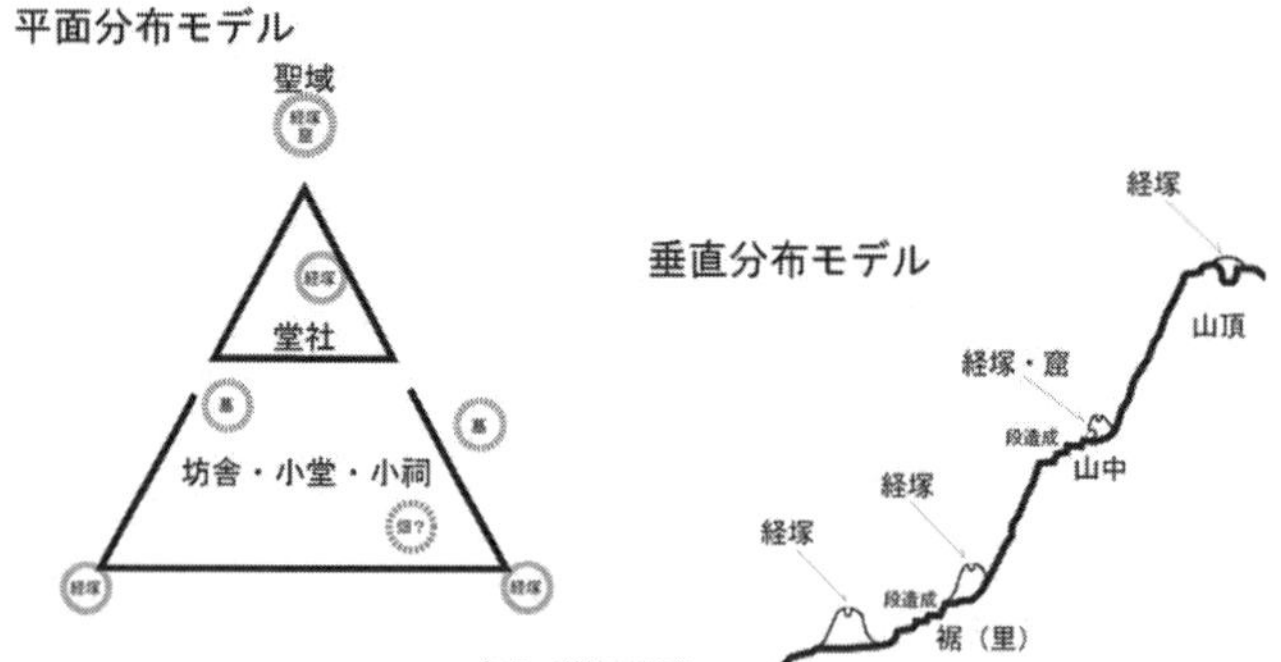

図７　山岳寺院の遺構分布モデル

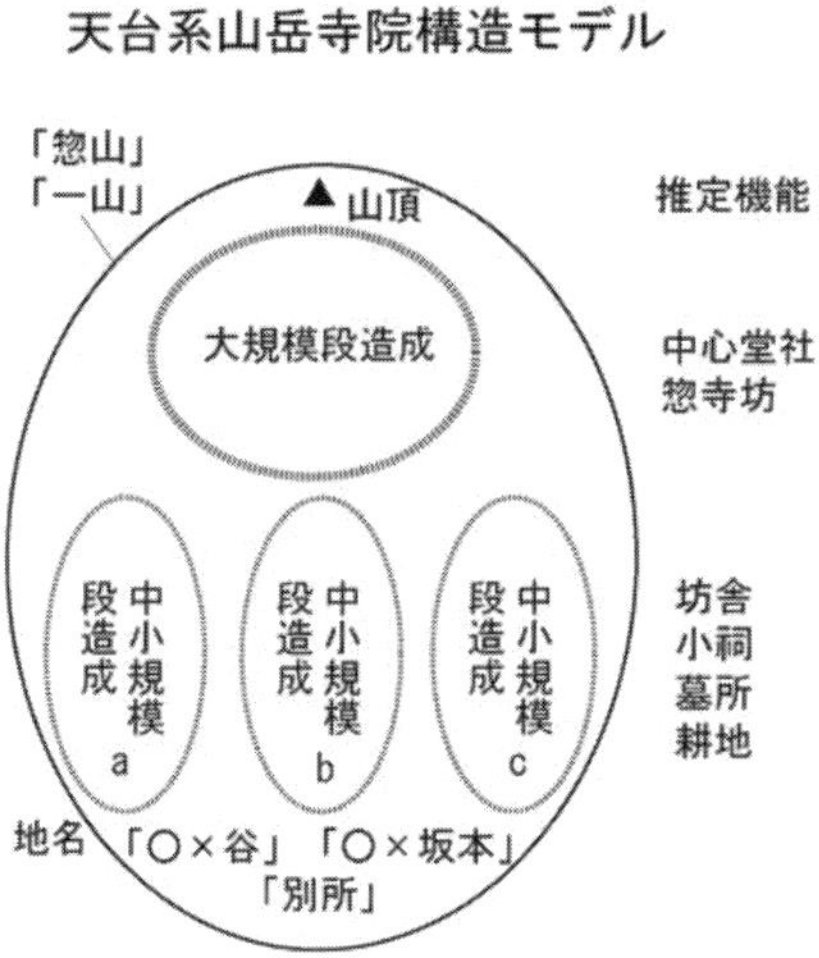

図８　天台系山岳寺院の構造モデル

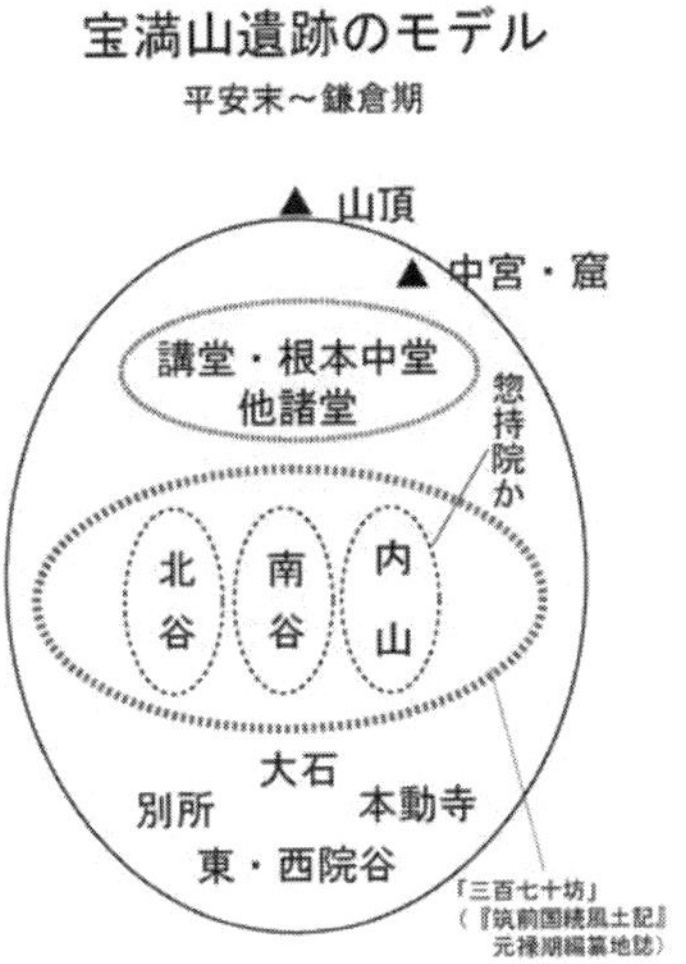

図９　中世宝満山遺跡の構造

は掘立柱建物群や廃棄施設などの生活空間が占有し、高位の段には基壇や礎石を伴う堂舎と考えられる優位な施設が占有しているモデルが提示できる。

宝満山においては北谷、南谷などの方位＋谷名称が現在まで地名として残され、それが遺跡を括る単位としても機能している。これは彦山や求菩提山など同じ地方天台系山岳寺院に多く見られる地名であり、本山である比叡山にその範が求められる。

中世天台宗の組織は、教学としての組織は寺を統括する惣寺院・座主があり、その下に院、さらにそれぞれの院の下に門流があり、それに属す私坊が存在するモデルであった。学問としての多様性を醸成した宗派であり、各宗派の鎌倉新仏教の誕生する母体ともなっており、相応の複雑性があったものと想像される。学問としての関係性とは別の次元で寺内法に則った組織があった模様で、承元二年（一二〇八）の『門葉記』には座主の下に「三塔（西塔・東塔・横川）」＋「無動寺」、その下位に「四谷（西谷・東谷・北谷・南谷）」の支配構造の記述があり、「横川」や「南谷」の名称は天禄三年（九七二）の記録にすでに見られる［岡野 二〇〇四］。また、九州においては鎌倉前期頃の成立とされる『彦山流記』からは山内を惣持院、北谷、中谷、南谷からなる「四谷」がそれぞれに寺院運営にかかわる「講衆」と「先達」を擁し、「禅房二百余宇」を支配するモデルが復原される(図8)。

この支配モデルは遺跡の構造を理解するうえで重要な視点を提供している。宝満山遺跡のように地勢で分けられて独立した形で存在する「北谷」「南谷」「内山」の遺跡群は、それぞれの群の中で標高に従った建物のヒエラルキーを構成して完結性を有し、栄枯盛衰を一山として共有する、というモデルが想定される。

方位+谷名称は天台寺院内での支配構造にかかわる名称で、個別の私坊を統括する上位の寺務機能を持った組織に付与されたものと言える。このことから谷構造の上位建物は谷支配に関する機能を果たす堂舎、ないし優位坊舎と捉えられ、その下位の段造成中に点在する中小規模の掘立柱建物は「私房」に相当する、と考えられる。鍛冶関連遺構などは私坊に取り込まれた工房であったと考えられる。後に「金剛兵衛」の名で有名となる宝満刀鍛冶もこの中から生まれたものと理解される。墳墓のあり方も基本は私坊を単位にすると想定されるが、墓所の設定は辛野地区や北谷地区においては段造成を避けた位置に設けられるなど、谷全体のルールの中で選地されたものと考えられる。

「谷」間においても優位性のある群が「惣持院」といえるが、宝満山の場合、奈良期から引き続いて優位遺物の消費が続けられ、平安後期においては谷間で唯一大型の礎石建物を有す内山地区が「惣持院」に相当するものと考えられる。

また、現状で遺構の詳細が知られていない北谷区の字別所地区、山の東斜面にある筑紫野市大石地区、同本道寺地区にある段造成群では大宰府陶磁器編年C期からF期に至る陶磁器の分布が認められ、未知の「谷」クラスの遺構群の存在が予見される。また、山内の高位にある中宮付近の西院谷、山頂周辺、山頂東側の東院谷等についても近世のものとされるが、造成面の下位から出土する遺物の傾向は前記のエリアと同様であり、遺跡総体としてさらに複雑な重層性があったものと想定される(図9)。

6　山岳寺院としての宝満山の景観

宝満山遺跡では古代から中世にかけて内山地区、南谷地区、北谷地区のそれぞれの山中に出現した、段造成や通路などにより連続性を持って展開する生活関連遺構群と経塚や墳墓を含めたものが、一つのユニットとして理解され、それが他所の山岳寺院の構成モデルとの比較により、一つの中世山岳寺院としての景観を形成していたことが見えてきた。

文献では宝満山における寺院は竈門山寺、大山寺、内山寺、有智山寺の名称の変遷がたどれ、これらが同一の寺院を指すものか否か判明していないが、八世紀から途絶えることなく中世に至るまで広い山内が坊や堂舎が展開する場として利用され、山頂域に近い高位の山中は祭祀や修行の場となり、山頂は聖域として保持されていた。

このような閉じた世界観があった一方で『竈門山旧記』によれば、山ではかつては一〇月初午の礼祭に神輿や牛車の隊列を仕立てた神幸が、都市大宰府の五条まで下る都市祭礼を催行していたことが知られ、そのお旅所が五条に残されているなど、都市大宰府との関係も重要である。また、山塊でつながる他の天台系山岳寺院や、山頂経塚での四王寺山、脊振山、彦山など霊山との連接は、信仰対象としての山の姿を考察するには重要な要素である［山村 二〇〇五］。宝満山での天台的な支配は南北朝期を境に退潮し、代わって修験道の山伏により山の祭祀が続けられることとなる。

近世の宝満山中における寺社にかかわる施設としては、西院谷と東院谷にあった山伏の二十五坊以外に、『竈門山宝満宮縁起』によれば山中に宝城窟、福城窟、劔ノ窟、大南窟、藤窟、宝塔窟、釜蓋窟、雨宝の岩屋の修行窟があり、下宮周辺の内山地区に地蔵堂惣門、大塔、金堂、鐘楼、大講堂、僧坊、文庫、経蔵、礼拝石、阿弥陀寺、釈迦院、山崎の館、浄戒座主跡、北谷地区に新宮宝満、焔魔堂、祇園社、貴船社、大黒天。中堂地区に薬師堂（根本中堂）、八講道場などありとされる。

遺跡の規模としては縮小しつつも、霊山としての機能や景観は近世までは残されることとなった。

中世山林寺院跡 首羅山遺跡

江上 智恵

はじめに

福岡平野の周縁には屏風のように山々が連なる。東には西山・犬鳴山から宝満山にかけての山々、西には脊振山系である。首羅山遺跡は福岡平野の東の端、多々良川の上流に位置する標高二八九㍍の白山、通称首羅山にある。

調査開始までは、文献史料もほとんどなく、寺があったという地域の伝承がわずかに残る荒山であった。二〇〇五年より考古学的な調査を実施し、平安時代後期から鎌倉時代を最盛期とする山林寺院跡であることがわかり、二〇一三年三月に国史跡となった。地域・行政、研究者そして町内の小学校が連携して遺跡の調査と活用をすすめ、二〇二〇年三月までには山頂への登山道を整備し、調査を継続しながら遺跡を随時公開していく予定である。

文献のない中世の山寺の遺跡をわかりやすく語るのは難しい。ここでは、首羅山遺跡の発掘調査の成果を中心としつつ、遺跡内や周辺に残る寺社などから、推論も加え、より具体的な中世山林寺院跡 首羅山遺跡の姿に迫ってみたいと思う。

1 首羅山とは

久山町内に伝わる『御汗如来縁起』の首羅山頭光寺の開山伝承には、天平年間に白山権現が虎に乗って百済から来朝したとある。白山権現が乗り捨てた虎の猛威に怖れた村

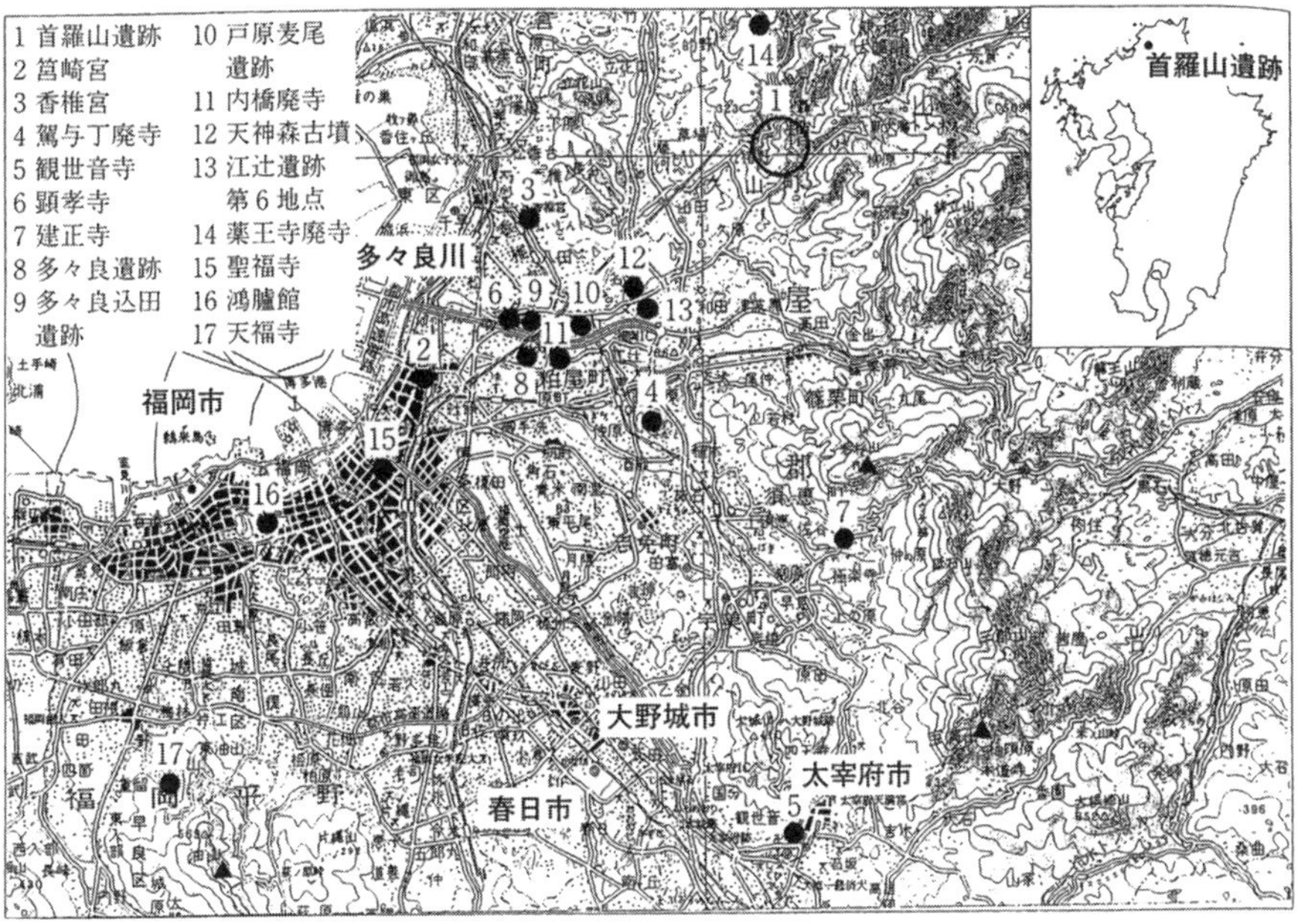

図1　首羅山遺跡位置図（国土地理院「福岡」の地勢図に加筆）

写真1　首羅山遺跡（博多湾が一望できる）

人が虎の首をはねて殺したところ、その虎の首が光ったという。驚いた村人は虎の首を羅物(中国の薄絹)に包み十一面観音を祀ったということから「首羅山頭光寺」というようになったと伝えられる。北部九州の山寺の開山伝承には、インドから来朝した清賀上人が開山したといわれる怡土七ケ寺(現糸島市周辺)をはじめ外国の神や僧侶が開山したなどの話がある。首羅山も韓国の山神思想に通じる虎に乗った白山権現が百済からきたという伝承が地域に伝えられている点は興味深い。

「首羅山」は中世の名称であり、「須良山」とも呼ばれていた。寛元五年(一二四七)の石清水文書の「法橋栄舜譲状案」が山名のでてくる最古の文書である。「須良山之内、常実坊の僧坊の敷地」の一反を安楽房栄重に譲ろうとしたということが書かれている。

『本朝高僧伝』の禅宗の高僧悟空敬念《ごくうけいねん》の記載のなかに「首羅山に棲遅す」という一文があり、文永九年(一二七二)には「首羅山」と呼ばれていたことがわかる。

江戸時代になると「白山」に「しらさん」とルビが振られるようになり、「白山」の記載がみられるようになる。こうしたことから「しゅらさん」「すらさん」から「しらやま」「はくさん」となり、「白山」の字があてられるようになったと考えられる[服部二〇〇八]。

『筑前国続風土記』の白山権現社の記載には、社僧の寺院は「白山頭光寺泉盛院」という天台宗の寺院で、「本谷に百坊、西谷に百坊、別所に百坊、山王に五十坊」の合計三五〇坊があったとある。現在麓にある白山神社は、大正年間まで山頂にあり、かつては菊里媛神を祭神としていた。

2　首羅山遺跡の歴史

首羅山に関する最古の文字資料は、山頂で発見された「伝白山神社経塚出土遺物(県指定文化財)」の銅製経筒に刻まれた銘文である[宮小路一九九九]。銅製経筒には天仁二年(一一〇九)の線刻があり、底には「徐工」という中国人名の墨書がある。この時期にはすでに首羅山は開山していたことがわかる。

しかし、近年の調査で、さらに古い時期の遺物が出土し、首羅山の活動の開始がさかのぼることが確認された。西谷地区の調査では、観法岩とよばれる石窟の付近から須恵器が出土しており、古墳時代後期には岩陰祭祀などの活動があったことも考えられる。同じく西谷地区では九世紀の中国の越州窯の陶磁器の破片や、白磁I類といわれる九世紀頃の古いタイプの白磁などの貿易陶磁器の破片が採取されており、山林寺院としての胎動は、西谷地区で九世紀には

写真２　伝白山神社経塚出土遺物（九州歴史資料館所蔵）

じまっていることが明らかになった。

この頃の首羅山周辺の状況を知る手がかりとして平安時代に編纂された「和名類聚抄」がある。このなかで糟屋郡の九郷があげられており、そのなかに柞原(久波良)郷の記載があり、現在の久山町久原にあたるといわれる。久原は首羅山の山麓の集落で、中世には筥崎宮の荘園であった。さらに首羅山の麓を流れる久原川の下流の多々良川の河口は、かつては現在よりも内陸まで入りこんでいた。下流の多々良込田遺跡ではコ字形の配置を意識した建物群が発見され、越州窯の青磁などが多く出土する。九世紀頃の官衙的な性格の遺跡といわれている。中世には多々良川の河口付近は箱崎津と呼ばれ［伊藤　二〇一八］、博多湾の大陸の文物の交流の拠点のひとつであった。首羅山から箱崎津にかけての多々良川流域には古代から中世にかけて「多々良川文化」と称される［川添　一九九四］ほど、色濃く大陸の影響が見られるのである。

このようななか、平安時代後半に福岡平野の周縁の山々に、いくつかの大陸色豊かな山寺がつくられるようになり、そのひとつが首羅山遺跡であった。

首羅山遺跡は発掘調査の結果、九世紀に西谷地区で活動がはじまり、一一世紀後半頃から活動は活発となり、一二世紀には山頂に経塚がつくられたり、山内の谷を数メートル埋めて造成を行い、本谷地区に一五㍍四方ほどの基壇建物がつくられたことが判明した。この時期には瓦葺の建物があり、貿易陶磁器の優品が山内に持ち込まれている。

ところが一三世紀中葉になると、山内のそれ以前の建物や構造物を壊し、再度造成を行い、それまでよりも大きく南北を強く意識した堂宇を建立したり、池や滝などがある庭園状の空間をつくったりする。また、山頂に石段をつくり薩摩塔や宋風獅子を奉納した。現状までの首羅山遺跡の調査で発見された遺物や遺構から、首羅山遺跡には一二世紀頃と一三世紀の半ば頃の二つの最盛期があると考えている。

3　特徴的な遺物と遺構

博多やその周辺の中世の遺跡同様、福岡平野周縁の山々でも、近年大陸系の石造物など、他地域にはあまり見られない大陸色の強い遺物が発見されつつある。ここでは、首羅山遺跡にみられる特徴的な遺物や遺構を紹介する。

本谷地区では梵字文の軒丸瓦や剣巴文の軒平瓦、高麗青磁や中国の陶磁器の優品が出土する。

梵字文の軒丸瓦の九州の出土例は少なく、首羅山以外では大分県では弥勒寺と万寿寺、福岡県ではみやこ町の蔵持山で出土している。首羅山遺跡の梵字文の軒丸瓦は一二世紀末から一三世紀初頭頃のもので、蓮座の上に大日如来を示す「ア」の字が鎮座する。さらに縁には大粒の連珠が施される。

写真３　梵字文瓦

弥勒寺と蔵持山出土の梵字文軒丸瓦の種子は阿弥陀如来を示すキリークなどを配し、蓮

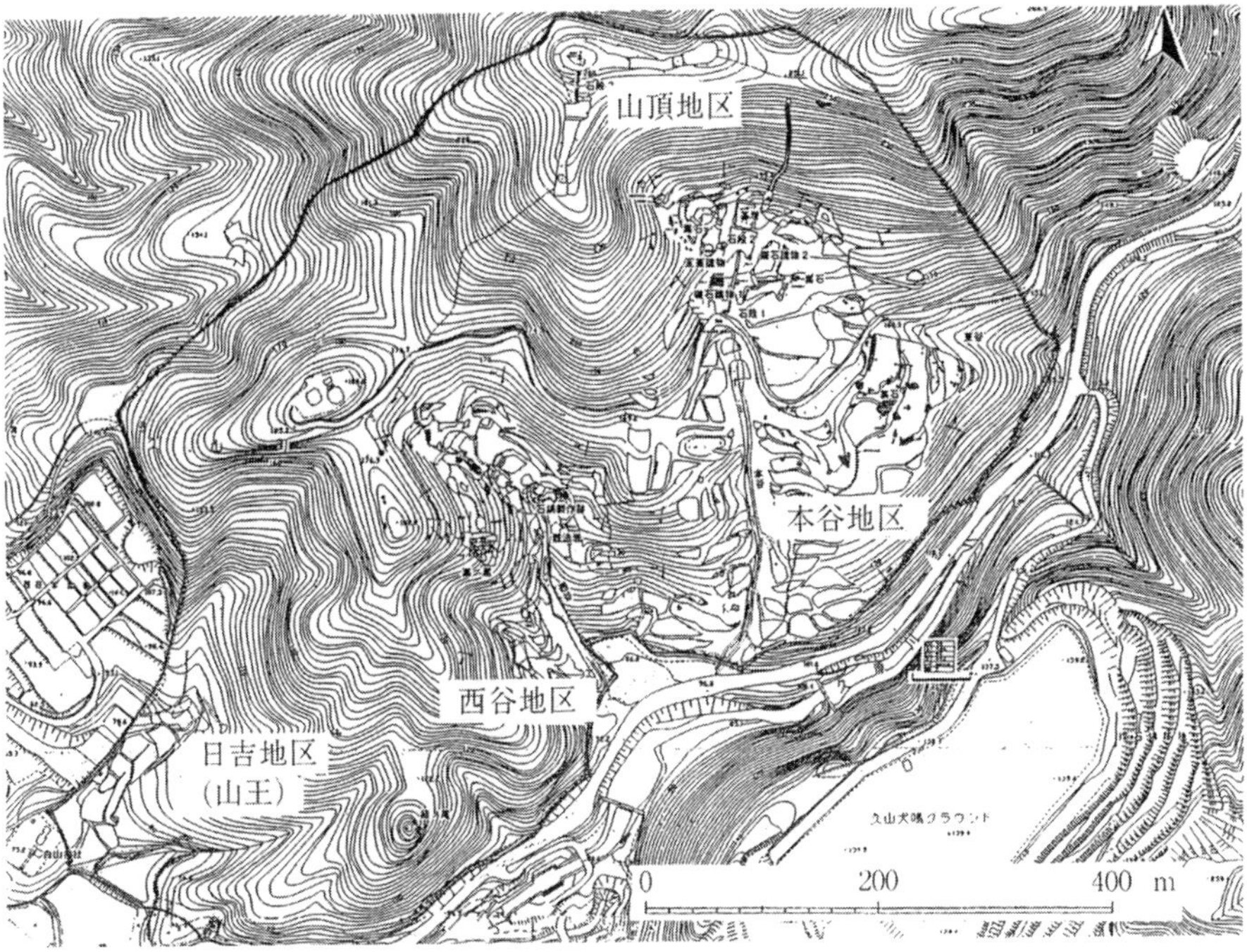

図２　首羅山遺跡 遺構配置図

写真４　高麗青磁印花文香炉（複製）

座や連珠はみられない。同時期の軒平瓦は折り曲げづくりで、剣巴文が施される。剣巴文軒平瓦は観世音寺、安楽寺、筥崎宮など、当時の有力寺社で出土する。このような瓦に見られる九州での限定された出土は、たとえば宇佐の弥勒寺は石清水八幡宮との関係が深く、首羅山遺跡のある久原地区は石清水八幡宮と関わりの深い筥崎宮の荘園であったことなどから、そうしたことが梵字文の出土瓦に反映されているのかもしれない。

貿易陶磁器では、中国の景徳鎮産の青白磁刻花文深鉢や、吉州窯系の鉄絵の壺、枢府磁など一二世紀から一三世紀の優品が出土する。青白磁刻花文深鉢は、出光美術館所蔵の伝世品と同じ時期に同じ窯

写真5　薩摩塔（西側）

で焼かれたものである可能性が高い。さらに同時期の韓国の青磁の梅瓶や高麗青磁印花文香炉なども出土している。高麗青磁印花文香炉は、韓国の国立中央博物館所蔵の高麗王朝が所持した青磁陽刻饕餮文方形香炉と同じ型を用いてつくられたもので、全羅南道康津郡沙堂里堂前窯などでも同様の出土例があるが、日本での出土は珍しい。

山頂地区では二基の薩摩塔と一対の宋風獅子がある。薩摩塔と宋風獅子については本書の井形進論考に詳しいので参照いただきたいが、近年の研究で日宋貿易の貿易港である中国の寧波周辺で製作され、一三世紀に日本にもたらされた石塔であるとされる［井形 二〇一二］。九州の西側に偏在する石造物で、現状では首羅山遺跡の薩摩塔が国内の分布域の東限にあたる。形式的にみると、長崎県平戸市の志々岐神社沖津宮の薩摩塔に次いで古く、一三世紀半ば頃のもので、特に福岡周辺の薩摩塔のなかでは最も古いのではないかと考えている［江上 二〇一八］。宋風獅子も同じ時期のものであり、首羅山遺跡山頂地区の四つの大陸系石塔は一三世紀の半ばに奉納された。

遺構としては、発掘調査で確認した本谷地区の一三世紀半ばの高さ一㍍以上、一辺が二〇㍍を超える二段の石列を配した基壇をもつ建物や、石段状の石垣なども特徴的である。また、西谷地区では同じく一三世紀半ば頃の滝状遺構や池状遺構、岩座などを配した広場をもつ庭のような空間も確認されている。このように同時期の日本の山寺での調査事例では見られない遺構があり、それもまた首羅山遺跡の特徴のひとつでもある。

4　博多と首羅山

以上のように首羅山の寺院は遅くとも一二世紀頃には有

力な寺社として整えられた。山頂の経塚造営に中国人が関わっていることからも、一二世紀にはすでに大陸の影響が見られる寺院であったのだろう。

この時期は博多が東シナ海を中心に独占的な貿易で栄えた時代であった。博多には、中国人商人が居住する「博多津唐坊」がつくられた。箱崎遺跡での薩摩塔の出土や香椎B遺跡出土の中国人名と思われる墨書土器の出土などからも、箱崎津周辺にも中国人が居住していたことが想定される。

日宋貿易を担う中国人商人のなかには、貿易船団の経営

写真6　本谷地区基壇

写真7　西谷地区庭園状遺構

写真8　山頂地区

や商品取引を請け負う「博多綱首」と呼ばれる者がおり、莫大な利益を得るものもいた。博多綱首はこの時期に日本にもたらされた禅宗と結びつき、壇越となって博多に聖福寺や承天寺などを創建していく。しかし、膨大な富を得る博多綱首は博多で安穏と暮らしていたかというとそうではない。仁平元年(一一五一)大宰府の検非違所が宋人王昇以下一六〇〇家の資材を奪い筥崎宮に乱入する。博多大追捕と呼ばれるこの事件に見られるように、博多綱首にとっては、日本での生活は身の危険を感じることも少なくなかった。この時期に首羅山や油山など福岡平野周縁の山に大陸風の寺院が建立されることは、単に信仰の場というだけでなく、当時の博多の社会情勢を反映し、中国人商人の避難の場としても機能していた可能性もある。

一三世紀半ばには首羅山遺跡はそれまでの山内を一掃し、大規模な造成を行って拡大する。薩摩塔や宋風獅子などの大陸系石造物が奉納され、円爾の弟子でもあり宋に渡った禅僧悟空敬念の入山、文保二年(一三一八)銘の板碑に記された円覚経の一文など、禅宗の影響が強く見られる。この頃、首羅山を含む久原の地は筥崎宮領であり、筥崎宮を通じて博多や大陸とつながっていた。さらにいえば、元寇以降、中国人商人の博多での独占的な貿易が衰退していく時期に首羅山も急速に衰退していき、一四世紀前半以降、わずかに遺物は出土するものの明確な遺構は確認できない。

こうしたことから、一三世紀半ばの首羅山の拡大の背景には、博多で活躍した中国人商人の富と力や、禅宗の影響があるものと考えている。山内に残る西谷地区の庭のような風景や、本谷地区の基壇や石垣なども当時の大陸の影響を直接受けたものである可能性も否めない。博多をとりまく福岡平野とその周縁には、たとえば薩摩塔のように日本全国に広がらない大陸の文化の痕跡が残っている。首羅山遺跡にみられる遺構や遺物についても、国内の調査事例によるだけでなく、大陸の影響を意識して検討する必要がある。

おわりに

さて、中世の前半で衰退した首羅山遺跡であるが、今も山麓には首羅山の痕跡が残っている。首羅観音堂や首羅山頭光寺や須良山崇徳寺など現存する寺院がある。また久原の安楽寺には首羅山の坊の一つであったことが寺の伝承として伝わる。さらに首羅山の北に位置する清谷寺には一〇世紀の十一面観音立像や地蔵菩薩立像など四躯の平安仏が現存する。首羅山が十一面観音を祀ったという開山伝承などからも、首羅山に関係する仏像の可能性も否めない。清谷寺の本尊が高麗仏である点も興味深い。清谷寺に隣接する尾園口遺跡など首羅山の最盛期頃の集落跡の遺跡も山麓に点在している。

さらに九州一の出土量である一〇万枚の古銭が発見された久原一括出土銭出土地の隣接地には印鑰様（三輪神社）があり、首羅山の宝物殿の鍵を祀ったとの伝承がある。今も江戸時代に建立された小さな祠があり、鍵と印を入れた袋の彫刻が残る。多々良川流域には久原一括出土銭以外にも仲原出土銭など大量出土銭が集中しており、これらの古銭もまた、対外交流に縁が深い可能性もある。

山麓に残る寺社や伝承、遺物などにも、首羅山の歴史の謎を解く鍵があるのかもしれない。そして首羅山遺跡の歴史の解明を通じてみえてくるのは、日本の山寺にとどまらない東シナ海をめぐる中世世界なのではないかと考えている。

写真 9　清谷寺十一面観音立像
（10 世紀）

写真 10　久原出土銭
（東京国立博物館所蔵）

六郷山の歴史

櫻井 成昭

はじめに—国東半島と海—

国東半島は、九州の北東部に位置する。南北約三九キロ、東西約三五キロのほぼ円形の半島で、中央近くに両子山(七二一メートル)をはじめ、標高五〇〇メートルをこえる山々がそびえる。この山々から、放射状に川が海に向かって流れ、空からみると独特の地形をなしている。

およそ九〇〇年前、この国東半島の山間を中心に「六郷山」とよばれる寺院集団が生まれた。六郷山の歴史と文化については、飯沼賢司をはじめ、多くの研究がある[飯沼二〇一五]。これらの研究成果をふまえ、以下では六郷山という寺院集団の歴史的特徴、そして六郷山がおよそ九〇〇年にわたって展開してきたことの歴史的諸条件を捉え直し、その歴史をたどることを目的とする。

本論に入る前に、六郷山が所在する国東半島の地理的特徴、六郷山成立の前提となる国東半島のすがたを述べておきたい。いうまでもないが、半島という以上、国東半島は海に囲まれている。国東半島を囲む海は、瀬戸内海と豊後水道である。瀬戸内海は、近畿地方から関門海峡を通じてユーラシア大陸へと、豊後水道はその瀬戸内海から太平洋へとつながる「海の道」である。海を中心にしてみると、豊前国あるいは国東半島が所在する豊後国は、環瀬戸内地域というべき地であり、さらに豊後国なかでも国東半島東部から南は、太平洋へとつながる地であり、海上交通の要衝であった。

延暦一五年(七九六)の「太政官符」によれば、国東津(国東市国東町)が坂門津(大分市佐賀関)や草野津(福岡県行橋市)とともに重要港湾であり、特に豊後水道を北上する豊後国・日向国からの「兵衛采女資源物」の運上にあたって、豊前国門司の機能を代替する津であったことが知られる。

国東津の故地とみられる地域の飯塚遺跡では九世紀代のものとみられる木簡が多数発見された[国東町教委 二〇〇三]。その中には宇佐宮の所領である「武蔵里」と記したものや弥勒寺あるいは大宰府に関わる木簡があり、国東津は国衙や大宰府あるいは宇佐宮が深く関与する重要な津であったことが確認された。

ところで、『豊後国風土記』によれば、「くにさき」という地名の由来は、景行天皇が熊襲へ兵をすすめるため、周防国佐婆(山口県防府市)から船で周防灘を渡った時、海の彼方にみえる国東半島を指して、「彼の見ゆるは、けだし国の埼ならむ」と呼んだことに基づくという。このような説話は、天皇がその地域を掌握支配したことを示している。近畿地方からみた時、瀬戸内海西部に位置する国東半島は、瀬戸内海の終点のひとつといえる。九州北東部に位置し、瀬戸内海に突き出た国東半島は、ヤマト王権にとってもランドマークとなる地であった[西別府 一九九八]。

1 六郷山成立以前

(1)「神山」としての国東半島

国東半島の中央部周辺には、天念寺耶馬や夷耶馬(国名勝)など、けわしく奇岩連なる岩山が広がる。人智をこえた形をなす岩山は、「聖なるもの」が宿る地として、原初的な信仰の対象とされたことが推測される。ここでは六郷山前史となる一二世紀はじめまでの状況について、概観していくことにしたい。

天長七年(八三〇)七月一一日付の「太政官符」(『類聚三代格』巻二)によれば、宇佐宮の神宮寺であった弥勒寺講師の光恵は、次のように弥勒寺僧侶の現状を訴えている。すなわち、弥勒寺の僧侶は宇佐宮の「神戸」から毎年一人が得度することになっていたが、近年宮司の情実によって選ばれた者は経典もまともに読めない者がいる。こうした事態を解消するために、「神山」もしくは弥勒寺で三年以

写真１　国東の岩山

上修行し、仏につかえる者として心身を鍛え上げた者に得度を許すように、と述べているのである。

　この記録で注目される言葉が、「神山」である。薗田香融が明らかにしたように、奈良時代の仏教がいわゆる山林修行を重視し、官寺の僧侶も「白月には山に入り、黒月には寺にある」といわれた修行形態であった［薗田 一九五九］。あるいは、近畿地方の国分寺を中心に瓦の同笵関係などから、八～九世紀代に平地寺院と山林寺院との間にネットワークが形成されていたという［上原 二〇〇二］。すると、宇佐宮・弥勒寺周辺に「神山」と称される、なにがしかの「聖なるもの」が宿る地が分布し、そこには僧侶が修行する施設もあったとみられる。宇佐宮の奥の院とされる御許山（宇佐市）や塑造三尊仏（国重要文化財）を伝えた天福寺奥の院（宇佐市）などは、そうした山林修行の地であったとみられる。

　そして、岩山がそびえる国東半島も、弥勒寺僧侶の修行場のひとつと考えられる。宇佐に近い国東半島西部には、弥勒寺出土の軒丸瓦と類似する九世紀代の瓦が出土する智恩寺（豊後高田市鼎）がある。大分県立宇佐風土記の丘歴史民俗資料館（現在の大分県立歴史博物館、以下大分県博と標記を統一する）による、智恩寺の中核部とされる堂山地区の発掘調査では、瓦を主体とする包含層とそれを切る円形の土坑が確認された。包含層からは、軒先瓦七点、丸瓦・平瓦破片総数一一〇二点が出土している。なかでも、単弁六弁蓮華文の軒丸瓦は宇佐弥勒寺や豊後国分寺跡に類似している［宇佐歴民 一九九二a］。

　また、同寺の南西にある字薬恩寺（ヤコージ）からも古瓦が出土し、この古瓦は字薬恩寺から丘陵を隔てた南東の地にある字カワラガマで検出された瓦窯（カワラガマ遺跡）で焼成されたものである。この窯は九州に珍しい平窯で、薬恩寺の瓦と同笵の軒丸瓦が出土している。また、このカワラガマ遺跡からは弥勒寺の軒平瓦と酷似する瓦が出土している。つまり、智恩寺・薬恩寺そしてカワラガマ遺跡は、弥勒寺と関係を有する遺跡であり、少なくとも九世紀代には国東半島西部に弥勒寺の勢力が進出していたのである。

(2) 宇佐宮・弥勒寺と国東半島

前で触れた智恩寺などは、一二世紀の六郷山以前の仏教文化を伝える遺跡であるが、これらは丘陵上に位置し、岩窟などには所在していない。その中で、智恩寺から南東へ約四キロ離れた西叡山は注目される地である。大分県博の調査によれば、頂上に近い北西斜面からは、九世紀代の土器が採集されている。西叡山には、高山寺とよばれる寺院が所在したという[宇佐歴民(1) 一九八七]。その故地は明確でないものの、九世紀代の国東半島西部では、宇佐宮・弥勒寺と関わりがある寺院や山林寺院とよぶべき「ヤマの寺」が所在したことが知られる。すると、弥勒寺講師光恵が述べた「神山」に国東半島西部の山々が含まれていたと推測される。

智恩寺や薬恩寺の存在や西叡山採集の土器の年代などをふまえた時、九世紀代に国東半島における弥勒寺僧の活動が展開したことがうかがえるが、たとえば修行場の具体的な姿を明確にはなしえない。しかし、一〇～一一世紀になると、いのりをささげる仏を安置する施設が所在したことを示す証が確認できる。現在、豊後高田市内野に安置される木造観音菩薩立像(大分県指定文化財)は一〇世紀代の作で、かつては西叡山にあったと伝えられる。あるいは、万徳寺(国東市国見町)の木造如来立像や応暦寺(豊後高田市)の木造不動明王坐像(ともに大分県指定文化財)など、一一世紀の作とみられる仏像が国東半島各地に伝わる。あるいは、永久五年(一一一七)の銘がある西明寺(杵築市山香町)の木造毘沙門天立像(大分県指定文化財)な

写真2　木造観音菩薩立像

どは一二世紀初めの作とみられ、各地に仏を安置する、寺院というべき施設が所在したことがわかる。

国東半島では弥勒寺僧の活動が確認できるわけだが、たとえば国東半島東部の文殊仙寺(国東市国東町)は役小角が開いたという縁起がある。自然がおりなす神秘的な岩山の地を崇め、国東半島で「いのりの場」を生み出したのは弥勒寺僧たちだけではなかったことがわかる。

なお、一一世紀代、国東半島をはじめとする北部九州では天台宗が勢力を広げた。飯沼賢司によれば、これは末法思想に伴う、白河天皇による宝塔建立の事業によるもので、弥勒寺でも新宝塔院が建立され、これを契機に宇佐宮自体と天台との関係が強まったという[飯沼 二〇一五]。国東半島でも、永保三年(一〇八三)に津波戸山に経塚がつくられ、この事業には弥勒寺の僧侶や宇佐宮大宮司などが参加したことが経筒銘文から知ることができる。

このように、一二世紀はじめまでの国東半島は、その独特の地形により、弥勒寺僧の修行場など、さまざまな「いのりの場」が設けられた地域とみられる。

2　六郷山の成立

(1) 六郷山の成立と仁聞

慶長一二年(一六〇七)頃に作成された『六郷山年代記』(豊後高田市長安寺蔵)によれば、永久元年(一一一三)に六郷山は初めて天台宗の傘下に入り、保安元年(一一二〇)に六郷山が延暦寺に寄進されたとある。ちなみに、「六郷山」は、「六郷満山」ともよばれるが、中世の史料には「六郷山」と記されることが多いこと、「満山」という言葉は、六郷山に属する寺院(以下、六郷山寺院とよぶ)の僧侶らが、自らのことをいう時に使われる言葉、組織内部での呼称であったということから、ここでは「六郷山」という表記で統一したい。

一二世紀はじめに成立した六郷山は、実在する山の名称ではない。「六郷」とは、律令制下に国東半島に置かれた六つの郷――来縄・田染・伊美・国東・武蔵・安岐――を指す。六郷山は理念的な名称であり、国東半島全域という意味がある。ここに、六郷山の歴史的特徴がある。

さて、正和二年(一三一三)に完成した『八幡宇佐宮御託宣集』(以下、『託宣集』と略記する)は、宇佐宮・弥勒寺や八幡神の歴史を叙述した中世の記録で、全一六巻からなる。巻一一をみると、「豊後国六郷山は、昔八幡薩埵、人聞菩薩として久修練行の峯なり」(原漢文)と記されている。ここでいう人聞(後に仁聞と記されるようになる、以下は仁聞で表記を統一する)は八幡神の化身とされ、宇佐宮を中心とした豊前国南部でも信仰された。

六郷山を八幡神の化身が修行した地と捉えていることは、六郷山がもともと宇佐宮・弥勒寺と関係を有していたことをよく物語っている。さらに、六郷山寺院はおしなべて養老年間(七一七〜二三)に菩薩が開いたと伝えていることも、宇佐宮・弥勒寺とのつながりを示す証であろう。

また、『託宣集』巻五に、次のような記述がある。

法蓮和尚は山本に於いて虚空蔵菩薩を崇め奉り、華厳は郡瀬法鏡寺なりに於いて如意輪菩薩を崇め奉り、覚満は来縄郷に於いて薬王菩薩を崇め奉り、躰能は六郷山に於いて薬師如来を崇め奉る。

ここに記された僧侶は、八幡神に従った者といわれる。このうち、法蓮は『続日本紀』にその名をみることができる実在の人物である。法蓮は奈良時代に建てられた弥勒寺の初代別当とされ、宇佐宮の歴史にとって重要な人物である。

この他の人物像は具体的に不詳であるが、躰能は六郷山で薬師如来をまつったという。薬師如来は、弥勒寺講堂の本尊であり、安貞二年(一二二八)の年号が記される「六郷山諸勤行并諸堂役祭等目録写」(以下、安貞目録という)によれば、智恩寺などの本尊は薬師如来であり、六郷山の僧侶は薬師如来を崇めたと記される。実際、無動寺(豊後高田市)をはじめ国東半島には、一二世紀以前の作の薬師如来像が所在する。薬師信仰は、六郷山成立以前の国東半島における仏教信仰を示すものであり、こうした薬師信仰は六郷山成立後も受け継がれたのである。このようにみると、六郷山は弥勒寺僧の修行場あるいは弥勒寺と関わりがある寺院などを中心に成立したことが指摘できよう。

(2) 宇佐宮・弥勒寺と六郷山

そして、前で触れた経塚造営は、六郷山成立後も引き続

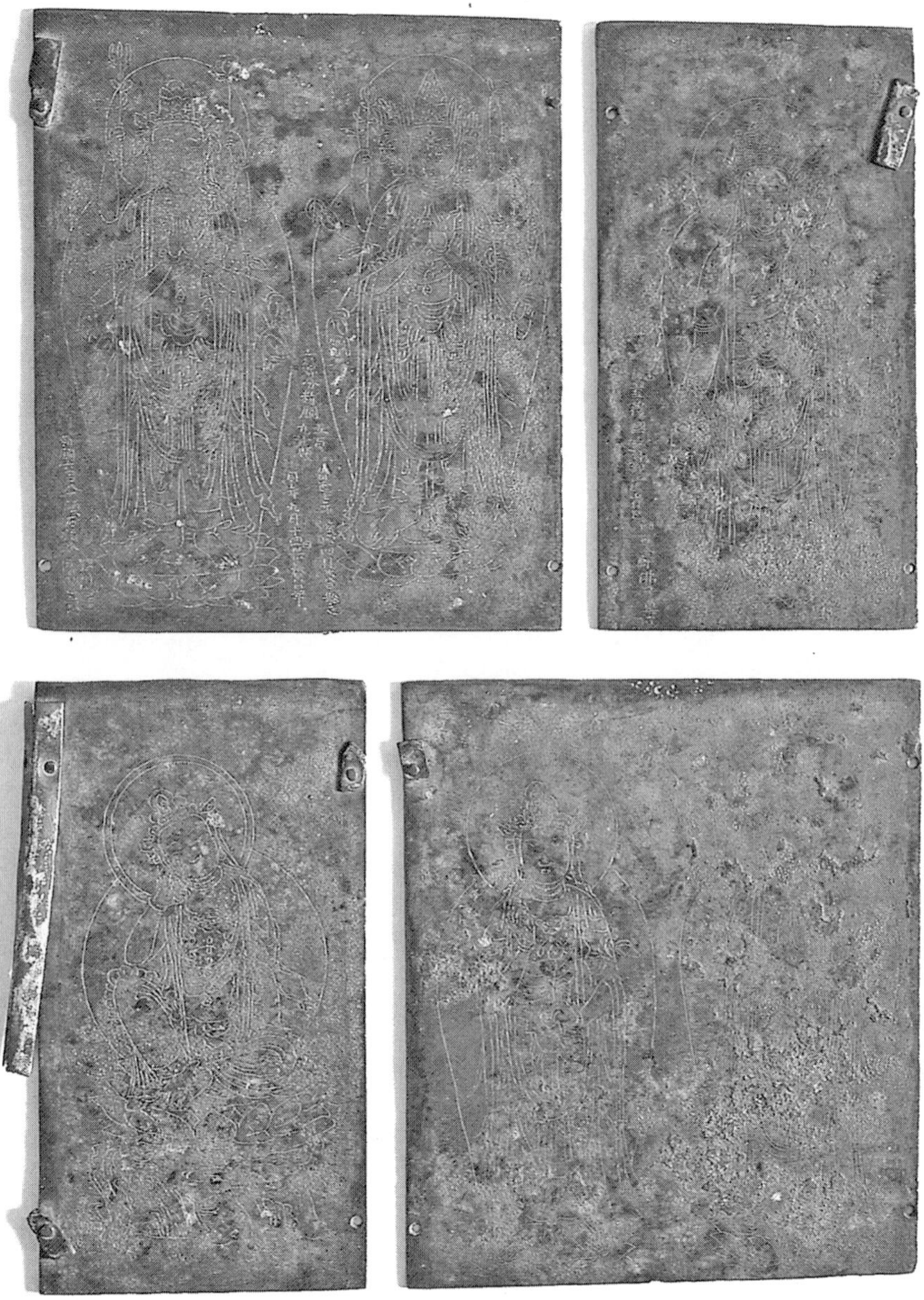

写真3　長安寺銅板経

いて行われた。たとえば、永久五年(一一一七)には高山で法華経が埋納され、保延七年(一一四一)には六郷山の中核寺院である屋山(長安寺、豊後高田市)に銅板法華経(国重要文化財)が納められている。同タイプのものが彦山や求菩提山(ともに福岡県)に埋められ、いずれも宇佐宮御馬所検校であった紀重永が製作している。これらの遺品には天台僧の名があり、国東半島の経塚造営は、同時期に北部九州で展開した天台の影響に基づく経塚造営の一環であったことがわかる。また、銅板法華経の製作に宇佐宮神職らが関わっていることは、六郷山は宇佐宮・弥勒寺の影響下にあったことを伝えている。

そして、八幡神の化身とされる仁聞を六郷山の開基としたことは、国東半島の山間に所在する寺院群を統合する象徴として、各地域固有の仏や神や高僧などではなく、より普遍的な存在であるとともに、国東半島に少なからぬ影響を有した八幡神に由来を求めたのであろう。

さて、六郷山の成立は、前で述べた八幡宮と天台との融合を契機とし、飯沼賢司が明らかにしたように、在地の僧と連携して「天台僧」が活動したことによる［飯沼 二〇一五］。こうして国東半島における修行場などが、天台末として宇佐宮・弥勒寺から自立したことで、九州北東部に天台密教の拠点が新たに創出された。瀬戸内海西部に位置し、海上交通の要衝である国東半島における、天台末の寺院群が成立した一二世紀前半は、北陸地方の白山宮が比叡山の支配下となった時期でもある［黒田 一九八二］。一二世紀前半の比叡山は、各地で拠点となる寺社の末寺化をすすめていたことが知られる。

(3) 六郷山と地域開発

さて、六郷山の成立は、寺院の整備とともに所在地周辺の開発を促すことになった。長承四年(一一三五)の「夷住僧行源解状案」(余瀬文書。大分県指定文化財)は、そうした六郷山寺院の僧侶による開発の姿をよく伝えている。

彼の石屋の砌は、本は大魔所にして大小樹林繁り、人跡絶えるところなり、しかるに行源先年の比を以て、始めて件の石屋に罷り籠もる間、時々微力を励まして在る所の樹木を切り掃い、石・木の根を掘り却け、田畠を開発の後、(下略)

つまり、夷岩屋（豊後高田市夷）の僧行源は「大魔所」を切り開いて田畠を開発し、そこから得る収穫物を寺の法会や生活の糧としたというのである。ちなみに、六郷山の中核寺院であった屋山寺の院主応仁が残した史料には「当山は、もと天魔之楼として、人民通りがたき」とある（道脇寺文書）［宇佐歴民 一九九二b］。これら「大魔所」あるいは「天魔之楼」という言葉は、ヤマは未開の地であり、容易に誰もが開発の手を入れることができないという当時の人々の意識を端的に表現した言葉といえる。まさに、国東のヤマは人力が及ばない場所であり、そうした地を開いた者は、仏につかえた僧侶たちだったのである。

このような六郷山寺院の僧侶によって開発された地は、後に「払」という独特の単位によって編成された。たとえば、行源が居住した豊後高田市夷地区をみると、払の故地は一つの井堰あるいは山から小さな枝谷を降りてくる湧水によって灌漑される、水利上完結した地であった。その多くは小規模なもので、これに対応するように夷地区では小さな井堰が連続する［大分県博 一九九八］。

ここで、六郷山寺院の伽藍配置をみると、以下のように類別できる。

A　山腹や谷部に、麓から伽藍が縦に展開するもの。

B　川沿いに立地し、伽藍がいわば横に展開するもの。

C　平坦部に立地するもので、沖積地周辺や沖積地をのぞむ丘陵などに所在するもの。

全体でみた時、六郷山寺院の伽藍配置はAが圧倒的に多く、これが六郷山寺院の典型といえる。また、Bについては紹介した夷岩屋や長岩屋（天念寺、豊後高田市）などがあげられる。そして、Cについては、「安貞目録」から確認できる、いわば最初期からの六郷山寺院でいうと、智恩寺のように九世紀代から所在したとみられるものが含まれる。

僧侶による地域開発をうかがい知ることができる事例としては、Bの寺院とその周辺地域が典型となる。

夷岩屋に属した僧侶が居住する坊は、夷岩屋が所在する谷に広がる。いわば、谷全体が広義の「境内地」である。

実際、時代は降り、寺院も異なるが、永享九年（一四三七）七月付の「長岩屋住僧夏供米再興置文」（土谷家文書）に引用された応永二五年（一四一八）の「長岩屋屋敷注文」によれば、六二ヶ所の屋敷が書き上げられ、最後に六ヶ条

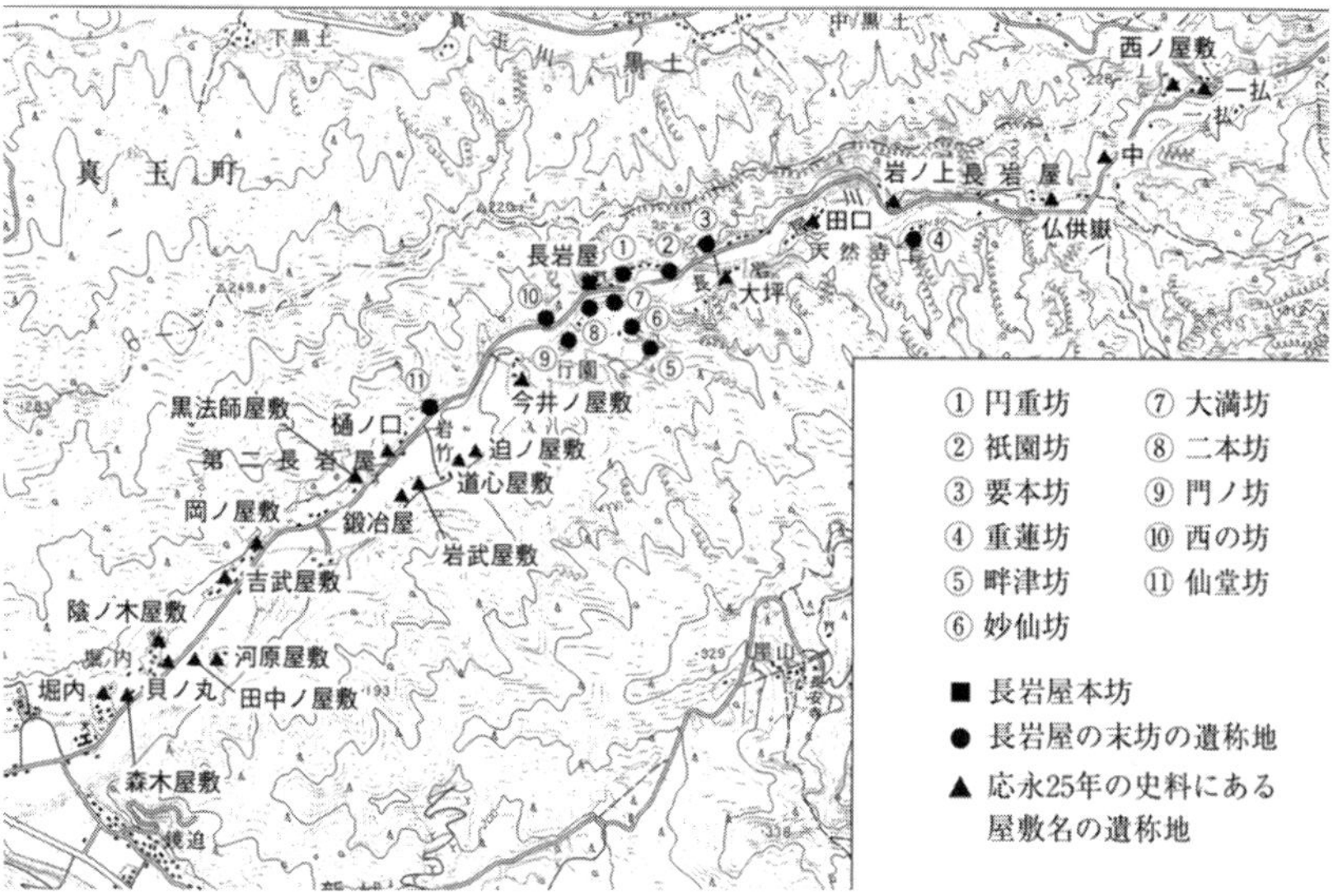

図1　長岩屋屋敷分布図（宇佐歴民 1992b より転載）

の条文が記されている〔宇佐歴民 一九九二b〕。屋敷名のうち、その場所が比定できるものについては図1に示したが、屋敷は長岩屋（天念寺、豊後高田市）が所在する谷全体に分布し、現在の集落が坊や屋敷を起点とすることがわかる。実際、六ヶ条のうち第一条によれば、記された屋敷の住人は「住僧」として把握し、長岩屋の役を負担しなければならないとしている。つまり、寺院が所在する谷全体が「山内」すなわち境内であり、そこに住む者は皆「住僧」と位置づけたのである。六郷山寺院が所在する谷は、全体が寺と一体化していた。

現在も六郷山寺院で実施されている修正鬼会（国無形民俗文化財）は、寺の行事であると同時に地域の行事であり、地域住民が参加するが、こうした状況は中世の寺院と地域のあり方に由来する。そして、長岩屋が住民を「住僧」として把握したように、中世の六郷山寺院は地域住民にとって「領主」として現われたのである。

3　六郷山の展開

(1) 三つの目録

六郷山に関しては、現在、六郷山寺院のリストというべき記録がいくつか残されている。ひとつは、前で紹介した安貞目録である。次が、建武四年(一三三七)にまとめられた「六郷山本中末寺次第幷四至等注文案」(以下、建武注文という)、そして江戸時代の記録として「六郷山本紀廿八山本末之記」(以下、本末之記という)である。

これら三つの記録から、六郷山は本山・中山・末山の三つのグループに分かれ、時代を経るにつれて六郷山寺院が多くなり、それは特に末山で顕著であること、「安貞目録」にある寺院は国東半島西部を中心とし、新たに六郷山に属するようになった寺院は概して国東半島中部から東部に多いことなどが確認できる。また、「安貞目録」に記された寺院は基本的に「～岩屋」あるいは「～山」と呼ばれており、こうした状況は本来六郷山が岩窟などに設けられた弥勒寺の修行の場から出発した寺院集団であることをよく物語っている。

一方で、「建武注文」に初めて登場するものは、壁画で有名な富貴寺(豊後高田市)や弘安六年(一二八三)銘の国東塔が所在する岩戸寺(国東市国東町)など、「安貞目録」作成時に所在した寺院が含まれる。

これらは、二つのタイプに分類できる。一つは、「荘園の寺」というべき、半島各地の荘園内に所在した寺院――富貴寺や瑠璃光寺など――であり、いま一つは、半島の山間にあり、その立地条件から「～岩屋」や「～山」と称されるべきもの――岩戸寺や成仏寺など――であるが、基本的に「～寺」と呼ばれるものである。このような名称の違いは、六郷山寺院としての歴史の新旧を示すものといえるが、たとえば富貴寺は宇佐宮大宮司家が建立した寺院であり、文殊仙寺は前述したように役小角を開基としていることなどから、一三世紀半ば以後に六郷山とされた寺々は、既存の六郷山寺院と建立主体が異なることがうかがえる。

現在、六郷山寺院は直径四〇㌔弱の国東半島全域に密集する形で分布するが、こうした状況は当初からのものではなく、鎌倉時代以後に形成されたものであった。

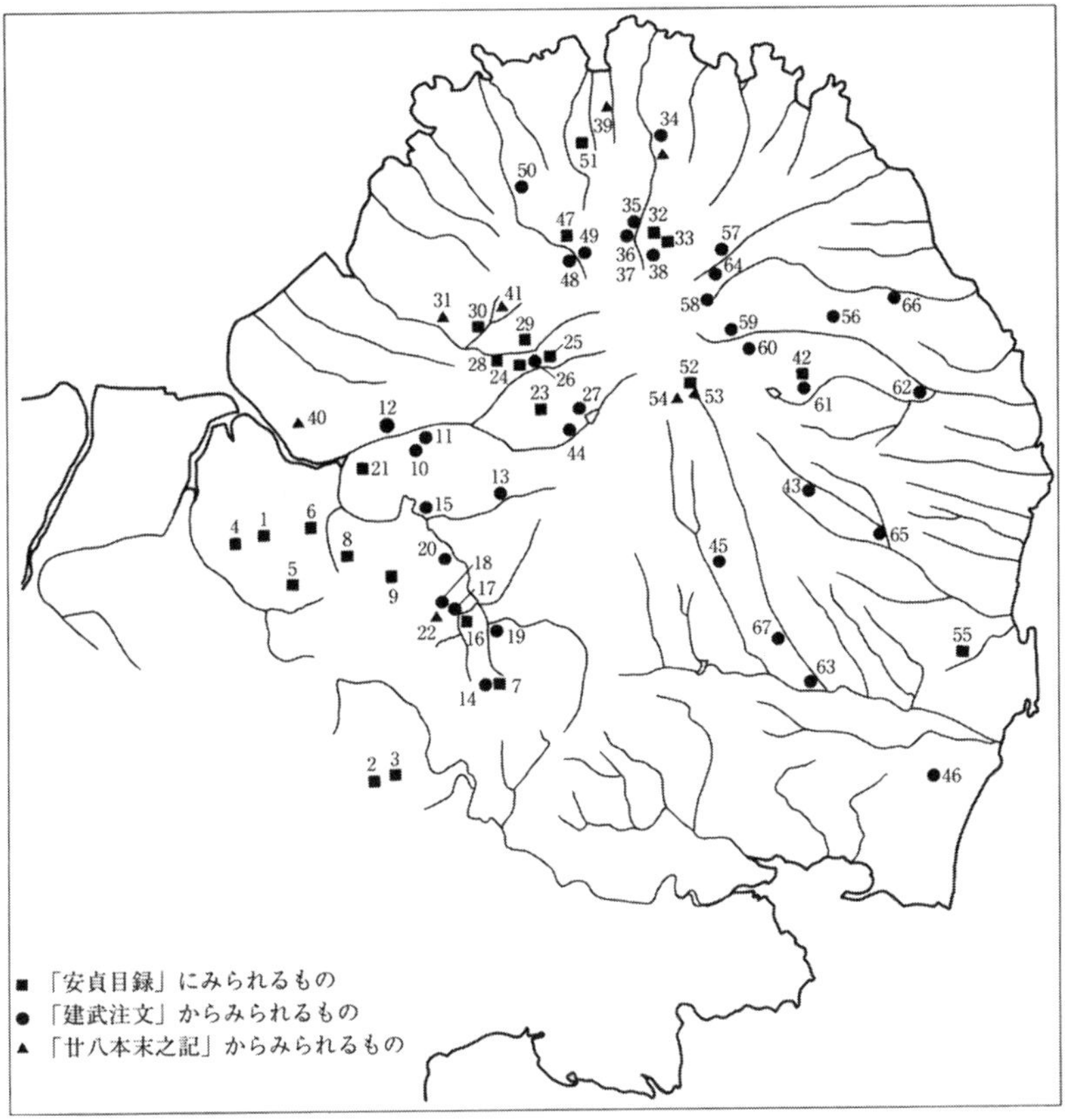

図２　六郷山分布図

(2) 六郷山の自立

このような六郷山とされる寺院の拡大がみられた鎌倉時代は、六郷山の歴史にとって大きな画期となる時代である。治承・寿永の内乱で宇佐宮が平家方についたことや鎌倉時代になって各荘園に御家人が地頭として入ったことで、宇佐宮や弥勒寺の勢力が後退した。その中で、網野善彦が明らかにしたように六郷山は安貞二年（一二二八）に関東祈禱所となっており〔網野 一九八九〕、前述した「安貞目録」はこの関東祈禱所となった時に六郷山の状況を記したものといえる。そして、関東祈禱所となった六郷山では、蒙古襲来の際には異国降伏の祈禱が行われた。

　関東祈禱所となった六郷山は、宇佐宮・弥勒寺から政治的に自立していくこととなった。その中で、六郷山領の確立あるいは支配体制の変革がすすんだ。このうち、支配体制の変革については従来の惣山屋山寺(長安寺)を中心とした僧侶らによる合議体制から、本山・中山・末山の三山体制の整備とともに、六郷山執行という全体を統括する職の設置と上意下達の命令系統が生まれ、比叡山の支配が強まったと考えられる。

一二世紀はじめの六郷山成立を仮に第一の画期とするならば、一三世紀の「関東祈禱所」となったことは、六郷山の歴史における第二の画期となった。国東半島には、実に多くのさまざまな石造物が所在するが、そうした石造文化の展開は、一三世紀から本格化する。

残念ながら、一三世紀以後の六郷山寺院および石造物の増加要因を明示する資料はない。ただ、寺院に関してみると、六郷山の各寺院あるいは荘園の寺の多くは荘園の庄官である宇佐宮の神職などや在地の有力者と密接に結びついていたが、一二世紀末から一三世紀前半の宇佐宮・弥勒寺勢力の後退によって、各地の寺々では地頭らによって領地

末山			
安貞目録	建武注文	廿八本末之記	
両子仙	**両子山(中山へ)**	**足曳山両子寺**	52
		大満房	53
		付属寺	
		走水観音	54
小城寺	**小城山**	**小城山宝命寺**	55
	見　地	**見地山東光寺**	56
	岩戸寺	**石立山岩戸寺**	57
	文殊仙寺	**峨眉山文殊仙寺**	58
	成仏寺	**龍下山成仏寺**	59
	虚空蔵寺	虚空蔵寺	60
	行入寺	**参社山行入寺**	61
	浄土寺	浄土寺	62
	懸樋山	**懸樋山西厳寺**	63
	※輿岩屋	輿岩屋	
	※経岩屋	経岩屋	
	※三十仏	三十仏岩屋	64
	※西裏岩屋	西裏岩屋	
	※師子岩屋	獅子岩屋	
	※毘沙門岩屋	毘沙門岩屋	
	※赤子岩屋	赤子岩屋	
	※報恩寺	金剛山報恩寺	65
	※上品寺	上品寺	
	※貴福寺	貴福寺	
	※吉祥寺	吉祥寺	66
	※西　山		
		杉山瑠璃光寺	67
		帝釈天堂	

◆表中の太字は、「建武注文」で本寺とされた寺院。また※印をつけたものは本寺が不明なもの。

◆表中の番号は、地図中の番号に対応。なお、番号は現在所在地が確認できるもののみに付けた。

表1　六郷山寺院一覧

本　山				中　山			
安貞目録	建武注文	廿八本末之記		安貞目録	建武注文	廿八本末之記	
後山石屋	**後　山**	**後山金剛寺**	1	屋山寺	**屋　山**	**金剛山長安寺**	23
辻小野寺	辻小野寺	辻小野山西明寺	2	長岩屋	**長岩屋山**	**長岩屋山天念寺**	24
大谷寺	大谷寺	小渓山大谷寺	3	龍門石屋	龍　門	龍門岩屋	25
	河　辺	河辺ノ岩屋			小両子岩屋	小両子岩屋	26
吉水寺	**吉水山**	**吉水山霊亀寺**	4	虚空蔵石屋			27
津波戸石屋	**津波戸山**	**津波戸山水月寺**	5	黒土岩屋	**黒　土**	**黒土山本松坊**	
大折山	**大折山**	**大折山報恩寺**	6	四王岩屋			28
伊多井社	伊多伊	伊多井妙見		小岩屋山	**小岩屋**	**小岩屋山無動寺**	29
間戸石屋	間戸寺	西蓮山間戸寺			赤松岩屋	赤松山	
大日石屋	大日岩屋	大日ノ岩屋	7		間簾岩屋	間簾岩屋	
鞍懸石屋	**鞍懸山**	**鞍懸山神宮寺**	8		后岩屋	后岩屋	
	中津尾岩屋	中津尾山観音寺			※石堂岩屋	石堂岩屋	
	轆轤岩屋	轆轤山正光寺			※薬師堂	薬師堂	
	最勝岩屋	最勝岩屋		大岩屋	**大岩屋**	**大岩屋山応暦寺**	30
高山寺	**高　山**	**西叡山高山寺**	9			唐渓山弥勒寺	31
	鼻津岩屋	鼻津岩屋	10	千燈岩屋	**千燈山**	**補陀落山千燈寺**	32
	普賢岩屋	普賢岩屋	11	五岩屋	五岩屋	五之岩屋	33
	妙覚寺	妙覚寺	12		平等寺	平等寺	34
	蕗　寺	蓮花山富貴寺	13		尻付岩屋	尻付岩屋	35
	来迎寺	海見山来迎寺			小不動岩屋	小不動岩屋	36
	※光明寺	光明寺			大不動岩屋	大不動岩屋	37
	※今熊野寺	今熊山胎蔵寺	14		普賢岩屋	普賢岩屋	38
	※清瀧寺	清瀧寺	15	岩殿岩屋			
		文伝寺		枕岩屋			
喜久山	**馬城寺**	**馬城山伝乗寺**	16	銚子岩屋	調子岩屋	調子岩屋	
	良医岩屋	良医山西山寺		瀧本岩屋	瀧本岩屋	瀧本岩屋	
	朝日岩屋	朝日岩屋	17			真覚寺	
	夕日岩屋	夕日岩屋	18			吉水山万福寺	39
	聞山岩屋	菊山御堂				多福院	40
	稲積岩屋	稲積山慈恩寺	19			毘沙門多宝院	41
	日野岩屋	日野山岩脇寺	20	大嶽寺社	**大嶽山**	**大嶽山神宮寺**	42
	鳥目岩屋	鳥目山愛敬寺			**丸小野寺**	丸小野寺	43
不動石屋			7		**加礼河**	**加礼川山道脇寺**	44
知恩寺	**知恩寺**	**良薬山智恩寺**	21		**久　末**	**久末山護国寺**	45
		宝寿房	22		**横城山**	**横城山東光寺**	46
		随求房		夷石屋	**夷山（末山へ）**	**夷山霊仙寺**	47
		花井岩屋			今　夷	今夷岩屋	48
		払地蔵			焼尾岩屋	焼尾岩屋	49
		五仏岩屋			願成寺	願成寺	50
		上御門		西方寺	**清浄光寺（末山へ）**	**西方山清浄光寺**	51
		中御門				宇和堂観音	
		下御門				毘沙門堂	
						峯之観音	
						玉井山光明寺	

◆表中の史料名の名称は、以下のとおり。
・安貞目録：六郷山諸勤行并諸堂役祭等目録写（安貞２年＜1228＞長安寺蔵）
・建武注文；六郷山本中末寺次第并四至等注文案（建武４年＜1337＞永弘文書）
・廿八本末之記：六郷山本紀廿八山本末之記（宝暦２年＜1752＞両子寺蔵）

が押領されるようになった。

「建武注文」には、六郷山寺院が武士によって押領されたことが記されている。こうした事態は一三世紀を通して進行したとみられるが、重要なことは前で触れたように中世の六郷山寺院の中には、領主として所在した寺院がみられたことである。つまり、六郷山寺院は、周辺の武士と同じ階級に属していたことは留意しなければならない。そのため、六郷山寺院のひとつ横城山の院主職を大友氏が手にしていたわけであり、はるかに時代は降るものの、一六世紀末の朝鮮出兵では「智恩寺」が兵を出したのである。一三世紀に進行した、武士による押領を解決するため、荘園の寺などは一個の自立した寺院集団である六郷山に加わるようになったと考えられるのである。

(3) 中世後期から近世の六郷山

一四世紀後半になると、六郷山寺院の中には廃絶するものもあった。これは地頭らの押領によって寺院経営が立ちゆかなくなったことが要因のひとつとみられるが、さらに一五世紀になると、豊後国守護大友氏による税の賦課によって六郷山から離山する僧侶も出てきた〔海老澤 一九九八〕。高山寺や後山(宇佐市)、津波戸山などの集落から離れた地の寺院が廃絶したのはこの時期のこととみられる。

また、「安貞目録」には、朝日岩屋や夕日岩屋(豊後高田市)あるいは三十仏(国東市国東町)など、現在は「いのりの場」として石仏などを安置するものの、建物を伴わない、もしくは小規模な建物が建つ、数多くの岩屋がある。それらは切り立った岩山の麓などに単独で所在するが、これらは山号寺号を持つ寺院として定立しなかった中世六郷山に属した「いのりの場」である。こうした、小規模な「いのりの場」も、六郷山ひいては国東半島の「信仰遺跡」として重要である。

南北朝時代以後、国東半島の支配を強めた田原氏の一族である吉弘氏は、永享九年(一四三七)に都甲荘(豊後高田市)に所領を与えられ、同氏はやがて六郷山執行職を得て、六郷山の運営を行うようになった。このことは一面で六郷山の支配体制を強化することにもなり、六郷山の存続という点では大きな要素となった。その後、戦国の動乱の中で、千燈寺(国見町)は大友宗麟の焼き討ちにあったと伝えられるように、六郷山の各寺院は衰退した。

そして、江戸幕府の成立とともに新しい社会システムの中で、六郷山寺院は領主でなくなり、寺領であった周辺のムラと切り離された。杵築藩松平氏の菩提寺となった両子寺(安岐町)を除くと、藩主からわずかな俸禄を得る山間の寺院となったのである。

大分県博による「六郷山寺院遺構確認調査」によれば、一七世紀半ばになると六郷山の各寺院で復興が始まり、建物などの整備が行われた。このような寺院の復興は、無動寺や霊仙寺(ともに豊後高田市)が澄慶によって復興されたというように、僧侶が中心になる場合と報恩寺(武蔵町)や岩脇寺(豊後高田市)のように在地の庄屋などが中心になった場合がある。特に、後者の場合、初期の住職墓地が復興の中心となった庄屋などの墓地と混在するという。

さらに、一七世紀後半〜一八世紀になると、各寺の整備復興とともに、六郷山という集団を再編しアピールする動きがみられるようになる。たとえば、国東半島各地の仏堂や社なども六郷山に関わる「霊場」とされたが、これは六郷山が半島全体に広がるグループであることを強調するための動きとみられる。また、現在も続く「峯入り」は半島各地を巡るものだが、これは右で触れた霊場整備をもとに六郷山をアピールするために始まった行事といえる。確かに、中世から回峯行は僧侶個人で行われており、「安貞目録」にも仁聞の旧跡を巡ることが修行の一環とされている。

しかし、近世に始まる「峯入り」は六郷山寺院の僧侶たちが集団で行い、各地で大般若経の転読や祈禱を行うものであり、国東半島各地の人々に功徳を与える要素が強い。この他、一八世紀代には六郷山の開基とされる仁聞の縁起『六郷満山開山仁聞大菩薩本紀』や『廿八本末之記』(ともに両子寺蔵)が編纂されたが、これらは六郷山が宇佐宮や弥勒寺

写真4　峯入り

と関わりがあり、国東半島全体に広がる大きな存在であるかをアピールするものであった。

ちなみに、六郷山は「山岳修験の地」とみなされることもあるが、長谷川賢二が指摘するように山岳信仰と山岳修験の連続面・非連続面が不明確なまま［長谷川 一九九二］であるし、「峯入り」では、時にサトに降り、大般若経の奉納や虫封じの祈禱なども行われる。こうした点から、六郷山は、「山岳修験の地」という範疇では把握しがたい、むしろ地域と豊かなつながりを持つ寺院群と捉えるべきである。

大分県博による「宇佐国東仏教美術調査」や「六郷山寺院遺構確認調査」など諸調査の成果によれば、現在の六郷山寺院の伽藍や建物あるいは仏像などの多くは、近世に製作されたものである。こうした点もふまえると、六郷山の歴史にとって近世は大きな画期であった。特に、一七～一八世紀前半は、寺院の復興・伽藍整備や「峯入り」の創出など、中世六郷山のあり方が再編され、現在につながる六郷山のすがたが整備された時期であった。

4　石造物からみた国東半島

(1) 国東塔と鳴板碑

国東半島には、独特の形状をなす国東塔をはじめ、板碑や宝篋印塔など、さまざまな石造物がある。さらに、近世の石造物を加えると、その数は膨大であり、仁王像や十王像など石造の仏も数多く、国東半島はまさに「石の文化」が展開した地である。

このうち、国東塔は宝塔を原形とするものだが、相輪の先端が火焔宝珠であること、塔身が蓮華座に乗ることを特徴とする。最古銘の国東塔は、弘安六年（一二八三）銘の岩戸寺所在のもの（以下、岩戸寺塔と呼ぶ）である。この岩戸寺塔の蓮華座のうち、請花は二段にわたって花弁が刻まれているが、以後に築造された国東塔では一段である。国東塔は数多くあるが、最古銘の岩戸寺塔を模倣したものは確認できていない［高橋 二〇〇九］。このことは、むしろ国東塔のデザインが国東半島で創出されたものではなく、国東塔の基点ともなった岩戸寺塔は、国東半島外の石工が製作

写真5　岩戸寺国東塔と岩戸寺講堂

したことをうかがわせる。

国東塔のデザインは、一三世紀半ばに「外からもたらされたもの」とみられるのである。かつて、望月友善は国東塔を金亀舎利塔（唐招提寺蔵）に類似すると述べた［望月 一九七五］。岩戸寺塔の銘文から、国東塔は如法経＝法舎利を納めるための塔として製作されたことがわかる。また、塔身などが蓮華座に乗るデザインは、金亀舎利塔をはじめとする一二〜一三世紀に制作された舎利塔と共通することもふまえると、国東塔のデザインは中世の南都で制作された舎利塔に求めることができよう。

二〇一一年、岩戸寺塔は解体修理されたが、塔身から蓮華座および台座まで、石でつくった枘が貫通していることが確認された［岩戸寺二〇一二］。

ここで、国東半島の歴史を知る上で注目される石造物をもうひとつ紹介しておきたい。国東市国東町に所在する鳴板碑（大分県指定文化財）である。鳴板碑の特徴を列記しておくと、次のようになる。

A総高三三五センチの大型板碑である。

B碑身には文殊菩薩の種子（マン）とともに偈および願文が刻まれる。これらから、本板碑は元亨二年（一三二二）に「長木右衛門尉紀永貞」よって造立されたことがわかる。

C背面には削り残しの部分もあり、両側面には成形するための計画線が残る。

D大分県下の在銘の板碑としては、正応四年（一二九一）銘の護聖寺板碑（国東市安岐町）、文保三年（一三一九）銘の川原板碑（国東市国東町）に次ぐものである。

上記のBにあるように、鳴板碑は偈と願文が刻まれており、ここから板碑造立の具体的な理由も知ることができる。まず、偈は唐代の般若三蔵訳出の『大乗本生心地観経』

写真6　鳴板碑

巻三・報恩品の一節で、文殊菩薩を「諸仏の母」とするものである。こうした考えは、『梁塵秘抄』にもみることができ、広く人々の間に知られたものであることがわかる。

次いで、願文をみると、そこでは元応三年（一三二一）一月に父西實は亡くなったが、以後「大聖断罪」の間に石仏を造立し、覚母（文殊菩薩）の種子を供養することで、父の菩提を弔うと記している。この願文にある「大聖断罪」という文言の意味をいま正確に示すことはできないものの、ここに文殊菩薩が死者追福の仏として信仰されていたことがわかる。そして、以上の文言をふまえた時、改めて留意されるのが本板碑の背面が未成形という点である。

背面の未成形は、板碑の製作過程を示すものとして重要であるが、こうした未成形と両側面に残る成形の計画線は、本板碑の製作が期限までに間に合わなかったこともうかがわせる。それでも、永貞は完成したものとして受け容れたことは、板碑造立の期限は必ず守られるべきものであり、それが「大聖断罪之日間」であったと推測される。ここには、永貞の文殊菩薩による亡父供養への強い想いと「大聖断罪之日間」への信仰の強さが表現されているのではなかろうか。

(2) 国東半島の文殊信仰

さて、鳴板碑と同じく文殊菩薩の種子のみを現わした石造物は、五基確認されている。

この他に文殊菩薩の種子とともに、他の仏の種子を刻むものとして、建武元年（一三三四）銘の其ノ田板碑二号（豊後高田市）と正中二年（一三二五）銘の庵ノ迫板碑（豊後高田市）がある。前者は普賢菩薩と文殊菩薩、後者は阿弥陀如来と文殊菩薩の種子が墨書される。

文殊菩薩の種子を刻む板碑は、鳴板碑が所在する国東半

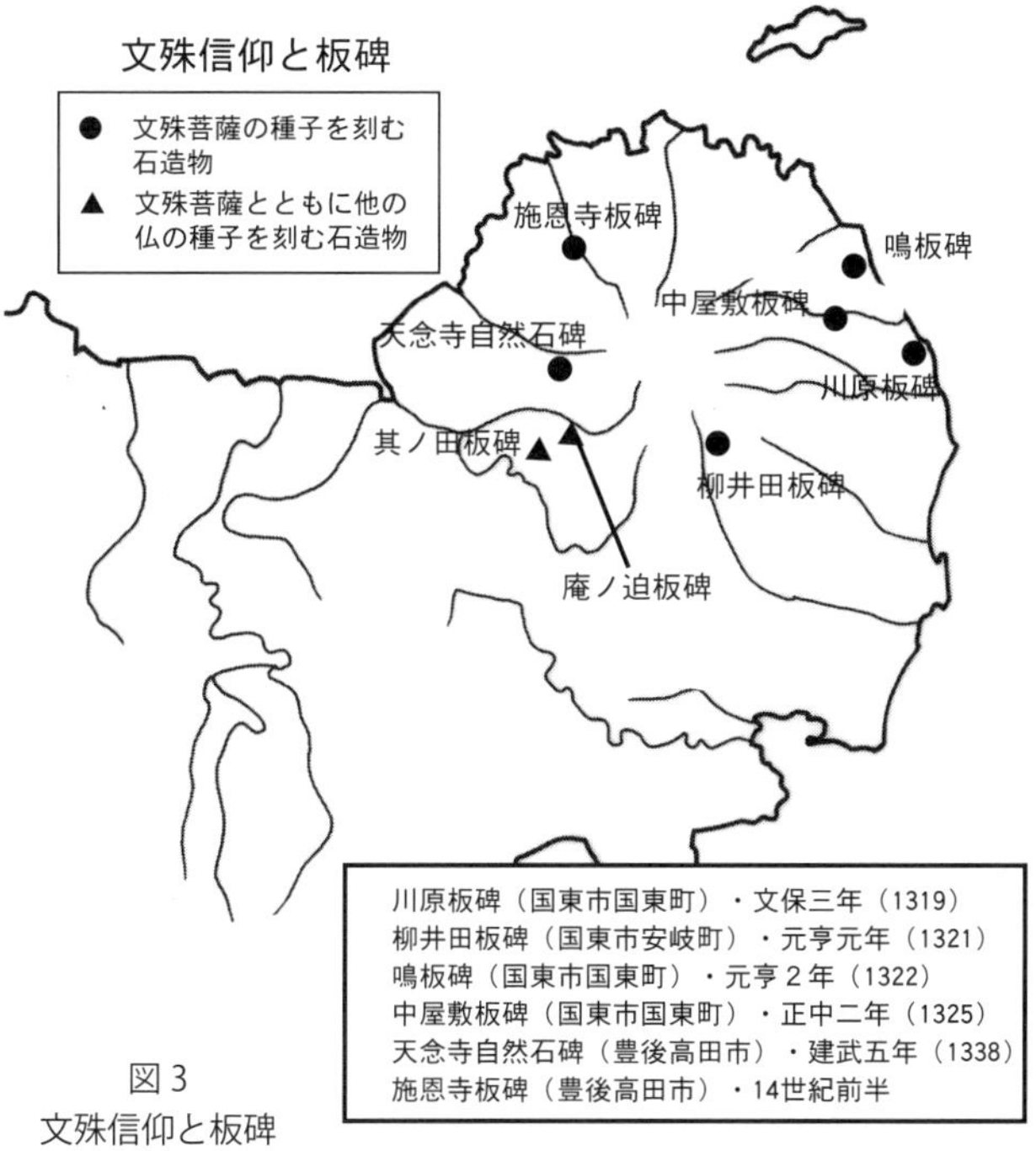

図3
文殊信仰と板碑

島東部に多く、銘文から死者追善のために建てられたものとみられる。すると、鳴板碑などが所在する国東郷（豊後国衙領、現在の国東市国東町）では死者追善のための文殊信仰が一定度広がっていたことがわかる。もちろん、資料残存の偶然性もあろうが、文殊菩薩のみの種子を刻む板碑が国東半島でも古い時期に属する板碑に多くみられることは、やはり注目すべきことと考える。この文殊信仰と板碑に関しては、河野清實の研究［河野 一九三〇］がある。以下では河野の研究をふまえ、改めて文殊信仰と石造物について捉え直していきたい。

これまでの諸研究によって、文殊菩薩への信仰には貧民救済や国家鎮護など多様なものがあったことが明らかにされている。ただし、上田純一によれば、この文殊会における文殊信仰の本質には『文殊師利般涅槃経』に基づく罪障消滅さらには治病延命もあり、中世になるとそうした文殊菩薩の滅罪性が強調され、この滅罪性に基づく文殊信仰は中世南都において色濃く残存したという［上田 一九八七］。

時代によって変化はあるものの、文殊信仰には基本的に罪障消滅があり、鳴板碑などにみられる死者追善はそうした文殊信仰の発露といえる。また、中世の南都においては阿弥陀信仰を背景とした文殊信仰も所在したという［谷口 二〇〇六］。こうした点をふまえると、亡父の菩提を弔うために文殊菩薩を仰いだ鳴板碑は、中世の南都における文殊信仰の影響をうけていたことがうかがえるし、阿弥陀如来と文殊菩薩を並立する形で現わされる庵ノ迫板碑もこうした信仰の発露ということができるのかもしれない。

ところで、『六郷山年代記』の寛喜元年(一二二九)条には、「山門・文殊楼・経蔵焼了」という記述がある。ここでいう「文殊楼」は、最澄に始まる比叡山での文殊信仰を象徴する施設であるが、残念ながら築造年代や平安時代から鎌倉時代の六郷山における文殊信仰の具体的様相は明確ではない。その中で、前で紹介した天念寺自然石碑には「奉造立石卒塔婆一本、当山如法五千日・護摩八千枚・加持八曼荼羅」の銘文がある。ここにある「八曼荼羅」は、文殊菩薩を本尊とする修法のひとつである八字文殊法で依用される「八字文殊曼荼羅」を指すものであり、天念寺で行われた修法の中に八字文殊法があったことがわかる。この八字文殊法は、息災・調伏にすぐれた法といい、平安時代を通じて天台密教の修法として存在し、後に真言密教でも修せられ、天皇の息災・鎮護国家の修法と位置づけられていたという[大石 一九八七]。一四世紀代の国東半島では死者追善とともに、国家鎮護につながる文殊菩薩の修法も行われていたことが知られる。

(3) 国東半島東部の文殊信仰

六郷山と文殊信仰という場合、注目されるべき寺院として文殊仙寺(国東市国東町)がある。文殊仙寺は、その名のとおり文殊菩薩を本尊とするが、同寺の由来や歴史については留意される点が多い。つまり、文殊仙寺は「建武注文」で初めて六郷山寺院として登場し、六郷山寺院の中で唯一役行者を開基と仰いでいる。同寺は峨眉山を山号とするが、この山名は普賢菩薩の聖地を指すもので、近世まで

写真7　文殊仙寺

所在した同寺の講堂は普賢堂と呼ばれたという。

こうした点から、文殊仙寺は元来六郷山に属する寺院ではなく、役行者を開基とすることからして、文殊仙寺の創建は近畿地方と関わりのある者が介在したことが推測される。それに、講堂が中世六郷山寺院などでは中核施設であったことをふまえると、普賢菩薩への信仰が中心にあったこともうかがえる。峨眉山の山号は、そうした文殊仙寺の原初形態を伝える証左といえるのではなかろうか。現在のところ、文殊仙寺の歴史をより明確に記すことはできないが、同寺が一四世紀代の史料を初見とすることは興味深く、そこには一四世紀前半に製作された鳴板碑などに示される文殊信仰が、もとは普賢菩薩をまつる寺を文殊菩薩の寺として再編したことを示唆しているとも考えられる。

国東半島の文殊信仰については、もう一つ注目すべき寺院がある。九州における曹洞宗の拠点とされる泉福寺(国東市国東町)である。

泉福寺は、永和元年(一三七五)に田原氏能の母無伝が発願し、無著を開山に迎えて創建された寺院である。文安三年(一四四六)の年号がある「妙徳山法王林泉福禅寺草創記」〔国東町教委 一九八二〕によれば、泉福寺の寺地は「旧くは文殊堂在り」と記され、「妙徳山泉福禅寺記」には寺地を探していた無著の夢に、童子が現われ、ある場所を指し示した。そこで、指し示された地へ向かうと泉が湧き、そこを「文殊泉」と名付けたという。泉福寺の創建にあたっては、文殊菩薩が少なからぬ影響を及ぼしたことが知られ、実際同寺の山号は文殊菩薩の漢訳である妙徳を戴いている。

この泉福寺がある国東市国東町横手地区は、平安時代に豊後国の国東・速見郡司をつとめた紀氏一族の横手氏の拠点であった〔大分県博 二〇〇九〕。すると、前で紹介した縁起に泉福寺は文殊堂の故地に創建されたという記述は、紀氏の文殊信仰を伝えるものとも解される。こうした泉福寺と文殊菩薩との関わりは、在地支配が紀氏から田原氏に交替したことを象徴するものといえよう。

以上のような文殊仙寺と泉福寺という二つの寺院の由緒は、一四世紀代の国東半島東部では文殊信仰が所在し、それは泉福寺の創建縁起が示すように在地においてはある意味高まりをみせていたことを示している。ただし、前で触れた天念寺自然石碑にあるとおり、一四世紀の六郷山では文殊菩薩の修法が行われたとみられるものの、記録からみる限り文殊菩薩への信仰が展開した痕跡はみられない。それでも、一四世紀代には鳴板碑をはじめとする、文殊菩薩の滅罪性に基づく板碑が造立され、文殊仙寺の存在や泉福寺創建縁起から、少なくとも国東郷では文殊信仰の高まりというべき状況がみられるのである。鳴板碑はこうした国東郷域における文殊信仰の一端を伝える遺産と改めて位置づけられる。

(4) 中世の南都と国東半島

中世の文殊信仰という時、想起されるのが叡尊を師とする大和西大寺流などの律僧集団である。明徳二年(一三九一)の「西大寺諸国末寺帳」によれば、国東半島をはじめとする豊後国における西大寺末寺は金剛宝戒寺・永興寺・最勝寺・潮音寺の四ヶ寺が記されている。このうち、前の二ヶ寺は各々大分市と日田市に現存するが、残り二ヶ寺は故地を確認できない。国東半島に西大寺末の寺院は所在しないが、豊前国南部をみると、西大寺末寺院として大楽寺(宇佐市)や宝光明寺(宇佐市)などがあげられる。このうち、宇佐宮に近い大楽寺は元弘三年(一三三三)に後醍醐天皇の勅願寺として建立され、開基は宇佐宮大宮司到津公連、開山は西大寺の道密であった。

また、豊後国府内の金剛宝戒寺(大分市)に安置される木造大日如来坐像は、文保二年(一三一八)に製作が始まり、建武二年(一三三五)に完成供養したが、その胎内には夥しい人名が記されている。それらを検討した吉良國光によれば、ここには叡尊の弟子幸尊をはじめ、佐伯・小田原・首藤・都甲といった地頭職を所有した在地領主層の名前があり、そこには豊後大神一族の名が目立つこと、地域別でみると大分郡とともに佐伯荘や国東郡内の人物が結縁していることなどが指摘でき、この像の造立には豊後大神一族が中心にあったとしている[吉良 二〇〇五]。さらに、吉良はこうした人物の地域と階層が西大寺流律僧の宗教活動の足跡を示すものとも位置づけている。

大日如来像の胎内銘に紀氏一族の名は確認できないものの、国東郷は国衙領であり、金剛宝戒寺の再興が一四世紀代に豊後国守護大友貞宗が幸尊を招いて実施したこと、国東半島のほとんどを領した宇佐宮の延慶二年(一三〇九)の火災に伴う復興に関わる史料が西大寺に所在し、宇佐宮復興に西大寺が関与したこと[宇佐歴民　一九八九]、そして宇佐に西大寺末の寺院が建立されたことをふまえると、国東半島においても西大寺流のなにがしかの影響があったと想定される。すると、前でみた一四世紀代の文殊信仰の高まりは、西大寺流の伝播が契機であったとみられる。舎利塔を連想させる国東塔も、西大寺流に示される南都と国東半島とのつながりを示す痕跡とみられる。

　六郷山という寺院集団は、国東半島西部・南西部を中心に成立し、徐々に分布範囲が広がったことは、前で触れた。国東半島の歴史という時、六郷山の存在により、ひとつの地域として捉えがちであるが、上で述べてきた文殊信仰に示されるように、国東半島の東部と西部は違いがある。

　前述したように、六郷山は歴史的に形成された寺院群である。そして、中世南都とのつながりも推測されるように、国東半島は一二世紀代から比叡山の影響のみを受けていたわけではなかった。六郷山をはじめ、国東半島の歴史や文化は多様であることをふまえた上で、今後も国東半島の歴史も捉え直していくことが求められよう。

むすびにかえて

六郷山が現在まで存続した歴史的条件について、さいごに触れておきたい。

　国東半島の山間に位置する宇佐宮領安岐郷の諸田名（国東市安岐町）は、正安二年（一三〇〇）の「小松雑掌公祐解状」によれば、鍬を年貢として納入する地であった。また、一六世紀の史料によれば、六郷山寺院のひとつである夷岩屋が所在した地域や国東半島北部の岐部地区（国見町）からは、「切鉄」や「地鉄」が大友氏に貢納されていたことも確認できる。なかでも、夷地区では一六世紀後半の史料とみられる「源六御蔵入納記」（余瀬文書）には鍋や釜といった鉄製品も納入されている。現在、この夷地区周辺では露頭した崖面が赤く変色した場所をみることができ、その成分は明確でないが鉱脈が所在することがわかる。

　結城明泰の研究によると、国東半島には金糞原や多々良、赤禿といった鉄生産に関わる地名や鉄滓を出土する地が多くある[結城　一九八三]。また、近年まで半島東部から南東

写真８　熊野磨崖仏

部にかけての海岸部では砂鉄が採集されたといい、現在も砂鉄の黒い層を確認することができる。国東半島はほぼ全体が鉄生産の地であり、六郷山の僧侶も、製鉄に関わったことが推測される。国東半島では、平地は限られており、六郷山寺院が現在まで伝えた力は、鉄などのヤマの産物であった。

　このほか、一六世紀の国東半島では木綿を栽培していたことも確認されている［櫻井 二〇〇五］。あるいは、国東半島の地下資源として燧石も挙げられる。国東半島には、崖面に刻まれた磨崖仏が数多くあり、その代表である熊野磨崖仏（豊後高田市、国特別史跡）と尾根を隔てた反対側の六太郎地区（杵築市山香町）周辺は「角石」とよばれる燧石を産出する。この六太郎地区には、一二世紀の作とされる木造観音菩薩像が所在しており［宇佐歴民 一九九〇］、熊野磨崖仏が所在するヤマは、誰もがわけいることはできないが、僧侶らによって一定度開発されていたことがうかがえる。一八世紀に完成した『豊後国志』などによれば、六太郎の燧石は、近世には大阪などへも輸出したという。このように、国東半島は鉄をはじめとする地下資源があり、六郷山の僧侶を含めて、少なくとも中世国東半島の人々にとって、鉱業が重要ななりわいであったと推測される。

国東半島において、「いのりの文化」を育んできた六郷山は、人々のいのりのこころとともに、地域が生み出す富を基盤として、現在に至っているのである。

(1) 本文では、大分県立宇佐風土記の丘歴史民俗資料館を後の名称である大分県立歴史博物館と統一して表記したが、参考文献は大分県立宇佐風土記の丘歴史民俗資料館編集のものは「宇佐歴民〜」とした。

九州の仏像

――平安神将形像と八幡信仰――

末吉 武史

はじめに

日本列島の西南に位置する九州は奈良や京都の都から遠く離れてはいたが、古代には外交と軍事および九州の内政を掌る大宰府を介して中央と直結していた。その関係は鎮護国家を標榜した仏教にも当てはめることができ、九州各地の寺院や僧尼を統括する観世音寺は中央の宗教施策を実行し、遣唐使派遣の際には入唐僧の滞在拠点としても機能した。また、創建当初の伽藍には奈良の大寺院に匹敵する巨像や最新の思想を反映した仏像が安置された。

こうした文化伝播のあり方は大宰府の権力が形骸化した中世以降も基本的に変わらないように見えるが、九州に残る仏像の中には都のオーソドックスな表現から逸脱するものが少なからず存在するのも事実である。それは単に出来栄えの問題ではなく、中世の作品でありながら著しく古様な形態を留めるものや、大陸の影響を受けたとみられる例などであり、しかもそれらの中には時として一連の系譜として展開が跡づけられるものがあることは日本の他の地域にはあまり見られない現象として注目される。

九州の仏像の特質を説明する際、しばしば都の影響・大陸の影響・在地の伝統という三つの要素があり、これらが時代ごとの状況に応じて絡み合い、さまざまな形となって表われると説かれる［井形 二〇一九］。こうした特質を具体的に示すことは都中心の仏像史を相対化し、日本文化の多様性を認識することにもつながると思われる。

本章では以上のような観点から中世が始まる平安後期の九州の仏像、なかでもこれまで筆者が何度か取り上げてきた神将形像の問題に焦点をあて［末吉 二〇一三・二〇一七］、その造形が生み出された背景を描き出してみたい。

1　九州の平安神将形像

九州では平安後期に畿内とは異なる形式や表現をもつ神将形像が現われる。神将形像とは仏教の守護神としての役割を体現した四天王や毘沙門天、薬師十二神将といった武装形の天部像のことである。このうち四軀一組で構成される四天王像については、四軀とも頭部に髻を結うか、一軀ないし二軀が兜をかぶるのが一般的である。しかし、九州では四軀とも兜をかぶり、そのうち一軀ないし二軀が正面に両手を交差して杖のように剣を地に突き立てるものが散見される。こうした姿は奈良時代の一部の作例にも認められるが平安時代以降では極めて少ない。

そしてもう一つ注目されるのは、像種に関係なく金鎖甲と呼ばれる甲の小札の文様(毘沙門亀甲)を浮き彫りで表わし、なおかつ毘沙門天像などの単独尊では兜をかぶるものが存在することである。兜をかぶる毘沙門天像は特に珍しいわけではないが、日本では通常金鎖甲は彩色で描かれることからすればやはり異例の表現と言える。

これらの存在に最も早く注目したのは田邉三郎助である。田邉は現在、文化庁所蔵となっている四天王像(図1)について紹介する中で、四軀すべて兜をかぶり、なおかつ一軀が両手交差の姿勢を示す図像が、大分・真木大堂四天王像や鹿児島・隼人塚四天王像などと共通することから、平安後期の九州に係る神将形像の系譜が流布した可能性を指摘した［田邉 一九九三］。その背景について今も十分に明らか

図1　四天王像（持国天）　文化庁

I　4躯とも兜をかぶり、両手交差像を含む四天王像

No.	名称	所在	所有	備考
1	木造四天王立像	大分県豊後高田市	真木区（真木大堂）	4躯とも金鎖甲彫出，1躯両手交差，広目天は兜（別材製）亡失ヵ，重文
2	石造四天王立像	鹿児島県霧島市	隼人塚	2躯両手交差
3	石造四天王立像	佐賀県佐賀市	四天社	1躯両手交差
4	石造四天王立像	鹿児島県薩摩川内市	川内歴史資料館ほか	市内各所に散在，1躯両手交差
5	木造四天王立像		国（文化庁）	4躯とも金鎖甲彫出，1躯両手交差，重文
参考1	木造四天王立像	大分県大分市	大山寺	4躯とも両肩先後補
参考2	石造神将形立像	鹿児島県薩摩川内市	個人蔵ほか	2躯とも兜，1躯は両手交差
参考3	木造持国・多聞天立像	熊本県小国町	千光寺	2躯とも兜，1躯は両手交差

II　金鎖甲を浮き彫りで表し，兜をかぶる神将形像（I -1，5は重複のため除く）

No.	名称	所在	所有	備考
1	木造毘沙門天立像	大分県日田市	永興寺	重要文化財
2	木造毘沙門天立像	大分県日田市	永興寺	文治3年（1187）銘，重文
3	木造毘沙門天立像	福岡県久留米市	観音寺	
4	木造毘沙門天立像	福岡県久留米市	東林寺	
5	木造毘沙門天立像	福岡市博多区	崇福寺	
6	木造持国天立像	福岡市博多区	東長寺	後補の兜（別材製）
7	木造毘沙門天立像	福岡市南区	興宗寺	
8	木造毘沙門天立像	福岡県那珂川市	別所区	
9	木造毘沙門天立像	福岡県糸島市	個人蔵	
10	木造毘沙門天立像		個人蔵（福岡市博物館寄託）	当初はNo.11と一具ヵ
11	木造天部形立像	佐賀県唐津市	愛染院	前面部のみの残欠
12	木造毘沙門天立像	佐賀県唐津市	半田区	No.10・11と酷似
13	木造毘沙門天立像	佐賀県佐賀市	本行寺	当初は四天王像の一躯ヵ
14	木造十二神将立像	（福岡・東光院旧蔵）	福岡市美術館	9躯（3躯後補）のうち4躯は金鎖甲彫出，2躯は兜，1躯は両手交差，重文
15	木造十二神将立像	兵庫県淡路市	東山寺（石清水八幡宮旧在）	12躯とも金鎖甲彫出，3躯兜，承徳2年（1098）大宰府で制作，重文
16	木造二天王像	奈良県斑鳩町	法隆寺三経院	持国天像のみ兜（別材製），重文
参考1	木造天部形立像	福岡県須恵町	須恵町	頭部と体部の残欠，頭部円頂（当初は別材製の兜をかぶるヵ）
参考2	木造天部形立像	福岡市西区	熊野神社	頭部亡失

III　金鎖甲を浮き彫りで表し、兜をかぶらない神将形像

No.	名称	所在	所有	備考
1	木造天部形立像	福岡県豊前市	求菩提資料館	
2	木造毘沙門天立像	福岡県久留米市	大本山善導寺	保安元年（1120）銘
3	木造四天王像	滋賀県大津市	延暦寺	多聞天のみ兜，重文
4	木造二天王像	滋賀県栗東市	金體寺	増長天のみ金鎖甲彫出，重文
5	木造二天王像	大阪府河内長野市	河合寺	重文
6	木造毘沙門天立像	（奈良・中川寺旧在）	国（東京国立博物館）	応保2年（1162）納入品，重文
7	木造毘沙門天立像	京都市東山区	清水寺	重文

にされているとは言い難いが、関連の作例はその後も九州で続々と報告されている。ただ、金鎖甲を浮き彫りで表わす神将形像は京都周辺にも残るため、その淵源が九州にあると断定することにはなお慎重な検討が必要と思われる。そこで、日本に残る四天王像のうち四軀とも兜をかぶり、なおかつ両手交差像を含むものをI群、その他の神将形像のうち金鎖甲を浮き彫りで表わし、なおかつ兜をかぶるものをII群、金鎖甲を浮き彫りで表わすが兜をかぶらないものをIII群として分類し、表にまとめた。なお、金鎖甲を浮き彫りする神将形像の中には京都・

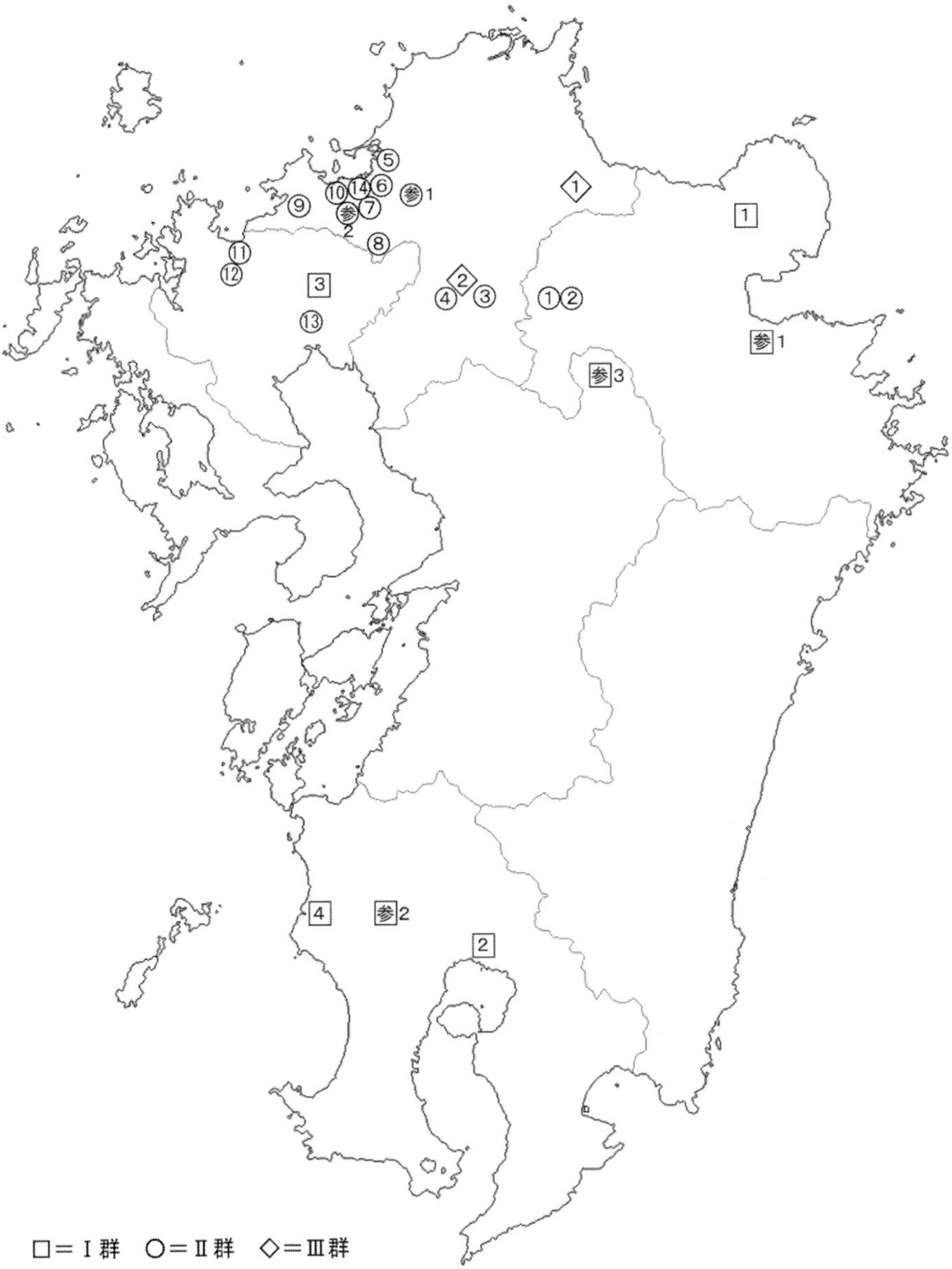

関連作品（九州所在）分布図

東寺の兜跋毘沙門天像やその模刻像などの特殊な系統の像も含まれるが、ここでは除外した。

⑴ 分　布

Ⅰ群は当初四天王であった可能性のある参考作例を含む八件のうち七件が九州所在、一件が原所在地不明という結果となった。九州所在分のうち大分・真木大堂四天王像（Ⅰ―1、図2）は、広目天のみ兜をかぶらず頭部に髻と怒髪を表わすが、これらが後補とみられるため当初は別材の兜をかぶせていた可能性が指摘されている［田邉 一九九三］。また、原所在地不明の一件は田邉が紹介した文化庁所蔵の四天王像（Ⅰ―5、図1）で、昭和初期以前の段階からすでに個人の所有になっていたものである。

Ⅱ群は参考作例も含めると、一八件のうち一六件が九州所在、二件が九州以外となった。ただし、この二件のうち兵庫・東山寺十二神将像（Ⅱ―15）は明治期に京都の石清水八幡宮護国寺から移されたもので、記録などから大宰権帥の大江匡房が承徳二年（一〇九八）に大宰府で大仏師真快に造らせ、康和五年（一一〇三）に護国寺に奉納したことが判明する［武笠 一九九二］。また、福岡・個人蔵（福岡市博物館寄託）毘沙門天像（Ⅱ―10）は原所在地が不明であったが、最近全く同形同大の佐賀・愛染院の天部形像（Ⅱ―11）が佐賀県唐津市の鏡山周辺で確認されており、本来は愛染院像とともに四天王像を構成していた可能性が高い。当初安置された寺院は不明ではあるが、鏡山の麓には藤原広嗣の霊と神功皇后を祀る鏡神社があり、その神宮寺で奈良時代に創建された弥勒知識寺（廃寺）があったことが想起される。

Ⅲ群は七件のうち二件が九州所在、五件が畿内という結果となった。五件の中には納入品から当初は奈良郊外の中川寺（廃寺）にあったことが判明する東京国立博物館（川端家寄贈）の毘沙門天立像（Ⅲ―6）も含まれる。

以上、三三件のうち当初の所在が不明な文化庁像を除くと二六件が九州所在もしくは所縁、六件が畿内という分布状況が明らかとなった。特にⅠ群とⅡ群については、ほぼ九州に偏ることが一目瞭然という結果となった。また、真木大堂像や文化庁像のようにⅠ群の四天王像の中には金鎖甲を浮き彫りで表わす、つまりⅡ群の特徴を兼ね備えているものが含まれることも判明した。

図2　四天王像　大分・真木大堂
右下から時計回りに持国天・増長天・広目天・多聞天

なお、九州の作例だけで見ると、大分県の宇佐・国東周辺から日田、そして福岡県の筑後川沿いから博多湾周辺、佐賀県唐津地域にまたがる北部九州に分布が集中し、特に博多湾周辺にⅡ群の作例が多く残る傾向がうかがえる。当然ながら制作当初から所在が大きく動いたものもあると思われ、また今後作例が増えることで分布傾向に若干変動が生じるかもしれない。しかし、かつて田邊が指摘したような平安後期の九州に特徴的な神将形像の系譜が流布したことは客観的な事実と認めることができる。

(2) 制作時期

次に制作年代について整理してみよう。銘記や記録から制作時期が判明する基準作例では、兵庫・東山寺十二神将像が最も古い。東山寺像は前述したとおり大宰権帥の大江匡房が石清水八幡宮に奉納したもので、承徳二年(一〇九八)に大宰府で大仏師真快に造らせたことが判明している。これに保安元年(一一二〇)銘の福岡・大本山善導寺毘沙門天像(Ⅲ—2)、永治二年(一一四二)銘の滋賀・金體寺二天王像(Ⅲ—4)、応保二年(一一六二)の東京国立博物館毘沙門像(Ⅲ—6)、そして文治三年(一一八七)銘の大分・永興寺毘沙門天像(Ⅱ—2)へと続く。サンプルが少ないので確実とは言い難いが、少なくとも金鎖甲を浮き彫りで表わす作例については、九州が畿内よりも先行しているように見える。

一方、無銘の作品はいずれも一一世紀後半から一二世紀末頃にかけて流行した和様の神将形像であり、個々の前後関係は作風などから判断するほかない。その中で、大分・真木大堂四天王像は、同所に残る不動明王像および大威徳明王像の制作年代が一一世紀中頃とする見解があり〔伊東 一九九六〕、これらに続いて造られたとすれば東山寺像よりも古い一一世紀中頃までさかのぼる可能性がある。

真木大堂は宇佐八幡宮領田染荘にあった馬城山伝乗寺の後身で、その造営には一一世紀に権門化に成功した宇佐宮の関与も指摘されるように〔渡辺 一九八六〕、宇佐宮を介した京都との直接的な関係があったとみてよい。実際、真木大堂像の作風には京都の作例に劣らない繊細さがある一方、体の動きには絵像を無理に立体化したようなぎこちなさも認められ、そこに初発的な要素が指摘できる。

こうした特徴と関連して注目されるのが、大分県日田市の永興寺に伝わる三軀の平安毘沙門天像のうちの一軀(Ⅱ—1、図3)である。この像は真木大堂四天王像のうち多聞天と顔立ちや姿勢が酷似し、真木大堂像などを規範として造られた可能性が高いと思われる。永興寺は一一世紀頃から勢力を伸ばした大蔵姓日田氏の菩提寺であり、同氏が当初開発した日田郡五箇所の荘園は後に宇佐宮領に組み込まれているように[川添 一九六七]、宇佐宮とは元来強い結びつきを持っていた。

以上から一連の神将形像の制作時期は概ね一一世紀中頃から一二世紀末頃にかけてであり、九州一円に流布した現象の淵源として宇佐八幡宮の存在が無視できないことも明らかになった。なお、宇佐宮との関係については、両肩先がすべて後補に替わっているものの大分・柞原八幡宮と関係の深い大山寺の四天王像(Ⅰ—参考1)が四軀とも兜をかぶることや、後述する鹿児島・隼人塚四天王像(Ⅰ—2)が大隅国正八幡宮と密接な関係を持つこと、東山寺十二神将像が石清水八幡宮に当初奉納されたことなども踏まえると、宇佐宮というよりは八幡信仰そのものとの関係を考える必要があるかもしれない。

図3　毘沙門天像　大分・永興寺

(3) 作風・技法

九州に残る一連の神将形像を作風で比較すると、畿内作に近い洗練味を示す真木大堂像は例外的な存在と言え、むしろ体軀がずんぐりと太造りで甲冑や着衣などの細部を厚く賑やかに彫刻した在地系のものが多いことに気づく。文治三年(一一八七)に日田の豪族大蔵永秀が造らせた大分・永興寺の毘沙門天像(Ⅱ—2、図4)や個人蔵(福岡市博物館寄託)毘沙門天像は(Ⅱ—10、図5)はその典型で、文様をびっしりと彫出した金鎖甲と広い錣のある兜を着け、胸には腹帯の結び目、兜の鉢には宝相華の文様を賑やかに表わす。こうした一種ごてごてとした彫刻表現は東山寺十二神将像にも当てはまり、大宰府などを拠点に活動した仏師の関与をうかがわせる。福岡・東林寺毘沙門天像（II—4）、福岡・

図4　毘沙門天像（文治3年銘）
大分・永興寺

図5　毘沙門天像
個人蔵（福岡市博物館寄託）

崇福寺毘沙門天像（II—5）、福岡・東光院旧蔵の福岡市美術館十二神将像（II—14）なども短軀でずんぐりとした体形が共通し、作風はさらにローカルな趣を強めている。

　作風の問題と関係して技法・構造についても若干触れておく。ここで取り上げた九州の一連の神将形像の多くは一木造り、あるいは一木割矧ぎ造りという比較的簡単な技法を採用している。これは在地の仏師・工房が制作したこととも無関係ではないと思われるが、特筆されるのは兜をわざわざ別材で作り円頂の頭部にかぶせるもの、またはかぶせていた作例が間々見られることである。こうした構造は鎌倉時代以降の作例に時折見かけるものの、平安時代では奈良・法隆寺の持国天像（II—16）や鳥取・長楽寺毘沙門天像など、全国的に見ても希少である。しかし、九州では福岡・東長寺持国天像（II—6、図6）や福岡・須恵町天部像残欠（II—参考1）などがあり、前述したように真木大堂四天王像のうち広目天もこれに該当する可能性がある。

　兜を別材製にするのは平安末頃から登場する裸形着装像と同じく、裸身の像に実際の衣を着せることで仏像の生身性を意識させる工夫と思われる［奥 二〇〇五］。当該期の仏

図6　持国天像　福岡・東長寺

像には肉身部と着衣部を意識的に別材製にするものがあり、兜もその延長上に位置づけられよう。ただ、一連の神将形像の多くが金鎖甲彫出と兜を併用していることを踏まえると、両者は本来セットという意識が働いているようにも見え、兜への強いこだわりが感じられる。

2　大陸の影響

以上の検討から、一連の作例は主に北部九州に分布し、制作時期は一一世紀後半から一二世紀末頃にかけてであり、また八幡信仰と接点を持つ作例が少なくないことも明らかになった。つまり、図像の流布が九州という地域と密接に関係し、その淵源が九州に内在する可能性が見出されるのである。無論、一連の神将形像のオリジナルというべき規範性の強い作例が京都周辺に存在した可能性も否定できない。事実、滋賀・延暦寺には多聞天以外は兜をかぶらず、金鎖甲を浮き彫りで表わす四天王像(Ⅲ—3)が伝来している。ただ、若干の例外はあるにしても、九州に作例が集中し他の地方にはほとんど残らないことを踏まえると、やはりその主要因が九州の側にあったことは認めざるを得ないだろう。そこで次に平安後期の九州において、なぜこうした特異な図像が流布したのか、また図像そのものが持つ意味について大陸の影響という側面から考えてみたい。

(1) 中国の神将形像

九州、それも北部九州という地理的環境から考えねばならないのは、中国をはじめとする大陸諸国の影響であろう。金鎖甲彫出や両手を重ねて立つ姿勢そのものは実は中国ではかなり古くから成立しており、明・清時代に至るまで多くの作例に見ることができるからである。

兜をかぶり、金鎖甲を浮き彫りで表わす例としては、管見では上海博物館蔵の石造天王立像(唐)が古く、宋代以降では四川省安岳毘盧洞第六号龕の天王像(北宋)をはじめ神将形像の表現としてごく普通に見られるようになる。また、両手を交差して剣を突き立てる姿勢は西安市西関王家巷から出土した西安碑林博物館の石造天王立像(唐)が古例で、鄭州市博物館の二天王立像レリーフ(北宋)では両手交差と金鎖甲の浮き彫りを併用している。

両手を交差して剣を突き立てる姿勢そのものは仏教尊像の枠を外せば古くから皇帝や貴族の陵墓に安置される石造武人像に見ることができ、たとえば秦の始皇帝陵の兵馬俑坑から出土した将軍俑や唐の則天武后の墓である乾陵(陝西省)の参道にあるものがよく知られている。こうした石像は中国では秦時代の伝説的な偉丈夫で匈奴と戦った阮仲翁に因んで「翁仲像」と呼ばれるが、五代十国の一つ南唐の始祖李昪(八八八〜九四三)の欽陵(江蘇省江寧県)に残る一対の武人像レリーフのように、兜をかぶり金鎖甲を浮き彫りで表わすものも一〇世紀頃には見られ、宋代以降はこのスタイルが定着するようである。

そもそも両手を重ねる手の形は、中国では拱手礼という伝統的な礼法を彷彿させ、剣を地に突き立てるという行為も墓域の結界牓示という意味が込められているのかもしれない。いずれにしても両手交差の姿勢は中国に古くからあったことは事実で、それがある時点から仏教の尊像に取り込まれ、さらに日本にもたらされたという大きな流れが想定できるだろう。なお、中国の作例を細かく見ると両手を交差する姿勢にも小異があり、大別すると左右の手で剣の柄を握るタイプと、片手で剣の柄を握り一方の手をその上に重ねるタイプに分かれるようである。

一方、四軀とも兜をかぶる四天王像については今のところ純粋な彫刻作例を見出せないが、唐または新羅時代のものとされる香川・善通寺の金銅錫杖頭に表わされた四天王像や和歌山・金剛峯寺の金銅独鈷四天王鈴、香川・弥谷寺の金銅五鈷四天王鈴などの表面を飾る四天王像を挙げることができる[関根 一九九一]。なかでも弥谷寺鈴では一軀が両手を交差して剣を杖のように突き立てており、他にも同様の作例が見出せることから、I群に分類した四天王像についても大陸に淵源する可能性が考えられる。

⑵ 博多と寧波

以上を確認した上で当該期における九州と中国の関係を見てみよう。改めて説明するまでもなく、博多と寧波は鴻臚館貿易が終焉を迎えた一一世紀後半以降、日宋間の貿易拠点として密接につながり、博多には博多綱首と呼ばれる中国海商が集住する地域が形成され、陶磁器をはじめとする多くの舶載品が持ち込まれていた。その中に含まれる経典や仏像・仏画などの仏教文物も京都や南都の有力寺院に運ばれ、それらは鎌倉時代の仏教美術に大きな刺激を与えたが、いわば水際の都市博多でどのように受容され、九州の造形に影響したのか、その実態はほとんどわかっていない。

ただ、近年では北西部九州に偏在する「宋風獅子」や「薩摩塔」などの中国系石造物の発見例が増加しており、これらが中国海商の信仰に関わる遺物であった可能性が指摘されている［井形 二〇一二］。その中で注目されるのは、薩摩塔や層塔の基台部に彫られた四天王像の中に兜をかぶり両手を交差して剣を突き立てるものが含まれる点であろう。つまり中国由来の図像が博多綱首を通じて博多周辺で受容されていた可能性が考えられ、これらの遺物は北部九州に一連の神将形像が偏在する理由を説明する物的証拠となる可能性を秘めている。こうした当時の日宋間の近さを考えれば、仏教尊像に限らず、すでに述べた陵墓石像、たとえば寧波郊外の東銭湖周辺に数多く残る南宋時代の石造武人像との関係を検討する必要もあるだろう。

⑶ 寧波の石造武人像

東銭湖は寧波市の郊外にある周囲四五キロの湖で、その周辺には南宋王朝の宰相を輩出した史氏の墓所が点在している［岡田 二〇〇九］。その一つで現在では南宋石刻博物館として整備されている史漸（一一二四～九四）の墓に老若一対の石造武人像（図7）が残されている。この像は史漸の没年から南宋・紹熙五年（一一九四）頃の制作と考えられるもので、頂に房飾りの付いた兜をかぶり、甲の文様を細かく浮き彫りした金鎖甲を着け、龍頭形の剣の柄を握る右手の上に左手を重ね、剣を地に突き立て直立している。素材は梅園石と呼ばれる寧波周辺で採れる赤みを帯びた石で、九州に残る薩摩塔や宋風獅子などにもしばしば用いられている。寧波周辺にはこうした陵墓石像や塔などを専門にした工房が存在し、その製品は博多などに渡る中国海商などに供給していたとみてよいだろう。

史漸墓像と一連の九州の神将形像、例えば真木大堂四天王像のうち持国天像を比較してみると、真木大堂像は剣を亡失しているものの、兜・両手交差・金鎖甲彫出という基本的な要素が一致することは明らかである。史漸墓像は南宋の陵墓石像としてはごく一般的なもので、東銭湖周辺には同種の像が他にも数多く残されている。こうした状況から、石造武人像の情報が博多綱首などを介して寧波からもたらされることは十分に考えられるだろう。

図7　史漸墓　石造武人像
中国・南宋石刻博物館

ただ、注意せねばならないのは、史漸墓像が南宋時代の甲冑を着けて静かに直立するのに対し、真木大堂像では奈良時代以来の伝統的な唐風の甲冑を着けて体に捻りが加わるなど、はっきりした違いも見出される点である。また、史漸墓像の表情は吊り上り気味の目に怒気を込めつつ、笑みを含むように口角を上げるという一種近寄りがたい森厳味をもつが、真木大堂像では何かを見据えるように明確な怒りを表わす。その違いは一方が墓域の尊厳を護る武人であるのに対し、一方は四天王の一人として仏敵を降伏する文脈の差と言えるが、それぞれが拠って立つ文脈の違いを超えて影響関係を及ぼすことは、実はそれほど簡単ではないようにも思われる。もし仮に影響を認めるならば、そこには外来の図像を自国の伝統に照らして換骨奪胎するだけの文化的基盤や枠組みが存在せねばならないと思われるからである。

図8　隼人塚　鹿児島県霧島市

3　隼人塚四天王像

以上のように在地における大陸の影響について考えてみたが、こうした彼我の類似と相違は何を意味するのであろうか。仮に影響関係を認める場合、日本の伝統的な神将形像に南宋の陵墓石造武人像の外見的な要素が取り込まれたことになるが、大陸文物を受容し新たな造形を生み出す文化的基盤が当時の九州に存在したのか、またそもそも全く別の文脈によって一連の神将形像が流布したのか、なお慎重に見極める必要があろう。そのことを考える素材として、さらに隼人塚石造四天王像を取り上げる。

⑴　隼人塚について

隼人塚（図8）は鹿児島県霧島市にある国指定史跡であり、高さ約三㍍の長方形の土壇上に大小三基の五重石塔を並べ、壇の四隅には溶結凝灰岩の一材から丸彫りした総高二㍍にも及ぶ四天王像（図9）が安置されている。その名称は養老四年（七二〇）の隼人の反乱で朝廷軍に敗れた隼人族の供養塚と見なされたためであるが、確かな根拠はない。現在では、近くにある大隅国正八幡宮(現・鹿児島神宮)の放生会のルート上にあることや神宮寺であった正国寺の旧地と伝えられることなどから、正八幡宮に関係する施設と考えられている[八尋 二〇〇〇]。

正確な建立時期は不明であるが、石塔や四天王像の様式に加えて正国寺跡から康治元年(一一四二)の陰刻銘をもつ石造如来・菩薩像が発見されたことや、大隅国分寺跡石造層塔にも同年の銘があること、天承二年(一一三二)に正八幡宮の北東から「八幡」と記された二基の石体が出現して大宰府や朝廷を巻き込む騒ぎとなった「石体事件」が起きたことなど、一二世紀の第2四半期に同宮周辺の動きが活発化していることが一つの指標となるだろう。石体事件は最終的には崇徳天皇に皇子が生まれる瑞兆と解釈されて落着するが、実態は一一~一二世紀に正八幡宮が大隅国衙の官人層から続々と荘園の寄進を受けて双方の一体化が進むなか、正八幡宮側が自らの宗教的権威をアピールするため大隅国衙との合意の上で仕組んだ人為的事象であったようである[日隈 二〇一〇、吉原 二〇〇四]。

(2) 護国思想と四天王

隼人塚は土壇上に三基の石塔と石造四天王像を配置するという極めて周到な計画性と象徴性を感じさせる遺構であるが、他にも同様の例として佐賀・四天社が知られている[松本 二〇〇〇]。実はこの両遺跡には国衙・国分寺および中世に一宮とされる有力な神社(四天社の場合は神功皇后の妹神を祀る与止日女神社)、そして海に続く港の近くに位置するという共通点が指摘されており[鈴木 二〇一四]、最近では薩摩国衙・国分寺跡および薩摩国一宮であった新田八幡宮がある薩摩川内市内にも、断片的ながら両手交差像を含む隼人塚と似た小型の石造四天王像が確認されている。こうした国衙・国分寺や八幡信仰に関係する有力な神社との接点が偶然ではないならば、四天王像の存在にも重要な意味が込められているとは考えられないだろうか。

四天王は奈良時代においては鎮護国家の象徴であり、その働きを説く『金光明最勝王経』に基づいて東大寺を筆頭として全国に金光明四天王護国之寺、すなわち国分寺が建立されたことはよく知られている。一方、八幡神は豊前宇佐を発祥とするが、奈良時代には隼人の反乱の鎮圧に協力

図９　四天王像　鹿児島・隼人塚
下から時計回りに持国天・増長天・広目天・多聞天

して護国神としての地位を確立し、東大寺大仏の造立に際しては「天神地祇を率いて」（『続日本紀』天平勝宝元年一二月二七日条）これを支援し、平安時代になると応神天皇の霊と位置づけられ、石清水八幡宮は伊勢と並ぶ皇室の宗廟として扱われるようになった。

このように国分寺と八幡神の成り立ちを比較してみると、両者には護国思想という大きな接点があることがわかり、隼人塚などに安置された四天王像にも古代の護国思想を継承する象徴的存在としての意味を見出すこともできる。先に触れた康治元年（一一四二）銘の大隅国分寺跡の石造層塔も「国分寺建立の詔」が出された天平一三年（七四一）から四〇〇年という節目に国分寺の再興を意識して建てられたと理解すれば、正八幡宮と大隅国衙が一体化していた当時の状況から見て、同様の建立背景が隼人塚についても当てはめることができるのではないか。

(3) 鑑真請来図像

隼人塚の四天王像は四軀とも兜をかぶり、なおかつ正面で両手を交差して剣を突き立てる像を含むことからI群に分類される。しかし、両手を交差する像は二軀あり、詳しく見ると広目天は南宋石造武人像のように右手で剣の柄を握り左手をその上に重ねるのに対し、増長天は体を捻って右手で日本刀のような彎刀の柄を握り、左手は右手首に重ねて休ませるという違いがあることがわかる。

この増長天像と同じ姿勢の神将形像は、先に述べたように中国の石造武人像の中にも類似した姿勢のものが若干ながら存在し、大陸の影響と見ることも不可能ではない。ただ、平安末期に編まれた『別尊雑記』には同様の図像（四天王のうち東方天）が収められているほか、奈良時代に制作された一部の彫刻や仏画の存在から、そのオリジナルは天平勝宝五年（七五三）に唐から来日した鑑真が請来した図像であったことが指摘されている［松田 一九八五］。

平氏による南都焼討で焼失する以前の東大寺戒壇院に安置されていた華厳経厨子の扉絵を平安後期に模写した戒壇院厨子扉絵図像（奈良国立博物館蔵、図10）もその一つであり、そこに描かれた四天王像の一軀は兜をかぶらないものの、隼人塚の増長天と同じく右手で剣の柄を握り、左手首を右手の腕に重ねた姿に表わされている。天平勝宝七年（七五五）という創建当初の厨子絵の制作には鑑真周辺の工人が関与した可能性が高く［濱田 一九六四］、同様の図像は鑑真が開いた唐招提寺金堂の四天王像や入唐僧と関係の深い大安寺の四天王像など天平彫刻の中にも見ることができる［三宅 一九九八、友鳴 二〇〇七］。隼人塚四天王像の中には南宋彫刻のみならず、国内に古くからあった図像が参照された形跡も指摘できるのである。

図10　戒壇院厨子扉絵図像（四天王）
奈良国立博物館

4　在地の伝統

隼人塚四天王像の中にこうした国内の古い図像が認められる理由としては、平安末期に描かれた東大寺の倶舎曼荼羅に戒壇院厨子扉絵の図像が用いられているように、一二世紀の東大寺で勃興した教学復興運動の中で鑑真請来図像が権威ある図像として見直されていた状況が関係しているのかもしれない［谷口 二〇一二］。ただ、こうした動きはあくまでも南都仏教界の問題であり、南都から遠く離れた大隅とは直接結びつかない。やはりそこには南宋文物の場合と同様の、新たな図像を受容する文化的基盤や枠組みが隼人塚の側に存在したと考えねばならないだろう。

⑴ 戒壇としての隼人塚

隼人塚の性格が古代の護国思想と何らかの関係を持つことは既に触れたが、具体的な宗教的機能についてはこれまで定説を見なかった。しかし、長年隼人塚の発掘や史跡整備に携わった藤浪三千尋が、近年以下の諸点に基づき注目すべき見解を発表している［藤浪二〇一七］。

• 隼人塚は「正宮の戒壇所と名づけ、八月十五日浜殿くだりの時、御輿を安鎮し、放生会ありしとぞ。」（『三国名勝図会』）とあるように、放生会の際に八幡神の神輿を安置し、戒壇所と呼ばれていた。

• 宇佐八幡宮の放生会では隼人の霊が宿るとされる蜷貝を海に放つ「蜷放ち」の際に、神輿の前で僧侶による読経と「伝戒・乞戒」がおこなわれていた。

• 発掘調査の所見によると、創建当初の隼人塚の正面は石を積み上げた基壇状を呈していた。

すなわち、隼人塚は八幡神が『梵網経』に基づく菩薩戒を授かるとともに不殺生を誓う場であり、土壇を築き塔と四天王を安置する構造は、鑑真が請来した『関中創立戒壇図経』に基づく戒壇に倣ったというのである。

詳細は藤浪の論考に譲るが、放生会が隼人の反乱の際に朝廷の先兵となった八幡神（実際には八幡神を奉じる豊前の人々）が多くの隼人を殺めたことを悔い、その罪障から逃れるために始まったことを踏まえると、正八幡宮周辺は菩薩神を標榜する八幡神にとって最も不殺生戒が意識される場であったことは明らかである。石体事件などを企画して宗教的権威の向上を目指し、また国分寺建立四百年という記念の年を控えていた当時の正八幡宮の状況を勘案すると、そこに神が過去に犯した罪を懺悔し仏道に精進することを誓う場を設け、鎮護国家の神意を広く示す必然性が認められ、隼人塚が八幡神の戒壇として機能したとする藤浪の説には十分な説得力がある。さらに想像を逞しくすれば三基の石塔を並べる構造は八幡三神の授戒に対応したものと解釈でき、八幡神の本地仏が阿弥陀如来とされていたことを踏まえれば［吉原 一九九〇］、神仏習合の立場から阿弥陀三尊を象徴していたと考えることもできよう。

ちなみに、創建当初の東大寺戒壇は鑑真が請来した『関中創立戒壇図経』に沿って造られたと考えられており［東野二〇〇八］、同経の中にはインド・烏杖那（ウジャーナ）国の例として戒壇が露天に築かれ、その四隅に石彫の四天王像が安置されていたことが見える。この内容は隼人塚四天王像の素材に石が選ばれたことを考える上で示唆的である。また、現在東大寺戒壇堂に安置されている国宝の塑造四天王像は後世に他所から移されたものであるが、当初は戒壇の中央に一丈五尺の六重金銅塔と四隅には銅造の四天王像が安置されていたことが一二世紀に書かれた『七大寺巡礼私記』や『東大寺要録』などから知られる。これらは現存しないため今日その図像を直接確かめ得ないのであるが、三宅久雄の研究によれば、四天王は剣を突き立てる像を含む戒壇院厨子扉絵と同じ系統で、それは鎌倉時代に制作された東大寺真言院の四天王像(持国天)など、後世の作品にも少なからず影響を与えたという[三宅 二〇〇八]。

(2) 受容の論理

以上の検討から、隼人塚四天王像のうち少なくとも増長天については、古代以来正統な授戒の場として機能していた東大寺戒壇(地理的には太宰府観世音寺の西戒壇を参照した可能性も捨てきれない)が意識され、平安末期の南都で復古的に注目されていた鑑真請来図像が採用された可能性を認めることができるのではなかろうか。

無論、隼人塚四天王像と戒壇院厨子扉絵の図像の関係は兜の有無からもわかるように完全な一致と言うことはできない。ただ、一部であれ図像が参照されたとすれば、放生会に伴う神の授戒という大隅正八幡宮側の論理が、国内に古くからあった図像(本来は中国の図像ではあるが)の受け皿になっていたことを意味し、増長天像の剣が広目天像とは対照的に日本刀のような彎刀に表わされていることも国内の伝統が意識された結果と言えるかもしれない。こうした枠組みは八幡信仰と関係の深い四天社や薩摩川内市の石造四天王像などにも敷衍することができるだろう。

最後に隼人塚四天王像のうち広目天の図像についても私見を述べておく。広目天像は増長天像と基本的に同じ姿であるが、姿勢が直立することと剣の柄に両掌を重ねる点が異なる。こうした姿は国内の伝統的な図像の中には見出すことができず、既に触れた南宋の陵墓石造武人像のような大陸文物からの影響が想定できる。だとすれば隼人塚には国内と国外の双方の影響が表われていることになるが、後者の場合でもやはり戒壇としての性格が大陸文物を受容する上での基盤になっていたのではなかろうか。

このように思うのは、壇上の中央に仏塔を安置する戒壇そのものに釈迦の墓であるストゥーパに通じる構造や意味が見出されるからである[村田 一九六二]。その場合の四天王像は正しく戒律の授受が行われるのを見守る証人であると同時に結界に邪魔が入るのを防ぐ守護神としての性格を帯びることになる。こうした文脈に立てば、墓域を護る南宋の石造武人像の図像や表現が、墓や結界という概念を仲立ちにして仏教尊の四天王像に取り入れられたと考えることも不可能ではない。一方、国内の側に目を移せば平安時代に八幡神が応神天皇の霊とされ、石清水八幡宮が伊勢に次ぐ皇室の第二の「宗廟」と位置づけられたことが想起される。言うまでもなく廟は墓所、あるいは特定の人の霊を祀る場を意味する中国的な呼称であり、この場合八幡宮は応神天皇の墓所としての意味を持つことになり、そこに大陸文物を自国の宗教的文脈に置き換え受容する枠組みを見出すことができる。

以上、臆測に臆測を重ねたことを反省せねばならないが、筆者としてはこうした国内と大陸の双方に開かれた八幡信仰が内包する受容の枠組みこそ、冒頭で触れた九州の仏像が宿す特質の一つである在地の伝統と言い換えることができると考えている。それは両手交差像を含む四天王像や、兜をかぶり金鎖甲を浮き彫りで表わす一連の神将形像が九州に残ることになった本質にほかならず、京都周辺にも金鎖甲を浮き彫りで表わす作例が若干ながら残ることを踏まえれば単なる地方の様式にとどまらず、鄙から都へという通常とは逆の文化伝播の流れをたどって中央に影響を及ぼす場合もあったのではなかろうか。

おわりに

小稿ではまず第1節において九州に偏在する特異な図像・表現をもつ平安神将形像の分布や制作時期などを分析し、これらが畿内からの影響によって成立したものではなく、九州在地の問題として位置づけた。その過程で一連の神将形像の中には八幡信仰と接点を持つものが少なくないことが明らかになった。第2節では一連の神将形像の特徴が中国に由来する可能性を述べ、寧波に残る南宋の陵墓石造武人像と図像的要素が一致する部分があることを確認した。第3節では隼人塚の石造四天王像を取り上げ、八幡信仰と奈良時代の護国思想に接点があることと四天王の図像の一部に鑑真請来図像が参照された可能性を指摘した。第

4節では隼人塚が放生会に伴う八幡神の戒壇として機能していたことを確認し、四天王像の中に東大寺戒壇が意識された可能性と、一方では戒壇が釈迦の墓としての意味を併せ持つことから、八幡信仰の中に南宋の陵墓石造武人像の図像を受容し得る環境が整っていたことを指摘した。

以上の考察から浮かび上がるのは、一言で表わすならば九州の仏像がもつ独自性と言えるだろう。そしてその根源となったのは豊前宇佐に始まり、やがて護国神として大きな権威をもつに至る八幡信仰であった。いまだ全容を明らかにするにはほど遠いが、八幡信仰が中世の九州において大陸の文物や国内の古い図像の受け皿となり、新たな仏像を生み出す基盤となったその具体的な様相を、いささかなりとも描き出すことができたとすれば筆者としては幸いである。

九州の禅宗

上田純一

1　大宰府崇福寺の建立

崇福寺建立

仁治元年（一二四〇）、中国（宋）から帰国した僧により大宰府横岳の地に一寺院が建立された。後に名刹として中央にも名を馳せた横岳山崇福禅寺の建立である。僧の名は随乗房《ずいじょうぼう》湛慧《たんえ》といった。だがこの僧については、多くを知ることができない。

『東福開山聖一国師年譜』（以下『年譜』と略称）によれば、「其の性、直（まっすぐで正しい）、言を出せば異なること多く、ほとんど散聖に類し、顕密の教に精しい」と記されているが、崇福寺建立以前に大宰府とどのような関係をもっていたのかは残念ながらほとんど不明である。

「随乗房」という房号（修行僧の住居房舎を号名としたもの）を持っていたこと、「顕密の教に精しい」とあることからすれば、顕密寺院の僧侶であったと推測され、「散聖（非教団的な僧）に類し」の表現を重視すれば、既成寺院とは一定の距離をおいた聖的な僧侶であったかと思われる。大宰府近辺では平安時代より天台系の念仏信仰が盛んであった。彼もおそらくそのような念仏僧の一人ではなかったかと推測される。

湛慧は京都とも深い関わりをもっていた。『沙石集』（第九巻一三）には「洛陽に猫間の随乗房の上人と聞こえしは、度宋して径山の仏法をとぶらひ、達磨の宗風をまなんで、たとき禅師なりけり」という記載がある。湛慧が京都の猫間（中京区壬生の南、六条の北辺りにあった地名）の「随乗房の上人」として名声を得ていたことを知ることができる。

同地近辺には、正暦二年（九九一）造営と伝えられる壬生寺が存した。同寺は天台宗三井寺の快賢僧都《かいけんそうず》が建立したもので、小三井寺とも呼ばれ、地蔵菩薩を本尊として衆庶の信仰を集めた寺であった。湛慧もあるいはこの壬生寺と関係をもつ僧であったのかもしれない。いずれにせよ彼を地方の単なる一僧侶と見なすことは適当ではなく、京都近辺の顕密寺院とも一定の関係をもつ僧侶であったことは確かである。崇福寺の建立の経緯を考える際にもこの点は看過できない。

湛慧と円爾の約束

彼が建立した崇福寺には、翌年、宋から帰国した円爾《えんに》が迎えられた。円爾とは後に藤原道家の保護を得て京都の東福寺を開き、公武に禅宗を広めた聖一国師円爾のことである。招請の背景には次のような事情があった。

これより先、湛慧は宋に遊学し、江南の名刹万寿寺において参禅修行していた。当時、万寿寺無準《ぶじゅん》師範《しはん》の名声は高く、多数の修行僧が群参していたが、日本からの留学僧も少なくなかった。湛慧が無準の下で参禅修行していたちょうどその時、日本からの留学僧であった円爾も湛慧と共に机を並べていたのである。さて円爾より一足先に帰国することになった湛慧であったが、帰国に際して彼は円爾とひとつの約束をした。もし無事に湛慧が帰国できたならば、大宰府に一寺を建立して、開山として円爾を迎えたいというものであった。円爾の崇福寺入寺によって、この約束は具体的に実現したことになる。

ちなみに、円爾の帰国に際して、崇福寺入寺の問題とも関連した次の逸話も残されている。円爾の師であった無準師範は、彼の帰国に際して、法衣などと共に「勅賜萬年崇福禅寺」と自書した寺院の額字を与えた。「最初の住寺にこの額を掛けるべし」との意向であった。円爾が「勅賜」の二字を不審に思い、この点について尋ねると、無準は「なんじは必ず帝王の師となる。疑うことなかれ」と述べたという。

「勅賜（諡）」とは国家の師となる高僧に対して朝廷より贈られる称号であるが、円爾は後に後嵯峨上皇の帰依を得て、寂後三一年目の応長元年（一三一一）、花園天皇より聖一国師の勅諡号を受けた。無準の予言は的中したことになる。無準の自書した崇福寺の額字は現在京都の東福寺に伝来しており、国宝に指定されている。

崇福寺の官寺化

先にも少し触れたが、京都の東福寺は前関白藤原道家の招請により円爾が開山した禅寺である。原田行造は、道家が円爾を招請した背景に、道家の兄で三井寺僧侶であった慶政《けいせい》の推薦があったのではないかと推測した〔原田 一九八二〕。京都の西山法華山寺を本拠に活動した慶政は渡宋の経験もあり、大陸における禅宗の興隆にも詳しかったからである。そのような事情はおそらくあったであろう。ただ、東福寺開山の契機になった両者（円爾と道家）の出会いを用意したのが、実にこの湛慧であったという事実は無視することができない。『年譜』では次のような事情が伝えられている。

大宰府の観世音寺では、年の初めに追儺の行事を行っていた。その日、寺の前を通る通行人を寺の庭へと引き入れて鬼面をかぶせ、待ちかまえた参詣人らが木ぎれなどで鬼をたたいたり、瓦や石を投げつけて「鬼遣らい」を行うのである。民間の節分行事の源流である。ところがその日たまたま所用で観世音寺の前を通りかかった湛慧が、運悪く同寺僧に捕らえられて鬼にされるという災難にあってしまった。他愛ない悪ふざけの類に属するものではあるが、次第に隆盛化してきた禅宗を妬んだ観世音寺僧たちの、日頃の鬱憤も混じっていたのかもしれない。

怒った湛慧は朝廷に訴え、その結果道家・良実父子と対面することになった。『年譜』には、良実が湛慧の名を「旧聞」していたと記している。入宋の経験もあり、前述したように京都との関係も深かった彼の名は、公家の間でもある程度知られていたのであろう。両者は対面し、話題は新来の禅宗へと及んだ。それが円爾の東福寺招請へと発展したと説くのである。逸話の真偽はともかくとしても、崇福寺の建立および官寺化の過程で、円爾と道家父子に何らかの交渉があり、その際、湛慧が重要な役割を果たしたという点は確かであろう。

話を崇福寺に戻そう。当時、崇福寺は日中両国の禅僧が集う国際色豊かな禅寺であった。東福寺文書中に残された「東福寺条々事」によれば、この頃同寺には無準師範門下の宋僧方庵智圻《ほうあんちきん》などが入寺していたようである。彼は円爾とは兄弟弟子の関係にある中国僧で、平江府（蘇州）の名刹定慧寺にも住したことのある禅僧であった。ちなみに、同寺保護者の一人として、筑前守護で大宰府の現地責任者であった少弐資能・経資父子のいたことも知られている。大陸への窓口的役割を果たした同寺は少弐氏が大陸の情報収集などを行う場合にも、利用価値の高い寺院であったのだろう［川添 一九九四］。

2　博多禅の展開

博多禅の形成

寺伝によれば、聖福寺は建久六年（一一九五）に源頼朝の外護を得て栄西《ようさい》が建立したとされている。ただこれを示す史料的根拠は弱く全面的な依拠はできない。ただ、同寺が宋人百堂の跡地に建立されたとする説は一考に値する。次のような事実があるからである。

戦後に聖福寺境内より発掘された越州窯式水差しは中国宋代のものと考えられており、おそらく宋人百堂時代の埋置物であろうと推測されている。また浙江省寧波市天一閣内に伝存する三刻石の刻文などからも、この時期に多数の宋人商人が博多に居住していたことが明らかになっている。栄西自身も著書『興禅護国論』の「未来記」において、博多津の張国安なる禅人が来訪した逸話を記している。

以上の事実などを踏まえれば、宋人百堂の跡地に聖福寺が建立されたとする説は一定の根拠をもつと思われる。

聖福寺建立の後を受け、当地の禅宗興隆にさらに拍車を掛けたのは、前述した円爾である。大宰府の崇福寺については すでに述べたが、博多には承天寺を建立した。同寺もまた宋商らの援助により建立・維持された禅寺である。承天寺の保護者としては宋商謝国明の名が広く知られている。近世の撰になる「謝国明碑文」によれば、彼は臨安府の生まれで当時は博多の櫛田神社の側に居を定めていた。天福元年（一二三三）、有智山寺義学《ぎがく》が円爾に危害を加えようとすると、すかさず彼を私宅にかくまっている。また承天寺の火災に際しては彼の援助により一日のうちに同寺の殿堂一八宇が再建され、筥崎宮領であった那珂郡野間、高宮、原村等が寺領として寄進された。さらに彼の援助は宋国仏

写真１　承天寺（福岡市）

鑑禅師の住する径山万寿寺へも及んだ。万寿寺が火厄に罹ると材木千枚を寄進(売却とも)している[榎本 二〇〇八]。

寛元元年(一二四三)、承天寺は天台宗有智山寺衆徒の迫害を契機として、逆に崇福寺と共に官寺の列に昇り、ついで弘安三年(一二八〇)には山城東福寺の実質的な末寺になった。

蒙古襲来後の博多禅

博多における禅宗の展開を考えた場合、蒙古襲来は重要な画期になった。鎌倉幕府(北条氏得宗家)の本格的な関与が始まってきたからである。

聖福寺には、幕府北条氏の保護を得た禅僧らが相次いで入寺してきた。またこの時期の同寺の諸山昇位もこれと密接な関係がある。同寺の諸山昇位は文保三年(一三一九)以前と推定されるが、これは全国でもかなり早い例に属する。同寺が「扶桑最初の禅窟」の由緒をもつ古刹であったことはその理由のひとつであるが、諸山に昇位させることにより住持任免を媒介にして幕府の関与がいっそう強化できる、という幕府側の狙いもあったのだろう。

文永七年(一二七〇)、南浦紹明《なんぽしょうみょう》は鎌倉建長寺より九州へ下向し、筑前早良郡の興徳寺へ入寺したが、やがて大宰府の崇福寺へ移り、以後三〇余年を同寺で過ごしている。彼の崇福寺への転住の背景としては、しだいに切迫してきた元との国際関係がある。当時崇福寺は大宰府の少弐氏を檀越としており、幕府が蒙古関係の情報を入手する場合、彼の止住は何かと好都合であった。彼の語録中には、高麗使と共に蒙古国書を携えて来朝した超良弼と取り交わした詩文等も存しており、南浦の長期間の崇福寺滞在が幕府の蒙古対策につらなるものであったことをうかがうことができる。

鎌倉末期に建立された禅寺としては、博多東部多々良の顕孝寺が注目される。顕孝寺は豊後守護で鎮西探題の引付頭人であった大友貞宗が闡提正具《せんだいしょうぐ》を開山として建立した禅寺である。元弘二年（一三三二）頃には円覚経の開版なども行われており、辺りは日元往来の僧侶・商人で非常な賑いを呈していた。昭和四七年に多々良浜の発掘が行われた際、現場からは大陸貿易の事実を示す多量の竜泉窯青磁類なども出土している。

南北朝・室町期における博多禅の展開

南北朝期の博多における禅寺の動向を、まず聖福寺の動向から述べておこう。南北朝期の同寺歴代住持の法系を検討してみると、次のような特色が指摘できる。

南北朝期を通じ九州探題との結び付きが強く、同寺の繁栄も歴代探題の保護を抜きにしては語れない。具体的事実としては、暦応年間（一三三八～一三四一）頃まで探題在所が同寺直指庵に「寄宿」していた事実に始まって、探題一色範氏の寺領寄進、さらには十刹への昇位などを指摘できる。その背景として、九州南朝軍の制圧という幕府・九州探題の意図が大前提とされていたことはもちろんである。

今川了俊の探題就任と対外交渉の問題は、南北朝末期の聖福寺の動向に少なからぬ影響を与えたと思われるが十分明らかではない。ただ応安五年（一三七二）の明使一行来日の際、彼らの滞在先が聖福寺であった事実、あるいは宝徳三年（一四五一）に九州探題が派遣した遣明船が聖福寺造営船であった事実などからすれば、探題と結び、対外交渉にも積極的に参与する聖福寺の姿をうかがうことができる。

南北朝・室町時代における博多禅の展開では、大宰府の崇福寺を本拠とする大応派の展開が注目される。正平元年（貞和二年：一三四六）、南浦紹明の弟子月堂宗規《げつどうそうき》が開山となって博多息浜に建立された妙楽寺は博多における大応派（横岳派）の拠点寺院であった。室町期には遣明船発着の際の宿泊所となるなど、幕府や九州探題などとも密接な関係をもちながら博多の対外交流を支える寺院であった。当時、

写真2　妙楽寺（福岡市）

禅僧の間では「寺は遣唐（明）使の駅（宿泊所）たり」と評されていた。

応永二六年（一四一九）に勃発したいわゆる応永の外寇（朝鮮による対馬島襲撃事件）は、妙楽寺に新たな展開をもたらすことになった。事件直後に幕府から朝鮮へ派遣された正・副両使（無涯亮倪と平方吉久）は共に妙楽寺関係者であり、また使節派遣の計画自体も妙楽寺関係者の宗金や陳外郎らの強い影響下に進められたのである。遣朝鮮使の問題を契機として、対外交渉の表舞台へ躍り出た妙楽寺の姿をうかがうことができる。

3　九州北・中部への禅宗の展開

対外交渉と不可分の関係をもつ博多禅に、蒙古襲来を契機として北条氏得宗の関与が始まり、以後の博多禅林は多かれ少なかれ幕府政治の影響を帯びることになった。一方、禅宗の九州北部・中部地域への展開もこれ以降活発化しており、これもまた蒙古襲来を契機として九州に勢力を伸長させてきた得宗勢力の動向と深い関係を有していた。

肥前

肥前地方における最初の禅寺は神子《じんし》栄尊《えいそん》による万寿寺（佐賀郡大和町）の建立である。栄尊は筑後三潴荘で生まれ、初め同地の永勝寺において天台宗を学んでいたが、やがて上野国長楽寺の栄朝《えいちょう》の下に参じ、禅に転じた。この時、聖一国師円爾も共に参禅していた。嘉禎元年(一二三五)には両者共に入宋し径山の無準師範に参じたが、円爾より一足先に帰国した。仁治二年(一二四一)、肥前に天台の古刹を改めて万寿寺を開山するが、円爾が帰朝すると彼を第二世に迎えた。栄尊の没後に同寺は東福寺沙汰(末寺)となり、後に鎌倉将軍の息災延命を祈願する関東祈禱寺になっている。

以上のように円爾と密接な関係を有しながら、主として肥前・筑後方面に教線を拡大した栄尊の禅風は、在地諸神祇への著しい崇敬・接近を特色としている。肥前万寿寺の再興、豊前円通・妙楽寺の建立なども肥前の河上社・豊前宇佐宮に対する信仰と深く結び付いたものであった。

栄尊に続き同地に禅を流布したのは若訥宏弁《じゃくとつこうべん》である。若訥は初め天台寺院岩蔵寺の僧で成忍房と号したが、蘭渓《らんけい》道隆《どうりゅう》が来日するとこれを博多円覚寺に訪ね、日本における最初の門弟となった。弘長二年(一二六二)頃、北条時頼の被官宿屋入道最信が蘭渓に寄進した葦屋寺の住持となった。葦屋寺は遠賀郡芦屋町の観音寺に比定されている。当地は遠賀川の河口に位置し交通上の要衝であった。北条氏得宗勢力と九州の禅宗との接触を示す早期の例である。弘安元年(一二七八)、千葉宗胤を開基檀越として肥前の三間寺を改めて禅寺円通寺(小城市)を開山した。千葉氏は下総を本貫とするいわゆる西遷御家人で、小城郡に所領を持ち同地で在地領主化している。

写真3　円通寺(小城市)

肥前における本格的な臨済禅の展開は、円爾門下の蔵山順空《ぞうざんじゅんくう》の活動により開始された。順空は、同国の万寿寺で先に述べた神子栄尊を師としていたが、のち栄尊の勧めで東福寺円爾の下に参じた。やがて北条時頼の援助を得て入宋し、径山・太白山等を巡歴し、在宋一〇年にして帰朝。文永七年(一二七〇)、肥前高城寺(佐賀市大和町)を開山し、その後博多承天寺に移り、正安二年(一三〇〇)には東福寺第六世となった。

高城寺の建立は、在地領主国分忠俊・高木家宗や北条時頼の弟で当時肥前守護であった北条時定(為時)らの保護を背景としている。彼ら在地層の禅宗受容については、信仰の面の考察だけでは十分でない。在地支配の拡大強化を意図し、北条氏得宗勢力との結び付きを求める政治的な彼らの動きも重視されなければならない。得宗時頼・肥前守護時定らと密接な関係を有する順空は、この点で彼らの要求に相応しい僧であった。正安二年に同寺は関東祈禱寺の列に加えられた。

肥　後

肥後禅宗寺院の早い例としては、弘長二年(一二六二)、蘭渓道隆の法嗣宝山の創建になる能仁寺などがあるが、本格的な展開は曹洞宗法皇派の祖寒巌《かんがん》義尹《ぎいん》の活動から始まる。建保五年(一二一七)、京都北山に誕生した義尹は、二度に及ぶ入宋の後、文永六・七年(一二六九・七〇)頃、肥後古保里の素妙尼の請により博多聖福寺から同地に下向し、如来寺を開山した。以後、八四歳で示寂するまで肥後において積極的な活動を続けている。

昭和五四年、如来寺本尊などの解体修理が行われ、その際釈迦如来像の胎内より舎利容器、朱書紙本一枚の真言書などが発見され、正元二年(一二六〇)の年紀を有する「開山比丘義尹・密壇尼修寧」の造像銘なども確認された。これらの発見により同寺が当時如来院と呼ばれており、古くは密教系寺院であったことなどが明確となった。

如来寺の開創に際し和泉守道恵や遠江守平朝臣などが関与していたことも明かになっている。和泉守道恵は後に義尹が大慈寺を開創する際に祝慶の頌を寄せており、義尹と親しく、肥後における彼の活動を支えていたことが推察される。関係史料から判断すると彼らはおそらく、肥前守護北条時定の被官人であったと考えられる。とすれば義尹の肥後での活動に北条氏得宗家(嫡流家)との関連が予想できるだろう。如来寺の建立された古保里(荘)に近接する守富荘一帯は在地領主木原氏の本拠地であったが、かなり早い時期から得宗家の勢力が及んでおり、同寺建立の時点で地頭職はすでに得宗一門の有するところであった可能性が高い。如来寺への時定の関与もこのような政治情勢を背景としたものだろう。

建治二年（一二七六）、義尹は「九州第一難處」緑河に大渡橋の架橋事業に着工した。緑河河口に位置する河尻は交通の要衝で港市として賑わいを見せていたが、渡河には非常な危険が伴い、多くの人命が失われていた。義尹の架橋事業が人命尊重の立場からなされたものであることは間違いないが、架橋工事の時期、つまり建治二年という年に注目すれば、蒙古問題との関連も予想できる。幕府はこの時期、文永の役を辛うじて乗り切り再度の蒙古の襲来に備えて、異国警固の体制をさらに強化していた。架橋に兵員武具輸送のための交通路確保の要素を見出したとしても、さほど不自然な解釈にはならないだろう。義尹が架橋の趣意を「域中の福業」「国家の徳政の為」と共に「永く四夷の凶乱を鎮める」と謳っているのもその意味で注目されるのである。

弘安五年（一二八二）に至り、義尹は河尻荘地頭河尻泰明の外護を得て、大慈寺を開創した。河尻氏は港町河尻を本拠に台頭してきた新興勢力である。同氏の大慈寺建立・保護の理由のひとつが寄進状の内容などから判断して、河尻の保全に存したことはほぼ疑いない。蒙古襲来を契機に強大化した守護権は次第に在地勢力へも圧迫を強めており、同氏は信仰上の理由だけでなく、河尻保全の立場からも義尹および北条得宗勢力との結合を強化する必要に迫られていたのであった。のちに同寺は関東祈禱寺の認定を得、河尻氏の意図は達成されたが、続いて正応元年（一二八八）には洞門史上初の官寺となり、また永仁二年（一二九四）には紫衣勅許もなされ、寺格をさらに高めていった。

安国寺・利生塔の制度

足利尊氏・直義の兄弟は、暦応元年（延元三：一三三八）頃から安国寺および利生塔を全国に設置し元弘以来の戦死者の霊を弔った。夢窓疎石《むそうそせき》の勧めによるもので、今枝愛真の研究によれば、安国寺は五山派禅寺、利生塔は真言・天台など旧仏教の大寺に設ける方針であった［今枝 一九七〇］。ただ近年の研究によれば［松尾 二〇〇三］、当時、利生塔が設置されたのは禅・律寺院がほとんどであり、そのことからすれば幕府の安国寺・利生塔政策とは、実は禅・律に対する優遇策であったとみる見解も出されている。

安国寺・利生塔の建立には以上のような宗教的理由のほか、次のような政治的意味もあった。各国守護を通じた地方支配拠点としての役割である。すなわち、寺・塔設置は、同地域での軍事的要衝を確保する目的や、幕府勢力の維持という目的を持つもので、より具体的にいえば、南朝などの残存勢力を含めた反幕府勢力を監視抑制するという目的があったと言われている。

肥後の安国寺と利生塔

肥後国では、安国寺・利生塔がいずれも宇土市の古保里（花園町）に設定された。寿勝寺（安国寺）・如来寺（利生塔）の両寺であった。全国的に見た場合、安国寺には五山派臨済宗寺院を、利生塔には禅・律寺院が指定される傾向が強かったが、肥後国の場合いずれも曹洞宗禅宗寺院に指定されており、かなり希有なことであると言えるだろう。

利生塔如来寺

鎌倉期の如来寺についてはすでに述べたので、以下では南北朝期以降の如来寺について述べておこう。同寺が利生塔に指定された経緯については、『国郡一統志』所載の記事からうかがうことができる。同書によれば、暦応三年（一三四〇）、足利直義により、如来寺に仏舎利二粒（一粒は東寺舎利）が奉納され、同年四月五日には、院宣によって塔婆（利生塔）の修理が命じられた。如来寺は、前述したように、密教寺院を前身とした寺院であり、義尹も舎利信仰が強かった。利生塔指定に際してもこの点が考慮されたであろう。つづく貞和三年（一三四七）には再び院宣により利生塔の通号が下され、同六年には、足利直冬が如来寺利生塔の寺領を安堵している。

同寺所蔵の「木造東州至遼禅師倚像」には胎内墨書銘があり（『県内主要寺院歴史資料調査報告書』㈡熊本市～城南区資料編、熊本県立美術館、一九八三年）、これによって、応永七年（一四〇〇）一〇月、如来寺北香室庵において、曽唯なる僧が師東州至遼《とうじゅうしりょう》の御影像を完成させたことが判明する。東州至遼は筑後の出身で、生没年など不明であるが、大慈寺三世の鉄山《てっさん》士安《しあん》の弟子で同寺一四世となった禅僧である（『日本洞上聯燈録』巻二）。如来寺との関係など不明であるが、肥後国に神亀山護真寺（現在地不明）を開山していることから考えて如来寺とも何らかの関係があったと推測される。

安国寺寿勝寺

つぎに安国寺に指定された寿勝寺の歴史を見てみよう。宇土市古保里(花園町)に所在した寿勝寺は古くは顕密系の寺院であったらしい。『肥後国寿勝寺誌』所収の文暦二年(一二三五)「佐野寺院主俊慶言上状」はその時代のもので、佐野寺(寿勝寺)院主であった俊慶が、同寺の「仏性料田二段ならびに当寺四至田畠等」の万雑公事を停止するよう願い出たものである。この時期の佐野寺の状況についてはほとんど不明であるが、本文書の中で俊慶は、同寺を「東方瑠璃の霊地」、すなわち薬師如来の霊地に擬えており、薬師信仰の寺院であったことが推察できる。

写真4　安国禅寺（宇土市）

禅寺寿勝寺の方に話を戻そう。鎌倉時代、寿勝寺は禅寺として再出発した。中興開山となったのは東明慧日《とうみょうえにち》という禅僧であった。中国南宋の人で、鎌倉幕府の執権であった北条貞時の招請により延慶元年(一三〇八)に来日している。日本では相模国東禅寺や鎌倉円覚寺などに入寺するが、肥後における彼の活動を裏付ける史料は現在のところ発見されていない。寿勝寺開山説も、あるいは名義的(勧請開山)なものであったのかもしれない。

ところで、この東明慧日を祖とする一派は「宏智派《わんしは》」と呼ばれた曹洞宗教団であった。曹洞宗教団は一般的特色として、たとえば道元を祖とする永平寺系のように、中央とは比較的没交渉の関係で、地方を根拠地として発展した教団が多い。だがこの派は曹洞宗に属しながらも中央の五山叢林にも一定の勢力を得ていた点に特色がある。

たとえば、鎌倉期には北条氏の保護を得て円覚寺内に白雲庵を開いたが、南北朝期になるとさらに京都へも勢力を拡大させた。東明慧日の弟子別源円旨《べつげんえんし》が開いた建仁寺洞春庵は同派の京都拠点とも呼ぶべき寺院であり、同庵を中心に京都五山へも進出し五山の住持や文学界へも傑僧を輩出する有力一派になった。また一方では越前朝倉氏などの保護などを得て、地方への展開を遂げていったことも見逃せない点である。

以上のような特色を持った宏智派寿勝寺も鎌倉幕府および北条得宗(嫡流家)とは早くから関係を有していた。同寺と鎌倉幕府の接触を示す最初の史料は、元亨元年(一三二一)の鎮西探題北条随時寄進状である。北条随時は、前述したように、寒巌義尹が如来寺や大慈寺を建立する際に境界の確定あるいは祝文を寄せるなどの援助活動を行った肥前守護時定の孫にあたる。その随時が寿勝寺に対して免田十町の寄進を行っている。続いて元徳二年(一三三〇)三月には、得宗北条高時が東洲円郢《とうじゅうえんえい》(東明慧日の高弟)を寿勝寺住持とする公帖(辞令)を発給しており、四月には、同寺を諸山とする旨の命を下している。これらの事実から考えれば、鎌倉末期の寿勝寺は北条得宗家と密接な関係をもつ寺院であったと推定される。

南北朝期になると、前述したように同寺は安国寺に指定されるが、その時期について正確に確定することはできない。康永元年(一三四二)の足利尊氏寄進状中には、すでに「六十六ケ寺の随一として、寺領を寄附する」の文言があるので、これ以前の指定であることは間違いない。前述したように、『国郡一統志』によれば如来寺に東寺仏舎利が奉納されたのが暦応三年(一三四〇)であるので、寿勝寺の安国寺指定も大まかにはこの辺りと推測することはできよう。

この頃、同寺の所在する古保里荘の状況はどのようなものであったのだろう。関係文書などによれば同荘は筑後の高良山領となっていた。足利尊氏の寄進によるものであり、それまで栄明という僧が相伝していたが、同寺に対して禅僧東洲円郢が「将軍家御下文」を所有していると称し度々違乱に及んでいる。同寺をめぐる栄明と円郢の争いの背景には、建武二年(一三三五)、建武政府がとった次のような処理が関係しているのであろう。鎌倉末期の混乱によって無住の寺院となった同寺は、当時古保里荘の公文であった栄明の申請により一旦は管領が認められたが、程なく東明慧日の管領に復することが命じられた。このような在地の流動的な状況は南北両朝の争乱が始まるといっそう激化し、古保里荘も筑後高良山へと寄進されたのである。

寿勝寺の安国寺指定や如来寺の利生塔指定はこのような状況を背景として行われた。松尾剛次は「南朝方の菊池氏や阿蘇氏が肥後国の北部を押さえていたのに対して、北朝方の勢力が熊本市一帯から宇土半島を押さえる」という状況の下、寺・塔の設置も「北朝方の祈禱と軍事的な拠点確保」を目的としたものであったと述べているが［松尾 二〇〇三］、首肯できる見解であろう。

筑後

筑後地方への禅宗の流入は前述した肥前での神子栄尊の活動に連動して開始された。ただ本格的な展開になると、以下に述べる雲山元怡《うんざんげんい》の活動あたりからである。彼の筑後での活動も、肥前高城寺の教線拡大運動の一環として開始されたものであることは同様である。

乾元元年(一三〇二)、雲山元怡は三潴荘内西牟田村に霊鷲寺を建立した。同寺の開基檀越としては、三潴荘名主西牟田家綱とする説と家綱の孫永家に比定する説とが併存するが、時期的に考えれば永家説に矛盾がない。開山雲山元怡についても、蘭渓道隆法嗣とされる後代の史料から雲山《うんざん》智越《ちおつ》に比定する説があるが、支持できない。関連史料を総合すれば西牟田家綱の次男家次に比定すべきであり、当時は顕実房元怡と称していたらしい。現存する伝記類によれば肥前の万寿寺において剃髪出家したことが記されている。とすれば当然肥前の聖一派(万寿寺・高城寺)との関係が考慮されるだろう。

雲山元怡により霊鷲寺が建立され、筑後への禅宗流入が本格化した鎌倉末期は、北条氏得宗家の保護を背景とした肥前高城寺の一派が活発な教線拡大運動を行っていた時期である。蒙古襲来以後、北条氏得宗家は勢力を筑後へも着実に伸長させており、守護職の補任情況、得宗被官人の三潴荘移住・土着などにもその徴証を得ることができる。以上のような事実から判断して、筑後霊鷲寺の建立は肥前高城寺一派の活発な教線拡大運動に対する在地の側からの対応であったと推測されるのである。

豊　後

嘉元三年(一三〇五)、大友貞親は豊後府内に万寿寺を建立し、翌年、筑前の承天寺より直翁智侃《じきおうちかん》を迎え開山とした。まず開山の直翁の略歴から述べておこう。

寛元三年(一二四五)、上野国に生まれた直翁は、出家して天台の教学と密宗を併習し、のちに建長寺蘭渓道隆に師事した。この間二度の入宋を行っている。二度目の入宋時に蘭渓は直翁に語録を託して宋の旧知の諸老に印証を求めさせた。直翁は大川普済《だいせんふさい》に校正を求め帰国したが、蘭渓はこれを見て喜ばなかったので建長を去り、東福寺の円爾に嗣法した。以後、前述のように筑前承天寺から豊後万寿寺へ移り、のち延慶三年(一三一〇)には東福第一〇世となったが、翌年大友貞親の臨終に際し万寿寺へ帰り、元亨二年(一三二二)に死去した。

以上のような万寿寺建立であったが、建立の背景には執権北条貞時の熱心な禅宗信仰が影響していたようである。嘉元三年(一三〇五)、鎌倉において大友貞親が北条貞時に謁した際、貞時は貞親に対し、「寺院を建立し僧侶を安んじたことがあるや否や」と尋ねた。これに対し貞親は事実を答えれば貞時の意を誤ると考え、「小寺を造り百人の僧を安んじている」と答えた。これがすなわち、貞親の万寿寺創建の直接的な契機であったとする逸話が残されているのである。当時貞親は鎮西探題三番引付頭人の職にあった。そのことからも見ても、北条得宗家の禅宗保護が貞親の万寿寺建立にも影響したということは、当然考えられるところであろう。

また次のような説もある。同寺の建立は大友氏内部の惣領制の動揺の時期であり、禅宗保護も大友氏の惣領制再編成の動きと連動するものであったとする説である[外山一九六五]。この時期、大友氏は住地を大野荘(大野郡大野町)から府内へ移すなど封建領主化の一層の促進を図っている。そのような意図も、背景にはおそらくあったのであろう。

貞親の後、大友六代貞宗も禅宗を保護することに熱心で、豊後万寿寺もそれまで以上に順調な発展を示した。繁栄の模様は「住僧百余人の在所にて講堂周備し富貴の寺也」と謳われている。

4　九州南部への禅宗の展開

九州南部への禅宗の展開が本格化するのは南北朝期以降である。この時期、すでに京都、鎌倉においても禅寺の建立は進んでおり、当地の禅寺もこれらの寺院と深い関係をもちながら建立された。九州北・中部への禅宗の流入・展開については、博多禅寺との緊密な連絡の下に、時期的には主に蒙古襲来以降、鎌倉幕府(北条氏得宗勢力)と密接な関係をもって建立された寺院が多いが、九州南部の場合、様相は複雑であり博多禅の単純な延長・発展として捉えることはできない。荘園制的諸関係を媒介とした禅宗の流入・展開も顕著であり、特に山城・大和との関係は博多禅との関係同様、重要な視点となる。

薩　摩

元亨三年(一三二三)、島津氏の氏寺感応寺が禅寺として建立・再興された。同寺は京都東福寺を模倣して建立され、開山には聖一派の雲山《うんざん》祖興《そこう》が招かれるなど、東福寺との関係が強かった。これには次のような背景がある。

東福寺の円爾は島津荘本家である近衛家の帰依を得ており、また南都の諸寺東大寺・興福寺などとも交流が深かった。一方、島津氏の側でも初代忠久の島津荘下司職補任が近衛家との親密な関係を基礎になされたように、近衛家との関係は極めて深かった。一方、蒙古襲来を契機に島津氏らは薩摩への入部を開始するが、これにより旧来の在地勢力との矛盾は一層激化することになった。そのような在地情勢下で荘園領主近衛家と強い関係もつ東福寺との提携は、在地支配の上からも効果的な手段であったのである。

在地支配の強化という面からいえば、島津氏と幕府の間でも親密な関係が形成されていった。暦応二年(一三三九)の感応寺の諸山昇位、また同時期頃、川内地方には安国寺・利生塔も設定されており、北薩地方に進出する幕府勢力とそれを支持する島津氏の動向を察知することができる。活発化する南朝勢力の動向が後押しした状況であったことは言うまでもない。

南北朝期の政治状況を反映した領主層の動向としては、薩摩渋谷氏の禅宗受容が注目される。同氏の禅宗受容が本格化するのは南北朝前半期、五代重勝あたりからで、添田の地に寿昌寺が建立された。同寺には、肥前の万寿寺から九州探題と関係の深い通峰なる僧が招かれ開山となった。この時期、渋谷氏は一族再編成の時期にあたっていたと言われており、寿昌寺建立も、おそらくは九州探題と緊密化した同寺に一族の精神的支柱の役割が期待されたのであろう。さらに貞治年間には、同族の祁答院渋谷氏も柏原(郡山)に禅寺大願寺を建立・再興した。同寺でも探題の保護の厚かった筑前聖福寺の僧起宗宗冑《きそうそうちゅう》が開山僧として迎えられている。これらはもちろん南朝対策を進める九州探題の意向に沿ったものであったと言える。事実、今川了俊が探題に就任して以後は、島津氏対策の必要から大願寺へも種々の働きかけがなされ、翌年には同寺は諸山へ昇位するなど急速に発展した。南九州における探題方勢力の拠点として、同寺はその役割をいっそう強めていたのである。

さて、南北朝合一以後の薩摩の禅宗の動向を少し見ておこう。応永元年(一三九四)、島津元久は一族出身の僧石屋《せきおく》真梁《しんりょう》を招いて曹洞宗福昌寺(鹿児島市池之上町、現在廃寺)を建立した。石屋は通幻寂霊《つうげんじゃくれい》に法を嗣ぐ曹洞宗峨山派の禅僧である。師の通幻も豊後出身であり九州との関係が深かったが、石屋自身も薩摩伊集院氏の出身で、同じく九州出身僧である。のちの石屋門派は大内盛見の帰依を得て大内領国でも勢力を拡大するが、ここ鹿児島の地においても順調な発展を遂げ、最盛期には一五〇〇人の僧侶を擁する大寺となった。戦国期に来日したイエズス会宣教師フランシスコ・ザビエルもこの福昌寺を宿所として一時滞在していたことがある。ちなみに、近年の城下町研究の一動向として、福昌寺を島津氏の対外交易との関係から論じようとする試みも始められている[三好二〇一八]。

日　向

日向佐土原に所在する大光寺は、南北朝時代の初め頃、伊東氏一族の田嶋氏が檀越となり、東福寺の禅僧嶽翁長甫《がくおうちょうほ》が開山した禅院である。だが当初は南都の興福寺とも密接な関係を有していた。たとえば大光寺に現存する貞和六年(一三五〇)書写の「文殊講私記」(文殊法会の次第内容を記したもの)は興福寺の僧貞慶《じょうけい》が撰した「文殊講式」と同一の内容であった。大光寺本はおそらく興福寺の「文殊講式」を書写したと考えることができる。だとすれば禅寺である大光寺が、興福寺と当初密接な関係をもっていた理由は何であろう。

それは大光寺の位置する田嶋荘が宇佐宮荘園に属していたためである。宇佐宮の本家は興福寺を氏寺に仰いだ近衛家であり、このため田嶋荘内にも興福寺の勢力が及んでいた。大光寺檀越となった伊東氏は田嶋荘の有力領主であり、彼が建立した寺院にも興福寺の影響が及ぶことになったのである。現在同寺には、乾峰《けんぽう》士曇《しどん》墨跡の「大光寺開堂祝偈」や貞和四年（一三四八）の胎内銘をもつ騎獅文殊菩薩などの重要文化財が伝存している。

戦国期日向の禅寺については桂庵玄樹《けいあんげんじゅ》の動向が注目される。まず彼の略歴から述べておこう。応永三四年（一四二七）に周防国（山口県）で生まれた桂庵は、その後京都南禅寺の景《けい》蒲《ほ》玄忻《げんきん》に法を受けた。応仁元年（一四六七）、幕府は天与清啓《てんよせいけい》を正使とする遣明使を派遣するが、このとき彼も三号船宮丸（大内氏派遣）に乗船して入明した。ちなみに画僧雪舟が入明したのも同じ派遣時である。明国では、燕京（北京）の大明宮に朝賀し、文明五年（一四七三）帰国した。当時、京都は応仁・文明の乱の最中であり、京都を避けて岩見国（島根県）に滞在し、のち肥後国（熊本県）菊池に移り、菊池氏の主催する釈奠の式に参列した。その後、島津忠昌の招きにより薩摩（鹿児島県）へ下向し、文明一三年（一四八一）には、島津氏重臣伊知地重貞とともに朱子の『大学章句』を刊行。薩摩における儒学の興隆に尽力し、後の薩南学派の基礎を築いた。現存する彼の詩文集として『島陰漁

写真5　大光寺（佐土原市）

唱』、『島陰雑著』などがある。

一方、日向での活動も確認されている。長享元年（一四八七）頃には、飫肥の城主島津忠廉の招きにより、市木（串間市）の龍源寺、飫肥（日南市）安国寺に住している。玉淵《ぎょくえん》瑞杲《すいこう》の『日下一木集』によれば、当時の龍源寺は漁師村の南に位置しており、蒼波を越えて南帰する白鳥の姿などを目にすることができた。桂庵の住した寺院には、常に多くの参学者や訪問客があったのだが、ここ安国寺に滞在している間にも、各地の僧俗の来寺があった。幕末、薩摩の儒者伊地知季安の著書『漢学紀源』は、桂庵の安国寺移住を遣明船との関係、特に国書作成に関連したものであろうと記している。

寺伝によれば日向国諸縣郡志布志に大慈寺が建立されたのは、興国元年・暦応三年（一三四〇）のこととされている。延文四年（一三五九）に諸山、文安元年（一四四四）には十刹に昇位した。日向の大光寺と肩を並べた名刹で、中世末には臨済宗妙心寺末となったが、はじめは大光寺同様、東福寺の末寺であった。

写真6　大慈寺（志布志市）

当地域に勢力を持っていた在地領主の楡井頼仲が檀越となり、玉山玄提《ぎょくざんげんてい》が開山となった。玉山玄提は信濃国出身で南禅寺の無関普門《むかんふもん》の弟子となり、のち入元して浙江省寧波の天童山景徳寺で修行した経歴を持つ名僧であった。ところで、大慈寺文書の中には、玉山の弟子剛中玄柔《ごうちゅうげんじゅう》を同寺二世に任じた楡井頼仲補任状や所領寄進状などがあるが、それらが全て南朝方年号で記されていることは看過できない。この時期、大慈寺が南朝方に属し、南九州南朝勢力の拠点であったことがわかるのである。

楡井氏の滅亡後、室町時代になると、今度は幕府の保護政策の下、島津氏の保護も得た大慈寺はさらなる発展を遂げた。南北朝時代の永和四年(一三七八)には九州探題今川了俊が志布志に設置されていた関所の「駄口米」を大慈寺収入とすることを許可している。大慈寺が建立された志布志は海陸交通の要衝であった。志布志湾に出入りする商船やその積荷を運搬する馬借などで大慈寺近辺は大変な賑いを示していたが、それらの商船の中には遠く中国大陸へ渡るものもあった。このような場所に位置した大慈寺には日・中交流を偲ばせる貴重な文化財が残されている。

大慈寺の開山玉山は入元して浙江省寧波の天童山で修行した。天童山は南宋禅院五山の第三位の名刹で、栄西・道元などが修行した寺院としても著名である。玉山は同寺の直翁徳挙《じきおうとっきょ》の下に参禅したが、大慈寺にはこれと関係すると思われる「玉山」と「送行」の二編の漢詩文が残されている。「玉山」の漢詩は「道号頌」と呼ばれるもので、道号「玉山」の字義や由来を漢詩の形式をかりて説明したもの。「送行」の漢詩は、天童山景徳寺の浄慧慧峯《じんねえほう》なる僧が玉山の日本への帰還に際して贈った詩であることがわかる。また同寺には宋版『大般若経』の一部なども伝存している。島津氏は明との交易を強く望んでいたが、明は厳しい海禁政策をとり民間の貿易を禁止していた。島津氏が、いわゆる密貿易の形で対明貿易を行っていたことが十分に推定できるが、大慈寺はそのような島津氏の密貿易を支える存在でもあったのだろう。

宣教師たちの活動中心としての九州

デ・ルカ・レンゾ

1　Ximo、宣教師たちの九州認識

ポルトガル人が一五四三年に種子島に着いたことは周知の事実である。当然ながら、当時ヨーロッパに渡った日本の情報は表面的であり、日本全体を意識したものとは言いがたい。ザビエルが一五四九年に鹿児島に上陸して以来、日本に住み着いた宣教師たちがより詳しい情報を流すことになった。

一五九〇年代のヨーロッパで作成されたオルテリウスの「日本図」を見ると［写真は日本二十六聖人記念館蔵］、琉球と九州は比較的正確に描かれているのに対して、一番大事であるはずの京都とその周辺は、「都の島 Ins.de Miaco」と

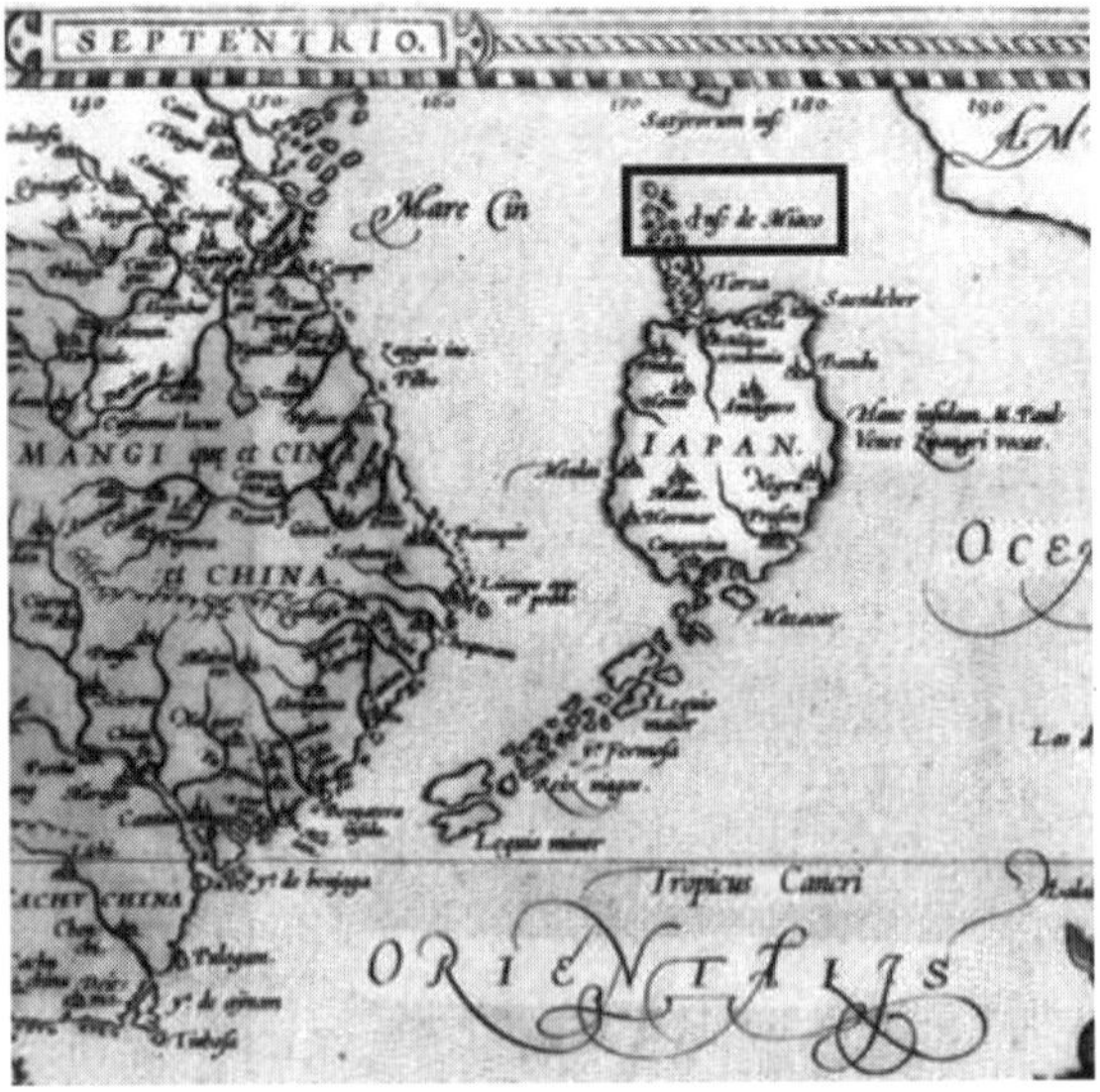

写真１　オルテリウス「日本図」

だけ記され、その曖昧さが目立っている。ザビエルは京都まで行ったものの、活動することができず、のちのキリスト教の宣教は山口と九州を中心に進むこととなった。当時ヨーロッパで知られた「日本」は多くの場合、九州を指していたと見てもよいであろう。なお、当時の感覚では、九州はあくまでも独立した九カ国を指していたので、多くの場合は、豊後、博多、大村など個別の地についての報告であり、九州全体を表わす例はわずかである。

一五八〇年代になると、おそらく日本人に影響されて、宣教師の報告にXimo［シモ、下］という、まとまった地域を指す表現が使われるようになる。それは「Cami 上」あるいはミヤコに対しての表現であるが、用法に常に一貫性があったわけではない。いくつかの例を見よう。

ヴァリニャーノは、『巡察記』（一五八三年）で以下の表現を使う。

　これら三教区の第一のものを、吾人は下 Ximo と称し、ここには幾つかの国があり、その諸港には毎年ポルトガル人が支那やシャムから来航する。この下の教区には、有馬、大村、天草、平戸の領地、及びその他数ヵ国があり、ここに我等は十一万五千名のキリスト教徒を有し、これが現在の日本の教徒の最大の力となっている。……

　第二の教区は豊後と称し、この各所に、我等は一修練院、一学院、二修院、及び一万以上のキリスト教徒を有している。現在この地を統治している国王の息（大友義統）は、まだ信徒ではないが、老国王（大友宗麟）は四年前にキリスト教徒になったので、この地で我等の信仰を弘めるための大いなる準備が為されている。（松田毅一・佐久間正編訳・榎一雄監修『日本巡察記』桃源社、一九六〇年、二〇二頁）

ヴァリニャーノは、シモと豊後を区別して報告をヨーロッパに送った。これは彼の立場、また、送られた相手を考えれば、のちに大きな影響を与えたに違いない。この区別の原因は九州全体で権力を持ちながらキリシタンになった大友宗麟の影響であろう。ヴァリニャーノが書いた『日本イエズス会士礼法指針』では、

> ……だれか異教徒の領主を訪問する時には、かれもまた輿（持ち運び用の椅子）で出かけてよかろう。下、豊後、および都の三人の地区長も同じことをしていいであろう。しかし、キリシタンたちの間を行く時には普通馬で行くことになろう。（矢沢利彦と筒井砂訳『日本イエズス会士礼法指針』キリシタン文化研究会、一九七〇年、六二頁）

立場上、ヴァリニャーノが日本全体の宣教を考えてこのような区別をしたようである。より広い地域の指針に当たる『東インド巡察記』では、以下のような考えを示している。

> これら三つのカーサのうち、一つはミヤコ地区に開設しなければならない。かの都市ミヤコは日本の首都なので、ここに確固とした基盤を置き、イエズス会の聖務、教会の聖なる礼拝や典礼をできる限り立派に行なうことがイエズス会とキリスト教徒が信望を獲得し、善き統轄のためには非常に重要だからである。二つめのカーサは豊後の国に開設しなければならない。その理由は、この［豊後の国の］王は既にキリスト教徒であり、しかも豊後全土における第一の支配者でもあるので、もし我々の宗教が豊後の国に確固と根を下ろすならば、我々の法は豊後全土に容易に広まってゆくだろうからである。三つめのカーサは下地区の肥前の国に開設されなければならない。というのも、肥前の国には、既述のようにポルトガル人のナウ船が常時来航しており、また我々は今に至るまでそこに多数のキリスト教徒を有し、より大いなる価値を置いているからである。（高橋裕史訳『東インド巡察記』平凡社、二〇〇五年、二〇〇頁）

ヴァリニャーノは、一貫性をもって他の書物にも同様の区別をして報告する。しかし、それが当時の宣教師の一般的な使い方であったかといえば、そうでもなかったようである。年報などを書いたロドリゲス・ジラムは、シモを九州全体に当てはめる。

（神父は）迫害されていた者を自分で訪問し、慰めと激励を与えた。この九カ国のシモで危険と困難に遭う人々が、危険を顧みず、様々な所を訪れ、貧しくて狭い家々に泊まったり、狭くて不便な船に乗ったりしていた。（トレド文書館 APT C 二八六・三九五頁より拙訳）

上述のように、宣教師たちの報告などを通して、ヨーロッパでの九州認識が日本全体の認識にまで広まっていたと言えよう――年報一般にも当てはまるが、この場合、ロドリゲス・ジラム自身が当時の年報を書いたとは限らない。むしろ、その編集者だったと言えよう――。引用箇所に出ているように、地理的だけの認識に止まらず、宣教方針などにも大きく影響した。以下にその特徴を考察したい。

2　都との相違を意識した Ximo 認識

その肩書上、日本巡察師であるヴァリニャーノの報告が誰よりもヨーロッパに影響を与えたであろうが、本人が日本のことを知り尽くしたとは言えない。ヴァリニャーノは三度日本を訪問した。第一回は一五七九～一五八二年（織田信長の時代）、第二回は一五九〇～一五九二年（豊臣秀吉の時代）、第三回は一五九八～一六〇三年（徳川家康の時代）であった。当時の重要な権力者と彼らに関わる出来事とに触れる機会に恵まれたと言えるであろう。同時に、日本滞在期間とその活動内容を見れば、彼の日本認識が断片的であったと断言できよう。当然ながら、さまざまな書物を書くにあたって、多くの人の意見を参考にしたであろうが、彼だけの認識では充分とは言えない。

日本のことを一番詳しく知っていた宣教師の一人であったロドリゲス・ツツは、シモを九州全体に当てはめていた。それに基づくならば、当時の日本では「シモ＝九州」の感覚が一般だったと言えよう。ロドリゲス・ツツがすでに日本を離れて中国に住んでいた一六二〇年に著した『日本小文典』の一例を見よう。

日本のさまざまな地方には、各様の助辞の使い方がある。都では「へ」を用いる。これが適切にして真正なものである。「下」では「に」を用いる。これはときに書き言葉に属する。「関東」では「さ」を用いる。そこでこんな諺が生まれる。いわく「京へ筑紫に関東さ」。すなわち、「都」では「へ」を、「九州」では「に」を、「関東」では「さ」を用いるのである。例、「都へ上る」―都へ行く、「九州に下る」―下の諸国に下向する、「関東さ下る」―「関東」に赴く。(日埜博司編訳 ジョアン・ロドリゲス著『日本小文典』Arte Breve da Lingoa Iapoa 新人物往来社、一九九三年、二〇六頁)

当時に流行った諺まで引いて、地域の区別を書き記している。当時の地域によっての区別は単なる名称の問題ではなく、実際にあった日本人の意識であり、それは宣教師を通してヨーロッパに渡ったと考えられる。しかし、さまざまな言語に訳され、好んで読まれた年報と違って、ロドリゲスの『文典』や『日葡辞書』をヨーロッパで読んだ人はわずかであったに違いないので、海外での日本認識が必ずしも正確な情報に基づいたとは言えないであろう。

3　外交の中心としての九州

ここまで、宣教師たちの考えを中心に史料を見てきたが、宣教師と関わった日本人の影響も見逃してはいけない(これについては、拙著「九州大名の宣教師受け入れと南蛮船―宗教政策による再解釈の試み―」[二〇〇二]で自分の見解を記した)。当時の日本社会に大きく影響を与えたのは、いわゆる「キリシタン大名」であった(ここで「大名」という表現はそれぞれの権力者、つまり屋形・守護代などを指して使う[五野井二〇一七、結城一九九九参照])。

当時の宣教師にとって最後まで頼りになったのは、永禄六年(一五六三)に最初のキリシタン大名となった大村純忠であった。宣教師にとって彼の受洗は大きな出来事であり、史料にはこれについて多く述べられている(たとえば、永禄六年前後の宣教師書簡であるフロイス『日本史』四十一章とその続き。ヴァリニャーノ『プリンシピオ』十六章など)。ヴァリニャーノがそれを高く評価して、こうして、これほど高い地位の人の回心によって、この下（しも）の地域で神の法がある程度の名声を得た。（V Valignano "Historia del Principio y Progresso de la Compañía de Jesús en las Indias Orientales (1542-64)" Josef Wicki Roma, 一九四四年、四五四頁より拙訳。）

と述べ、キリシタンの立場から、シモ地方が「一人前」になったかのように著した。上述のとおり、ヴァリニャーノの意見が妥当であったとは限らないが、ヨーロッパにその認識が伝わったと考えられる。特に、「長崎開港」によってヨーロッパとの交流が飛躍的に前進することとなる。これについては、グスマンの記述が参考になる。

また、同じ〔大村〕領内の長崎と称される港に別の教会を建設することが適切であると思われた。何故ならば、それは印度から来る船にとって日本の沿岸にある最良の港の一つであり、またその教会は他の地方で迫害され苦しめられたキリシタンことごとくの避難場所として立ち、彼らはそこに来て住むことができるからである。パードレ・トーレスがこの希望を国王〔大村純忠〕に伝えると、国王はそれを非常に喜んで直ちに、その港に来るマカオの船やその他の船から彼が徴収する税金で教会を建設してよいという恩典を教会に与えた。（パチェコ・ディエゴ著 佐久間正訳『長崎を開いた人』中央出版社、一九六九年、二二四頁）

本来、長崎より博多や府内のような九州全体に影響を与える町がすでに存在していたが、開港以来は海外にとって長崎が「九州の顔」になったことは否めない。特にヴァリニャーノが中心になってその計画を進めた「長崎譲渡」以後、情報交換は盛んになった〔清水他二〇一四〕。

ヨーロッパとの交流の頂点として、天正遣欧使節が挙げられる。これも九州人と宣教師の共同プロジェクトにあたり、日本の外交史から見ても、避けて通れないできごとである。これについても先行研究、史料分析と翻訳などが多々あるので、ここではこの記事の参考になる点に絞りたい。ヴァリニャーノが当時の大権力者だったスペイン国王フェリペ二世に送った手紙の一部を引用する。

使節たちは国王様をはじめ、教皇様、彼らが通って来た領地の貴人やキリスト信者の君主たちが示した援助や名誉に対して非常に満足しましたので、神の御助けで日本に無事に帰国することができた時には、大変な影響があると思われます。日本で、その大きな影響を及ぼすためには、この使節が必要でした。すなわち、日本人として育てられた人がヨーロッパへ渡り、私たちがヨーロッパのキリスト教界について話したことを証しすることです。この身分の高い日本人の士たちは、今の体験によって満足しているし、充分に学びましたので皆から受け入れられ、私たちの宣教に大きな助けとなるでしょう。従ってこの使節団は神の御摂理によって計画され、正しいことであったと思われます。

（ヴァリニャーノ、フェリペ二世宛一五八七年一二月三日付書簡より）［結城 一九九三：四五頁］

この手紙が書かれたとき、すでに秀吉による「バテレン追放令」（一五八七年七月）が出されていた。それでも、引用箇所にあるように、ヴァリニャーノは宣教師に長崎に集まるように命じ、修正を重ねながら、この計画を望んだのみならず、その流れに満足し、それによって大きな成果がもたらされることを期待していたことがわかる。言うまでもなく、迫害によってその成果は期待通りにはもたらされなかった。しかし、ヴァリニャーノはこの天正少年使節の四人を中心にした「外交戦略」を立て直し、秀吉謁見を実現させたので、海外でも、この使節によって迫害が和らげられる期待が高まっていた。それを示す一例として、

今、日本へ行く準備をしていますが、そこの教会と神父たちが、信長に継いだ権力者の関白の迫害によって非常に圧迫されています。関白は禁教令を出し、その写しをここマカオまで送りました。その内容はイエズス会員に全員死刑にするという脅迫のもとに日本を退去するように命令しました。現在、皆、着物に着替え、潜伏して我が主の御旨によって迫害が和らぐのを待っております。ミヤコには教会もありませんし神父もいません。ほとんど皆、大村と有馬地方にいます。

（マカオ発、マヌエル・ロドリゲス宛、一五八九年六月八

日付ロレンソ・メシア書簡より）〔結城 一九九三：七五頁〕

この箇所にあるように、マカオ滞在の宣教師には、都での宣教が極めて困難であっても、九州、特に有馬領土では布教が可能だと思われていた。さまざまな要因が重なって（朝鮮半島征服失敗、博多で黒田氏がキリシタンを支えたこと、豊臣から徳川への移行期間、など）、結果として九州では徳川時代に入ってもキリシタンが増え続けていたことを考えれば、ヴァリニャーノの予測が正しかったと言わざるを得ない。

特に迫害が強まったとき、長崎はキリシタンの「避難場所」または、「駆け込み寺」としての役割が目立つようになった。同時に、長崎での殉教などはいち早くヨーロッパに広がり、キリスト教を受けいれるイメージから一変して日本全体が「迫害地」と評価されるようになった。

4　宣教師の「九州支配」意識

一六世紀の南米での宣教を考えれば、多くの宣教師が「開拓者」としての意識をもってアジアに望んだことが予測できる。現代の感覚からすれば、許されない侵略意識だったとはいえ、当時は、世界を見てもそれほど珍しくなかった意識だった。

一方、日本においては、キリスト教が日本に入る約二五年前に山口を支配していた大内義興が「諸宗相論停止事」（大永二年（一五二二）六月）を出した。

……宗論を遂て、吾法の妙理をあらハさむと擬する間、互に其門徒以下俗縁のともから一揆せしめ、嗔恚強盛（ママ）の余り、ややもすれハ喧嘩闘争に及て、干戈を帯し騒動せしむ、前々御法度にかかわらざる上、自由狼藉の所行、言語道断之次第、……（『中世法制史料集』一一〇頁）

とあるので、日本の伝統宗教同士の争いはそう珍しくなかったと思われる。その妥当性を別にしても、信長、秀吉の僧侶たちへの迫害も武力としての脅威から始まったとされる。秀吉も朝鮮半島や中国を征服しようと試みたことを考えれば、キリスト教の姿勢は例外ではなく、武力による占領や征服は当時通用していた概念であったと思われる。一般の宣教師の立場として、キリスト教を伝えるために文化を伝える必要があるという、「開拓者」の意識だったと言えよう。しかし、そうであったとしても、その「文化」は、ヨーロッパ人が考える範囲の文化にすぎなかったはずである。他の文化を意識したとしても、対話が出来る同等のものとして考えた人は少数派であったと見た方が良かろう。まず、ポルトガル船を利用して地方の殿たちを誘導しようとした例を見てみよう。

この時期に中国からの(商)船で横瀬浦と呼ばれるドン・バルトロメ(大村純忠)の港にドン・フアン・ペレイラ(船長)が来ました。領主とその領民に与える利益によって、(商)船がどこにでも入港することを強く求められます。横瀬浦に戦争があったため、船がここ(平戸)に来る予定になったが、バルタサル・デ・アコスタ神父の書簡によって、この平戸で王(松浦隆信)の嗣子がキリシタンの少年が手に持ったヴェロニカの錫像に対する貶しがあり、その父が約束した謝罪をしなかったことを知ったドン・フアン・ペレイラが平戸に行こうとはせず、一〇レゴア引き返し、ドン・バルトロメの新しい港(福田)に入り、他の船もそこに留まり、平戸に一艘も行きませんでした。(平戸より、一五六五年九月二三日付フェルナンデス書簡。「アルカラ・カルタス」〔スペイン語〕二三八頁より拙訳)

この圧力は宣教師単独では不可能だったが、船長の賛同を得て計画立案したのは宣教師だったに違いない。キリシタンが増えるにともない、宣教師たちの九州に対する期待と同時に、支配権の意識が発達したと思われる。現状を知っていたからこそ、武力による支配が不可能だと分かっていた宣教師も、精神的な支配、つまり、キリスト教を自由に広める権限を望んでいた。当時の世界でのやり方を参考にした宣教師たちが、日本でも「開拓型」を提供したり、それを取り消したりした。実行はされなかったものの、それに近い意識を表わす、秀吉とコエリョ神父に関する興味深い史料を紹介したい。

ルイス・フロイス神父が関白に感謝し始め、「もし関白殿がシモ(九州)或いは中国まで征服しようとするならば、列席しているガスパル・コエリョ神父にお願いするがよい」と。それは、シモ地方のほとんどは彼の支配下にあり、船二・三隻が出せるし、ポルトガル人との仲介も出来ると述べた。私にも他人にも、このような話し方がキリシタンたちにとってもイエズス会にとっても極めて有害であると思い、急にフロイス神父を止めるように努めた。右近殿も同様であった。しかし、フロイスはしつようにその話しを続けたので、やめさせることが出来なかった。関白殿は、自分が六〇歳以上の寿命がないと思い、この世で生きると死ぬ他ないので、人が死ぬときにその業績しか残らないので征服に急ぐと話した。また、神父たちがそれほど苦労して遠い国々から来る理由はその業績を残すためだと思うと。(総長アクアヴィヴァ宛て一五八九年三月一〇日付 長崎より オルガンティーノ書簡。ローマイエズス会文書館 Jap.Sin. 11 I ff. 六六〜七二より拙訳)

この史料に現われるように、宣教師たちの意見は分かれていて、なかには権力者に武力援助をすることは得策であったとさえ考えていた者がいた。それに対して、オルガンティーノや高山右近の反対が明らかである。引用箇所に、「シモ地方のほとんどは彼(コエリョ神父)の支配下にあり」とあるのは注目すべきである。当時の政治情勢と秀吉の性格を知っていたはずのフロイスにしては、オルガンティーノや安威了佐が批判しているとおり、極めて無分別な発言だったと言わざるを得ない。

だからこそ、この表現は少なくとも何人かの宣教師が九州に対する権限があると思っていたことを示している。そう思うこと自体が危険だったが、ましてや、(その後の歴史が示したように)秀吉の前でそれを表わすことこそ災いを招くことだった。それをわきまえたオルガンティーノは「Soli」つまり、総長のみが読むことができる極秘の形式で手紙を出した(本来、このような手紙は総長が読んでから抹消されるはずだったが、現存する)。それは、総長に訴える重要な問題と考えたからである。このような危険な意識を宣教師たちが皆持っていたわけではないし、持っていたフロイスたちの妥当性には大いに疑問の余地があろう。しかし、キリスト教が日本に広まってから四〇年が経った段階で、すでにそう思わせる要因があったことは、日本での宣教が順調に進んだことを感じていた表われであると見ても差し支えがない。

ここまで見てきたように、「順応化」を試みたザビエル、オルガンティーノ、ヴァリニャーノに対して、「植民地型」の宣教を提案した宣教師もいたことを確認した。中国を武力によって宣教しようとの大胆な計画を提案したアロンソ・サンチェスのような宣教師もいた［平山 一九九六、平山訳 一九八五］。

日本に関してそのような計画案が出なかったことが参考になろう。上述の引用箇所を参考にすれば、コエリョ神父もそれに近い考えを持っていたことになる。どちらにしても、当時の最高責任者は、ザビエル（一五四九年より）からヴァリニャーノを通してヴィエイラ（一六三四年殉教）まで、日本では「対話による宣教」を中心に、軍事力の計画・実行を一切拒否したことがさまざまな側面から確認できる。

詳細を省くが、このテーマを詳細に調べた高瀬弘一郎はその軍事計画があった可能性が高いと指摘している［高瀬 一九七七］。しかし、そう考えた宣教師がいたことを証明したものの、その計画が実現に向かったことを示す史料を提供しきれていないままに終わっている。

それに対して、ヴァリニャーノが総長の権限で、侵略の考えを持った二人、つまり、カブラルとコエリョを更迭させたことは、この点での日本の特別扱いを示している。この研究の内容から外れるので、フィリピンなどに対する計画については述べないが、ここでの焦点として、シモ地方は最後まで「占領可能」地域とされなかったことは当時の日本人とそれと深く関わった宣教師の影響でもあったことを言及しておきたい。

おわりに

ここまで、参考になると思った課題に焦点を当てて宣教師たちの九州理解を述べたが、より広い分野がたくさんあるので、示す程度にする。

キリスト教の教育施設。安土にセミナリオが開かれたものの、加津佐、有馬、臼杵、八良尾など、最終的に長崎へと移動になった［純心女子短大 一九八五、片岡 一九七〇参照］。結果として、セミナリオ、コレジョ、修練院、印刷機［王彩芹 二〇一一、鈴木 二〇一五参照］、年報［浅見 二〇〇二］やその他の連絡（書簡、殉教記、など）が、シモ地方に集中した。結果として、キリスト教の歴史のみならず、ヨーロッパと日本の外交史は、九州を中心に、長崎、博多、豊後経由だったことになる。上述のとおり、現場の宣教師たちはシモが日本全体の一部であると意識したものの、ヨーロッパに届いた情報のほとんどはシモ地方についてであったことになる。それによって、ヨーロッパ、またそれを通して世界が意識した「日本」とは、九州であったと結論づけられる。日本全体の歴史からすれば「偏った」意識だったとも言えるが、ヨーロッパで日本人とその文化が高く評価されたことも、主に九州人の業績であると認めざるを得ない。

九州の中国渡来の石造物——福岡平野を中心に——

井形　進

はじめに

日本列島の歴史と文化は、とくに前近代においては、海を介した大陸との交流と、彼の地からもたらされる文物を、大きな刺激としながら変化を続けて、折々のあり方を形づくってきた。そして交流や文物については、総体として日本における異文化受容の輪郭を示しながら、それぞれの内実はまことに多様であって、背景や意義も一様のものではない。そのような中でここでは、古来大陸との交流の窓口であった九州に所在する、中世に渡来した中国製の石造物をとりあげて、紹介と考察を行ってみたい。これらの石造物は、一昔前に比べると飛躍的に多くの作例が知られるようになっており、それらに関わる議論も活発化して、最近では注目を集める機会が少なからずある。そしてその背後には、文献史料や出土資史料のみからでは知り得ない世界が広がっていて、往時の実像の全体に近づく上で、他をもって代えがたい役割をもっているのだという認識が、次第に共有されるようになってきていると思う。

九州所在の中国渡来石造物については、それぞれの作例に関して資料や情報が蓄積されて充実してきたのは事実であり、また、それらの信仰主体は、多くが中国人の海商たちだと考えられるに至っていたりもする［井形 二〇一二b・二〇一八a］。とはいえ今はまだ、位置づけや機能、所在する場、作例や場それぞれの意義や関わりについて、研究が深化できているとは言えない状況にある。

そこで今回は、これまでの研究を踏まえながら、考察を一歩進め、今後の研究深化の方向性を見定めることを試みてみたい。九州に所在する中国渡来石造物が、どのような様相をみせているのか、日本列島ないしは東アジアの歴史や文化の、どのような側面を照らしてくれる存在であるのか、それらからどのような世界を垣間見ることができるのかを、窺ってみたいと考えている。それにあたって今回は、とくに福岡平野やそこに所在する作例を中心に、あらためて紹介し、それをうけてあり方や背景や意義について、考察を加えることができればと思う。

1　宗像大社の阿弥陀経石と宋風獅子

九州の北端にあって、博多湾を南東側から包み込むようにして広がる福岡平野は、古来大陸との交流の最大の窓口であり、とくに平安時代後期から鎌倉時代にかけては、博多湾岸に宋の海商たちが居住する博多津唐房が形成されて、ここを要として大いに日宋貿易が盛行したことが知られている［大庭・佐伯・菅波 二〇〇八、大庭 二〇〇九・二〇一九］。最近の研究では、博多津唐房を要としながらも、広く博多湾岸地域が機能分担し連動しながら、交易が行われていた様子が指摘されているものの［伊藤 二〇一八a・b］、要たる唐房が主役であったこともまた間違いないようである。この博多津唐房は、聖福寺や承天寺などの著名な禅刹や櫛田神社などがある辺りに広がっていたとされ、付近からは個性的な街並みを窺わせる遺構や、中国の寧波産とされる瓦、膨大な量の中国製陶磁器をはじめとする遺物などが見出されていて、在りし日の面影を偲ばせている。ただしこの博多津唐房の故地では、いま地上には往時の街並みの面影は薄く、聖福寺の石塔下框の部材や、いくつかの碇石以外に、中国製石造物の存在を目にすることもできない。要地ゆえ幾多の戦乱や繰り返される開発によって、街は姿を変え、石造物も失われてしまったということであろうか。つい最近、発掘調査にともなって、地中より薩摩塔の塔身部の断片が見出され、二〇一七年度に福岡市博物館の企画展示「ふくおか発掘図鑑8」にて一般公開されて、関係者を驚かせたが、今のところはこれらのみにとどまる。現況では中国製石造物はむしろ、中心から少し離れた場所、あるいは福岡平野の周縁にのこっているものの方が目につく。なかでも早くから存在を知られ注目されてきたのは、福岡平野の北端に位置する宗像大社にのこる作例群であろう。

宗像大社については、有史以来、皇室・国家を守護し航海を守護するとして、そして現在では広く交通安全の神として、篤い尊崇を集めている神社である［宗像神社復興期成会 一九六一・一九六六・一九七一、伊東 一九七三、宗像市 一九九九］。宗像の地を北流する釣川河口の辺津宮、神湊から一〇キロほどの距離に望まれる大島の中津宮、九州本島から六〇キロの沖、玄界灘のただ中に浮かぶ沖ノ島の沖津宮の三宮からなっている。この神社に所蔵されている膨大な文化財の中で、最も広く知られているのは、四世紀後半から一〇世紀初頭の長きにわたり、大陸への航路のただ中にあって、国家的祭祀が連綿と営まれた沖ノ島から出土した遺物であろう。これらは古代の宗像の地や、宗像大社を要とした対外交流の隆盛や重要性をよく示している。ただこのような隆盛は、古代にとどまるものではなく、中世の宗像の地や宗像大社を要とした対外交流も、古代とは異なるかたちの隆盛を見せていて、それに関わる文化財もまた、少なからず今に伝わっている。その中で、まず中国渡来石造物に絞って紹介するならば、江戸時代より注目を集めていた、阿弥陀経石を挙げるべきであろう［奈良博 一九七六、川添・網野 一九九四、井形 二〇〇二］。

阿弥陀経石（図1）は、入母屋造りの瓦葺屋根を模した笠石、本体、基礎からなる。本体の碑石については、高一〇六・三センチ、幅七二・三センチ、厚二二・八センチの、板状の石材よりなっている。石は凝灰岩とされる。碑石の正面真ん中には、切りあう大小の円からなる瓢形に、深く大きな龕が穿たれていて、その中一杯に、肉厚に、弥陀定印を結んで蓮華座上に結跏趺坐する阿弥陀如来像をあらわしている。龕の上には、「南無阿弥陀仏」と横に刻み、さらにその上に、阿弥陀四十八願中の第十八、十九、二十の三願文を縦に刻み込んでいる。正面の左右両側には、上端から下端に至るまで、縦に二本の界線を刻んで縁をあらわし、その中に唐草を陰刻して充たしている。裏面には、『仏説阿弥陀経』と『無量寿仏説往生浄土呪』の全文が、一行一五字・三三行詰めで四段にわたり、謹直な書体で刻み込まれている。阿弥陀如来坐像は、大粒の螺髪、その中に覗く肉髻朱

図1　宗像大社阿弥陀経石

の大きさと扇状の形態、切れ長で抑揚が強い鋭い目、大ぶりで肉づきのよい鼻、それらが相まって醸し出す癖の強い表情、張り出した重たげな胸、全てが日本の作例とは異質で、いわゆる宋風を強くまとっている。これは、経文の謹直な書体についても言うことができる。そして、阿弥陀如来坐像の、瞳を突出してあらわす様子や、衣文を陰刻線であらわす様子などは、中国の彫像にまま見受けられる特徴であり、碑石表面右端下部の「大宋□□六年」と見える刻字とあわせ考えて、この阿弥陀経石は宋風というより、まさに南宋から渡来した石造物であると推定することができる。宗像大社に入ってからなされた追銘が、正面の左右と側面に刻まれており、そこに確認できる年号が、承久二年（一二二〇）、寛喜三年（一二三一）、嘉禎三年（一二三七）であることから、制作や渡来の時期は、一三世紀初め頃であろうと推定することができる。

　宗像大社においては、阿弥陀経石同様に異風あふれる一対の宋風獅子（図2）も、ともに紹介しておく必要がある［井形 二〇〇二・二〇〇五・二〇一八d］。向かって左の阿形は総高六〇・三センチ、像高四六・八センチ、向かって右の吽形は六〇・七センチ、像高四七・四センチを測り、二軀ともに、石灰岩であることが指摘されている［朽津 二〇〇九］、硬く緻密な石材から彫出されている。この二軀においては、生物の質感を再現しようという志向は感じられず、やわらかく抑揚のついた曲面よりも、断ち落としたような面と稜線とが目立っている。体毛の表現も重視されず、像の表面はかなり滑らかである。大きな目、大きな口の配された四角い顔、足

図2　宗像大社宋風獅子（左：阿形　右：吽形）

先に見る大きな爪は三角形に鋭く尖っている。総じて直線的な中に、首輪に連なる球形の鈴が変化を加えているが、いずれにせよ幾何学図形のような印象を与える。蝶足をもち、前面と側面に唐草が刻み込まれた、四角く重厚な台座の上に立ち上がる様子は、まさに犬を思わせるような日本の獅子や狛犬とは隔絶して、まことに魁偉な姿をしている。阿弥陀経石とは表現が志向するところは異なっているが、強靭さという点で、両者には通底するものがあり、こちらも中国製であることは間違いない。阿形・吽形ともに、背面に設けられた札形のものに銘文が陰刻されていて、より判読が容易な吽形によってあげておくと「奉施入宗像宮弟／三御前宝前建仁／元年辛酉藤原支房」というものである。これを承けるとこれらの獅子は、建仁元年（一二〇一）頃に南宋から渡来したものだということになる。なおちなみに、青柳種信（一七六六〜一八三五）の『筑前国続風土記拾遺』には、宗像大社の第二宮址の箇所に「石の獅子の砕けたるいづ。今第三社にある獅子と同物也」とあって、宗像大社には宋風獅子が複数組存在していた可能性が知られる。また宗像の地ということで言えば、宗像氏の重大な拠点であった許斐山にも、宋風獅子の断片が伝わっていることを、ここで併せて紹介しておきたい。

宗像大社にのこる中国製石造物は、現在はこれら二件であるが、南宋時代の中国から渡来した石造物のほかに、色定法師(一一五九～一二四二)が文治三年(一一八七)から四二年の歳月を費やし、ただ一人筆写した一筆一切経の存在なども、ここでは参考までに触れておきたい[伊東 一九三三、川添 一九九四、宗像市 一九九五]。宗像大社に所蔵されていた宋版一切経を底本とし、欠本を筥崎宮の宋版一切経で補ってなし遂げた、総数が五〇四八巻あった経巻も、次第に毀損したり散逸したりして、現在のこっているのは四三〇〇巻あまりである。そしてそれらの奥書には、色定法師の名前の他、大宮司宗像氏国をはじめとする、さまざまな協力者の名前が見えているが、ここでなかでも注目されるのは、「唐本経主」などとその名が見える綱首張成や、「墨檀越」などとその名が見える綱首李栄たちであって、この写経事業、ひいては鎌倉時代の宗像大社で、南宋の海商たちが大きな存在感を見せていたことを偲ばせてくれる。この頃の宗像大社で、宋人の娘を母とする大宮司が三人いることなども、それを象徴する事実だと思う。

2　筥崎宮周辺の中国製石造物

博多湾沿岸地域で最近注目されているのは、筥崎宮とその周辺の中国渡来石造物である。筥崎宮は、博多湾の東部、多々良川の河口部西側に位置している。神社は北西の海の方角を向いて立ち、大海や大陸の存在が意識されていることが窺える。かつて眼前には、白砂青松に縁どられた博多湾が広がり、南東には、大きく入り江が広がって、そこには重要な港である箱崎津が存在していた。このような要地に筥崎宮が建立されたのは、延長元年(九二三)のことだとされる。福岡平野の東を縁どる三郡山地の、東側の麓の大分の地から、八幡神の託宣をうけて、大宰少弐藤原真材が遷座してきたものだとされているのである[筥崎宮 一九七〇、九州史学 二〇一八]。ちなみに大分の地には、筥崎宮の前身となった大分八幡宮が、楼門に仁王像を安置して神仏習合時代の面影をのこすなどしながら、今も堂々たる構えを見せている[九州歴史資料館 二〇〇二]。

筥崎宮もまた、宋の海商たちとの結びつきが強く、建長五年(一二五三)には張興と張英が、筥崎宮領である堅粕西崎の領主として、筥崎宮大神殿の玉垣造進を行ったことなどが知られている。また遡って仁平元年(一一五一)には、大宰府の目代宗頼の命により、検非違所別当安清や同所執行大蔵種平や季実らが五百余騎を率いて箱崎で大追捕を行い、宋人王昇後家をはじめとする千六百家の資財や雑物を運び取り、筥崎宮の神宝物を押し取るなどしたこともよく知られ[林 一九九四]、これは、日宋貿易をめぐる大宰府と筥崎宮の主導権争いが背景であろうとの指摘もなされている。ただそのように、中世における中国人の海商との強い結びつきが知られる、筥崎宮に今所在している中国渡来石造物は、境内の一画に横たわっている二本の碇石のみで、これらも古来ここに伝わったものではない。とはいえ、寛永年間(一六二四〜一六四四)に筥崎宮の座主坊五智輪院の中興である法印正範大和尚を開山として始まり、神仏分離以後は筥崎宮の仏教的な文物の主たるものを継承している恵光院に[八尋 一九八四]、注目すべき作例が存在しているので、ここでそれらから考えてゆきたい。

恵光院境内にある燈籠堂は、神仏分離までは恵光院より海側に構えていた慈眼院から、明治三年(一八七〇)に移されてきたものである。現在の堂宇は、寛政九年(一七九七)に建立されたという江戸時代のものであるが、貝原益軒(一六三〇〜一七一四)の『筑前国続風土記』には、その始まりは承元二年(一二〇八)に遡るとされていて、海中から取り上げた「石體」の観音を安置したものだという。建物は重層で個性的な様子をしており、それは永享三年(一四三一)の「八幡宮指図并材木目録」に見える姿にも通じ、ひいては当初の建物の面影を継承しているものなのであろうと考えている[土田 一九七二、末吉 二〇一二]。燈籠堂といえば、千利休がその製を奇として、天正一五年(一五八七)に、箱崎に在陣していた豊臣秀吉を招いて、ここで茶会を催したことがよく知られるが、その姿はもちろん、そもそも奇を衒ったものなどではない。海辺の高楼建築であり、『筑前国続風土記』に「上閣に燈籠をかゝく」とあること、また、海辺に所在し燈籠堂の名をもつ他の建物を参照しても、その主たる機能が灯台であることは間違いない。

この燈籠堂に安置されているのが、石造十一面観音坐像

図3　恵光院十一面観音坐像

（図3）である。坐高は七二・三《チセン》、裳先垂下部までを含めた像の総高は七四・六《チセン》、台座地着から頭頂までの総高は一〇〇・〇《チセン》を測る。その姿は、頭上に十一面をいただき、両手で蓮華をとって、須弥壇形の台座に坐しているというものである。なお、この像の頭上面については、当初のものと見るか後補のものと見るかで説が分かれているが［末吉二〇一二、井形二〇一九］、本稿においては当初のものとして論を進める。服装は、頭巾をかぶるように見え、そして胸元が大きく広がった、袖の大きな衣を着けている。このような衣は観音ないし菩薩のものとしては異色であって、像が成立した背景や信仰基盤の様相を考える上で示唆的である。構造としては、像と台座はそれぞれ一つの石材から彫出されていて、そして石については、わずかに緑色を帯びているように感じられる灰色の石材で、帯状や斑紋状に赤みを帯びた箇所があったりするものである。この像の制作地や制作時期については、楕円形の面長な顔立ちが、京都の泉涌寺や岐阜の長瀧寺に伝わる韋駄天立像のような、南宋時代の木彫像に通じ、鼻頭に鎬をつけることが、一群の宋風獅子に通じ、長い爪もいかにも中国といった様子で、かねてより南宋時代であろうと考えられてきた［筑紫一九三三、八尋一九八四、末吉二〇一二］。そして最近、薩摩塔の基準的な作例の須弥壇とこの像の台座の比較から、一三世紀前半頃の制作であろうと絞り込むに至っている［井形二〇一九］。ここで注目されるのは、あくまで伝承であるとはいえ、燈籠堂の創建が承元二年（一二〇八）だとされていることである。あるいはこれは、史実を反映している可能性もあるのではないかと思っている。承元二年の頃に、航海の安全を燈火と観音の力の双方によって守るために、石造十一面観音坐像は、海中からではなく、大海を渡って南宋からもたらされ、それを本尊としながら燈籠堂は建立されたのではないかと考えている。そして燈籠堂と観音像は、当初からの組み合わせだと考えてよいだろう。燈籠堂が所在していた慈眼院の寺号が、『法華経』の「観世音菩薩普門品」またの名を『観音経』に、観音が「慈眼視衆生」としている所に拠っているのが、明らかであることも参考になる。慈眼院は、航海の守護神としての観音を中心とする[山内 一九九八]、海路の安寧確保をつとめとする寺院として創建されたものだと見ている。

図4　恵光院石造層塔

恵光院にはもう一件、重要な中国製石造物がある。燈籠堂の背後の門を、筥崎宮側に抜けた所にある三基の石塔のうち、向かって右に立つ石造層塔(図4)がそれである。この塔もまた、神仏分離の後に恵光院に移設されたもので、もとは恵光院と隣接していた龍王社に立っていたものだという。現状は五層で、総高は三三〇センチ程を測る。五層目とその屋根・相輪は、近年花崗岩で補作されたものとなっており、一層目軸部と四層目の屋根は、粒子が粗く小礫が混じった石材が使用されていて、古く補作された可能性がある。それ以外のわずかに緑色を帯びているように感じられる、灰色の石材から彫出された部分が、確かに当初のものだと見られる。概形としては、四角い軸部の上に、上方に開いたかたちの、薄い逆台形の屋根をのせ、それらを重ねてゆくというもので、とくに屋根については、日本にある木造建築のみならず石造層塔の中にあっても、異風ある様子をしている。二層目軸部、三層目軸部、四層目軸部については、それぞれ四面に龕を穿ち、

図5　堅粕馬頭観音薩摩塔

尊像を刻んでいる。二層目軸部は、花頭窓形に龕を穿ち、その中に甲冑に身を固めた四天王の立像が浮彫であらわされている。三層目軸部は、花頭窓形に龕を穿ち、そのうち三つには如来形坐像を、一つには頭巾をかぶって坐す僧形かと見られる像が浮彫であらわされている。そして四層目軸部には、二層目・三層目と同様の形をしながら頂を丸めた龕を穿ち、その中に通肩に衲衣をまとい蓮華座に坐した如来像が浮彫であらわされている。そして、これらの尊像を、薩摩塔の基準的な作例に刻まれている尊像と比較することにより、かねてより中国製であることが考えられてきた本塔については、今は一三世紀の前半から半ば頃までの中国、つまり南宋で制作されてもたらされたものであろうと推定されるに至っている[井形二〇一九]。

筥崎宮の地理的な直近ということで言えば、最近箱崎遺跡から薩摩塔の断片が出土したことなどもあるとはいえ、紹介は以上にとどまる。しかしここでは、馬頭観音と称される小堂に所在する薩摩塔部材(図5)をはじめとする、堅粕で確認されている作例についても見ておきたい。堅粕馬頭観音は、筥崎宮からは南に二キロ程の位置にある。なお、この小堂から南西に一・五キロ程の場所は、平安時代後期から鎌倉時代にかけて存続したと考えられている、宋商人たちの居留地である博多津唐房の故地である。こちらの方が距離的には近い中で、堅粕の作例についてここで取り上げるのは、先にも触れたように、一三世紀に宋人の海商が、筥崎宮領である堅粕西崎の領主として、筥崎宮の造営に関わっていること[高津他二〇一二、実際むしろ堅粕は、ずっと筥崎宮とゆかりが深い地であるとされているところによる。

堅粕馬頭観音の薩摩塔部材は、塔の下框と、壺形の塔身部のみがのこっているものであるが、そのような現状でありながら、高九八・〇センチを測る大型のものであって、復元総高では三メートル前後もあったかと推定される、福岡平野周辺に所在する薩摩塔の中では最大の作例である。下框・塔身はそれぞれ一つの石材から彫出されていて、薩摩塔によく見られる赤みを帯びた硬く緻密な石を用いている。下框は平面形状が四角形で、四隅に蝶足をもっており、そして四周には、やや縦長で五角形状に角張った蓮弁をぎっしりと並べて一周している。塔身は肩が張った壺形で、どっしりと安定感がある姿をしており、前面の大きな龕の中には、一軀の尊像が浮彫されている。尊像には欠失部が多いが、円頭であるようで、また袈裟をつけているものかと見え、蒙古襲来に際して筥崎宮が神体を避難させようとした、福岡平野の南方に位置する宇美八幡宮の、すぐ近くの個人宅に祀られている薩摩塔（図6）［松尾 二〇一〇］や、鹿児島県霧島市の鹿児島神宮（大隅正八幡宮）ゆかりの沢家墓地にある薩摩塔と同様に、僧形であろうと考えている。

図6　宇美町個人蔵薩摩塔

制作時期については一三世紀であると考えられ、さらには同じく大型で一般的な薩摩塔より複雑な形状をもち、一三世紀前半の制作と推定される、平戸の志々伎神社沖都宮の作例（図7）のような［井形 二〇一八b］基準的な作例との、蓮弁をはじめとする彫刻表現の比較から、まずは一三世紀の半ばから後半頃を広めに意識しておくのが妥当だろうと考えている［井形 二〇一九］。このような見解は、考古学の

図7　志々伎神社沖津宮薩摩塔

図8　耕月院石造層塔

見地からの薩摩塔の編年試論の中で、本塔のように塔身の肩が張ったものは、比較的新しい時期の作例であると指摘されていることとも矛盾しない［江上二〇一八］。

そして堅粕には他にも、堅粕馬頭観音から南西に二〇〇㍍程の位置にある耕月院にも、恵光院の石造層塔よりはかなり小型の塔の部材だと思われるが、高二八㌢を測る、石造層塔の軸部の一つだと見られるもの（図8）が存在している。四角い軸部の四面には、それぞれ花頭窓形に龕を穿って、蓮華座上に坐っているらしい如来形像を浮彫している。制作時期については、比較に適した作例が知られないため不詳であるが、一三世紀から一四世紀前半辺りを意識しておくべきかと考えている。他に、堅粕馬頭観音の北東三〇〇㍍程の位置にある明光寺に、やはり同じ頃のものかと思われる、薩摩塔のような中国製石塔の屋根が存在していることも紹介しておきたい［井形二〇一九］。そしてここでは、先に登場した宋商人の張英が、鳥飼二郎という日本名をもち、筥崎宮領であった鳥飼と結びついていたことが知られるのも興味深いと思う。同じく福岡市城南区で、鳥飼の近隣である茶山に、小型のものながら一基の薩摩塔が存在していて、また同じく近隣の田島に、現在所在不明ながら、中国人風の名前が刻まれた薩摩塔があったとされることも注目され、これらはあるいは、鳥飼潟周辺における筥崎宮ゆかりの中国人商人たちの動向と、関係している可能性があるようにも見える。もしそうであるならば、筥崎宮は、福岡平野周辺における中国渡来石造物の背景として、いま想定されるところよりも、大きな意義をもった存在であるのかもしれない。

3　首羅山遺跡の宋風獅子と薩摩塔

首羅山遺跡は、福岡県糟屋郡久山町に所在している〔久山町教委二〇〇八・二〇一〇・二〇一二〕。博多湾を南西側から包み込むようにして、玄界灘に向かって広がった福岡平野は、東方を、南北方向に連なった三郡山地によって縁どられている。その山地の一画を占める、標高二八八・九㍍を測る首羅山(白山)山中の南側一帯に、首羅山遺跡は展開している。山中に踏み込むと、沢沿いに続くかつての参道を登ってゆく左右には、坊跡だと見られる平坦地が連なり、石垣や石積がのぞいていて、中腹の本谷地区には、かつて中心伽藍が偉容を見せていた、人工造成された大きな平坦地がある。また別の沢を登り詰めると、やや本谷地区とは空間の趣が異なっているようであるが、やはり人工造成された大きな平坦地が広がった、西谷地区に至る。二つの中心地区は連絡路で結ばれていて、これらを核としながら山中には、山林寺院の遺跡や参道が広く展開しているのである。大小の平坦地や道に加え、陶磁器片や瓦片をはじめとする多くの遺物が、地表に散在していることもあり、遺跡の存在は早くから知られていた。また江戸時代にはすでに、近年発掘調査が始まるまでの山中と近い様子になっていたようで、『筑前国続風土記』には、「其むかしの址を尋ね見るに、けにも土民の云伝へし如く、三百五十坊もありつらんと見えて、所々僧坊の旧跡おびたゝしく広し。皆荒野となれり」などと記されている。

寺院関係の遺構が存在し、地表に散在する遺物から、寺の盛期は一一世紀後半から一四世紀前半頃に至るまでであろうと推察されながら、調査の手が入ることなく眠っていたこの山に、初めて発掘調査の手が入ったのは、平成一七

図9　首羅山遺跡宋風獅子（左：西側　右：東側）

年(二〇〇五)のことであった。進行中の調査によって、山内に展開した寺院は、鎌倉時代を最盛期としながら、やはり平安時代後期から室町時代にかけて存続したであろうこと、そして遺構は、寺院が中世のある時期に衰退した後は、後世の開発等の影響を大きく受けることなく地中に眠り続けてきたがために、かなり良好な状態でのこっていることが分かってきている。ただこの山については、遺構だけではなく、聖地として生き続けている地区がある。それは、本谷地区の背後から、傾斜を増す山道を一五分ほど登って辿り着く、山頂地区である。小さな十一面観音の石像を安置した、延享四年(一七四七)の銘が刻まれた石祠を中心とした山頂地区を訪れると、今も掃き清められ花が供えられていたりする。そして、一段高い位置に南面して構えている石祠の前に、四点の中国渡来石造物が存在している。二基の薩摩塔と、二軀一対の宋風獅子である[井形二〇〇八、井形二〇一八c]。

首羅山遺跡の宋風獅子(図9)は、宋風獅子の特徴が明瞭にあらわれる前面を中心に、大きく破損しているが、向かって左、つまり西側は玉取り獅子であることが確認でき、向かって右、つまり東側は子持ち獅子であることが推定できるため、宋風獅子の一例であることは押さえることができ、その中での位置づけを考えるために必要な特徴も失われてはいない。西側の玉取り獅子は、総高五三・〇センチ、像高四五・二センチ、東側の子持ち獅子は総高五〇・四センチ、像高四一・七センチを測る。二軀共に、やや赤みを感じる、砂状の

図10　三隅熊野権現社宋風獅子（右：阿形　左：吽形）

粒子を見せながらも堅牢で、重量のある石材を使用している。四角く板状で無文の台座の上に、台座の短辺側に顔も体も向けながら、ずんぐりと丸みを帯びた体つきの獅子が坐っているのである。台座は平滑を志向しているようであるが、体表はざらりざらりと荒らしていて、これは、生物の質感の表現かと見られる。

　宋風獅子については、建仁元年（一二〇一）に施入されたことが知られ、その制作も一二世紀末ないしは一三世紀初めであろうと推定される宗像大社の作例を嚆矢とし、応永年間（一三九四〜一四二八）に中国温州の住人慶載が奉納したと伝えられ、一四世紀末から一五世紀初めの制作であることが推定される山口県長門市の三隅熊野権現社の作例（図10）を掉尾とすることが推察されていて［井形 二〇一七・二〇一八d］、その間における造形変遷の傾向を想定することができている。すなわち以下の通りである。獅子については、平面と稜線が目立つ剛直で鋭いものから、曲面を主体としたやわらかいものへ。ずんぐりとした太づくりのものから細身のもの、さらにはそこから再びややふくらんだものへ。また、体の動きが直線的で水平方向の動きが目につくものから、曲線的で垂直方向の動きが目につくものへ。体の表面が平滑なものから、少し荒らして質感表現を試みたものへ。台座については、蝶足のある方座から、蝶足のない方座、そして不定形な岩座、さらにはそれが抽象化したものへ。台座の文様については、方座の三方にあるものから、正面のみのもの、そして文様がないものへ。また、獅子の顔の向きに基づいて、台座の短辺側が像の正面だと見られるものから、台座の長辺が正面だと見られるものへ。石は石灰岩のものから、一見砂岩のようでありながら堅牢な凝灰岩製とされる石材へ。

首羅山遺跡の宋風獅子の制作時期は、この傾向に照らすと一三世紀の半ばを中心とする頃が意識される。この時、首羅山遺跡においては、比較的近い造形を見せる作例がある観世音寺ともども、一三世紀の半ばに、同じく寛元年中(一二四三～四六)に入宋した僧の活動が確認できることは注目される。観世音寺の方は、九州の人で入宋して経律を学び、帰国の後は観世音寺に入って、建長年間(一二四九～五五)を中心に造像や伽藍の復興に大いに腕を振るったという、済宝。そして首羅山遺跡の方は、宋から帰国して博多承天寺の開山になっていた円爾のもとで僧となり、入宋して円爾と同じく径山に参じて帰国し、福岡平野を拠点としつつ鎌倉や京都にも足跡を残し、そして晩年を首羅山で過ごして中興として名をのこす、悟空敬念(一二一七四～一二七二)[伊藤 二〇一二]。彼らのような入宋僧の存在を要としながら、双方の場では、一三世紀の半ば頃、宋代の文化や宋風文物が親しく受け容れられ、そして造形に関わる活動が活発に行われるような環境が、形成されていたことが推定できる。造形と矛盾しないこともあり、首羅山遺跡の宋風獅子については、一三世紀半ば頃の制作と渡来だと考えている。

薩摩塔の方は、西側の塔は屋根から上を失っており、東側の塔は須弥壇上部や塔身下部や屋根の縁や頂部を失っているものの、双方を相補いながら見ることによって、薩摩塔という石塔の概形を理解することができる。すなわちこれらは、下半分は、木造の須弥壇を石で再現したもので、その上に、壺形の塔身を据え、さらにその上に反りが強い屋根が乗っていて、そして須弥壇の四面には、一面につき各一軀の四天王像が刻み出され、塔身の正面に穿たれた龕には、塔の主役である一軀の尊像が刻み出されているという薩摩塔の、一典型を見せる姿をしているものである。もとより薩摩塔は、木造の堂宇を尊像もろとも要約して石で

図 11　首羅山遺跡薩摩塔（西側）

図 12　首羅山遺跡薩摩塔（東側）

再現したような姿をしているものであるが、東側の塔の屋根が、瓦葺の屋根や軒下の垂木までをあらわしていることに見られるように、首羅山遺跡の薩摩塔は、木造建築を意識しているという特質を、より明瞭に見せているものであると言うことができる。

西側の塔(図11)は、現状高一一八・〇㌢を測り、現状では須弥壇を一材、塔身を一材から彫出した、都合二つの石材からなっており、かつてはさらに別材製の屋根がのっていたものだと推定できる。東側の塔(図12)は、現状高九三・五㌢を測り、現状では須弥壇の現存部分を一材、塔身の現存部分を一材、屋根から上を一材から彫出した、都合三つの石材からなっている。ただし東側の塔は、須弥壇の高欄部分は別材製であった可能性もある。塔の全容ないしは大要を一つの石材から彫出するような、七〇㌢内外の作例が目につく薩摩塔の中にあっては、複数の石材から構成された比較的大型で、そしてしっかりとした彫刻表現をもったこれら二基の塔

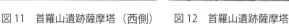

は、共に目を引く存在である。西側の塔の肉厚で克明な尊像、東側の塔に刻まれた雲気なども見応えがある。ただし二基は、復元総高に開きがあり、塔身の輪郭の様子や、その他細部にも相違がみられ、同一工房の作であっても、一具一対のものなどとは認められない。そしてこれらのうちの、西側の塔、とくにそこに刻まれた四天王像（図13）は重要である。

図13　首羅山遺跡薩摩塔四天王像（背面）

西側の四天王像は皆、冠、兜、獅子帽など何かをかぶって髻は見せず、裾長の甲をまとい、腕にはいわゆる海老籠手をつけ、そして足にも輪を積み重ねたような形状の脛甲をつけている。このような甲制は、日本では、中国の唐時代の作である、京都の東寺の兜跋毘沙門天立像と、それを原点とする一群の兜跋毘沙門天像に見受けられるくらいで、四軀が揃ってということになると、それはもう日本では、少なくとも日本製のものでは皆無である。しかしこれは、中国ではまま見出すことができるものであって、彫刻表現の細部に目をやると、瞳を突出してあらわすことなども同様に言え、また石材にしても、中国産の石であることが指摘されていたりする。中国製であることは間違いない。ここでこの西側の塔については、さきに一三世紀半ば頃の制作と渡来であろうとした宋風獅子と、細部表現、仕上げ、石質の共通から、一具の可能性を含めて同一時期に同一工房で制作されたものだと推定できることは重要である。このことによってこの薩摩塔は、宋風獅子ともども、中国で一三世紀半ばに、つまり南宋で制作されてもたらされたものであろうことを、推定することができるからである。

この首羅山の西側の薩摩塔こそは、薩摩塔の中で制作の時空が初めて具体的に絞り込まれた作例であって、この作例を起点として、薩摩塔研究は深化してゆくこととなった。また宋風獅子についても、それまでは国籍が定まらない作例も少なくなかった中で、現在それらは総じて中国製であろうと考えられるに至っているが、かつてそのような認識の起点になったのが、実は首羅山遺跡の宋風獅子であった。首羅山遺跡と山頂の宋風獅子と薩摩塔の意義は、きわめて大きなものがある。そしてちなみに首羅山遺跡については、遺跡が所在する久原の地が、筥崎宮と結びついていたことが指摘されており、首羅山についても同様のことが指摘され[末吉 二〇一二、貴田 二〇一八]、首羅山に関わる僧侶が、筥崎宮の法会に関与していた可能性まで想定することができる。首羅山から、多々良川やその支流に沿うようにして最短距離で博多湾に向かうと、一〇キロ弱で行き当たるのが箱崎であることも注目される。このようなことに鑑みると、ここで紹介した宋風獅子と薩摩塔については、筥崎宮周辺の中国製石造物、としてとらえて考察することもできるだろう。そうして考えると、宗像大社の場合と併せ、中国製石造物ないしは文物の存在にはやはり、海商たちに心の安穏を得させ、また、信用と列島内の流通網への効率的な接続点を提供していた、福岡平野とその周辺の有力寺社が、重大な役割を果たしていたようであることが、改めて実感される。その意識のもとに考察を進めれば、中国製石造物のそれぞれについて、それらがある場について、そして対外交流の最前線の具体的なあり方について、認識をより明瞭なものへと導いてゆけるのではないかと考えている。

4 福岡平野周辺の中国渡来石造物の位相

ここまで、九州に所在する中国渡来石造物について、福岡平野に所在する作例について、代表的な場に所在する代表的な作例群を中心に見てきた。ただ福岡平野には、紹介してきた作例群の他にも、まだ少なからぬ作例が存在している[桃崎他 二〇一一、井形 二〇一二b]。福岡平野の南の要の位置にある宝満山には、首羅山遺跡の薩摩塔に通ずる尊像表現を見せる薩摩塔(図14)が存在する[井形 二〇〇九]。宝満山を仰ぎ見る位置にある、古代九州第一の寺院である観世

図 14　太宰府個人蔵薩摩塔（宝満山伝来）

図 16　太祖神社石造香炉

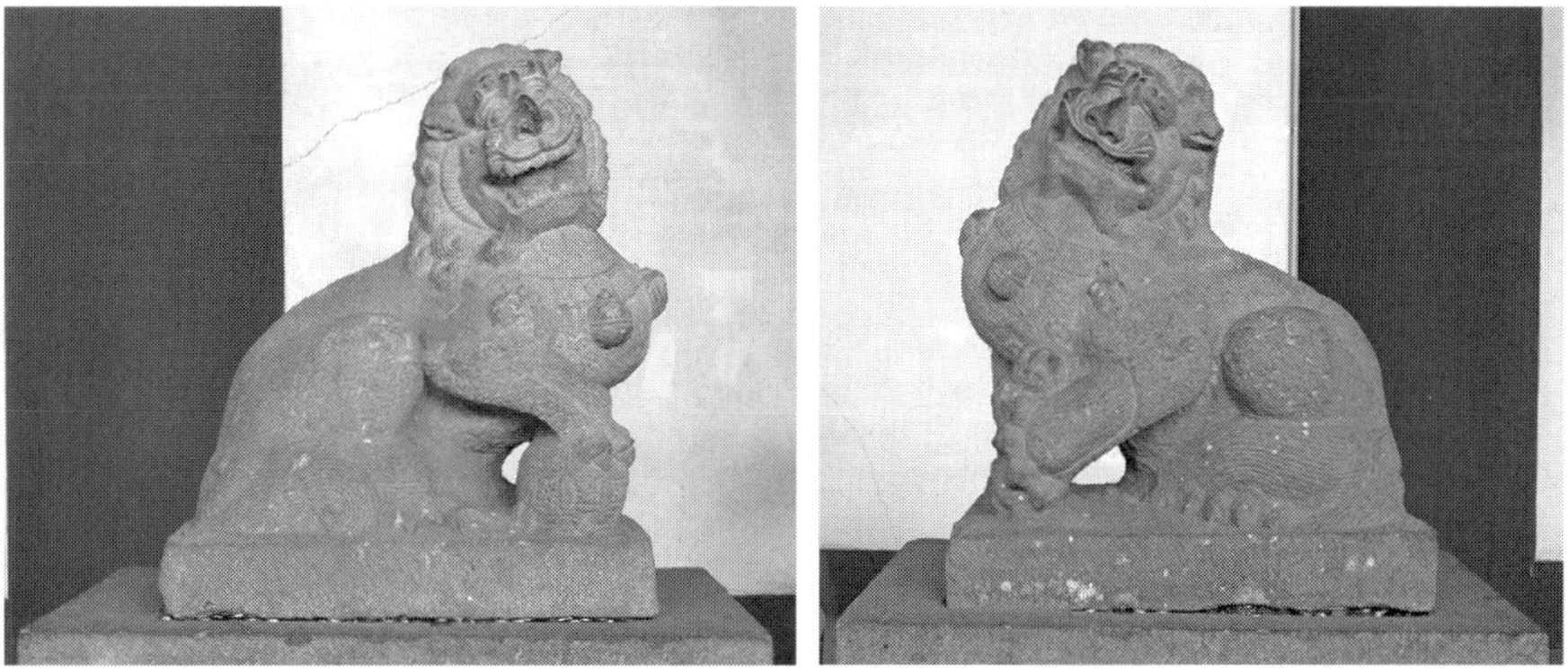

図 15　観世音寺宋風獅子（左：阿形　右：吽形）

音寺（図15）や、平野の西にこんもりと姿よく盛り上がった飯盛山には宋風獅子があり、そして宝満山や首羅山遺跡から指呼の間にある若杉山には、一対と一軀の宋風獅子だけではなく、南宋時代の石造香炉（図16）が存在していたりする［江上二〇一五］。麓には石造層塔の軸部がのこされていたりもする。この山の、一対のうちの一軀がのこったと見られる、一軀の方の宋風獅子の台座下面に、「食天倉不食人家／一粒粮急〃如律令」なる道教的な呪文が、薬研彫りでくっきりと刻まれていることも注目される［井形 二〇一四］。また、飯盛山の南方に大きく構え、豊かな大陸系遺物の存在が知られる油山からは、薩摩塔の断片が見出されていて、博多湾の西方に位置し南浦紹明を開山と仰ぐ興徳寺には、四天王像が刻まれた大きな無縫塔ないしは薩摩塔の軸部があり［橋口他 二〇一二］、博多湾と玄界灘との境界に位置する志賀島にも薩摩塔が所在している。あるいは、平野のただ中の志免町の個人宅などにも、薩摩塔があったりするのである。福岡平野には、まさに遍在といった様子で、多彩な中国渡来石造物が存在している。そしてここで改めて見渡してみると、石造物によって分布のあり方に相違があることも見えてくる。平野部の海際は石造物の種類が多彩であるが、平野を縁どる山、とくに山中そして山頂にまで進むと、そこには薩摩塔と宋風獅子しか確認できないようになってゆく。これは、中心は多彩でゆたかであり、周縁に向かうにつれてそれらが失われてゆく、という側面を示しているものでもあろう。ただし、薩摩塔や宋風獅子以外の石造物は、基本的に一種類一点しか存在していない中にあって、薩摩塔や宋風獅子はそれぞれ複数存在していて、とくに薩摩塔が、大小精粗もさまざまで、最も面的な広がりを見せている点は、中心と周縁の問題だけではなく、中国渡来石造物の中で、最も重要で基本的な存在だと見なされていたのが、薩摩塔であるということを示している、とも言うことができると考えている。霊山の山頂という聖地中の聖地に、これらのみが存在しうることも、その重要性をよく示していると思う。

ここで目を転じて、中国渡来石造物が所在する九州西側の中でも、同じく作例が集中している、平戸周辺や薩摩の概要も見ておきたい。平戸島は、九州本島の北西に、狭い平戸瀬戸をはさんで姿を見せている。ここから西に向かうと、指呼の間にある五島を経て、あとは東シナ海が大陸まで広がるばかりである。このような位置にある平戸島も、博多津唐房ありし頃、宋や彼の国の海商たちと強く結びついた地であった。史料的には、一二世紀の後半には、宋人蘇船頭の後家と子息の十郎連が平戸に居住していることが知られる。博多を中心とする福岡平野と軌を一にして、ゆかりが確認できる入宋僧も少なくなく、著名なところでは、栄西が二度目の入宋から帰国するにあたっては、寧波より楊三綱の船に乗って、平戸の葦浦に着いたのであったし、円爾も平戸津から出航し、宋へと向かったのであった。円爾と同じく無準師範の高弟であった宋僧の兀庵普寧が、来日し建長寺に住するなどした後に帰国する際も、空生らに見送られて平戸から出航している。日中航路の要地であって、規模の大小や存続期間の長短はともかく、宋人が居留する場の存在も推察されるこの島とその周辺には、福岡平野周辺に比肩して、少なからぬ数の中国渡来石造物が存在している。現在の港の周辺には、四件の薩摩塔が、そして平戸瀬戸の対岸の田平にも、公称四件、実は六点分の薩摩塔部材と一点の宋風獅子が存在している。平戸の北部に構え、島内で最も高い安満岳の山頂には二基の薩摩塔がある。そのうち須弥壇のみがのこされているものは、大きさといい尊像表現といい、首羅山遺跡の西側の塔に通ずると見える。平戸の南端に天を指して聳える、志々伎山とその周辺には、三基の薩摩塔と一軀の宋風獅子があり、その中には、一三世紀前半の制作が推定される志々伎神社沖都宮の薩摩塔、唯一銘文をもち一四世紀第1四半期の制作が推定される薩摩塔（図17）のような、基準的作例が存在していることも重要である。平戸から視認できる五島列島北端の宇久島の、毘沙門寺に、薩摩塔のものかと思われる軸部や下框が存在していること、その隣の小値賀島の地の神島神社に、小さな一軀の宋風獅子が伝わることも、ここでふれておきたい。

図17　志々伎神社中宮薩摩塔（在銘）

そして薩摩は、薩摩塔が初めて文化財の世界に登場した場だけに、やはり薩摩塔の所在が集中しており、ここで霧島のものまで含めると、七基存在しているのであるが［橋口・松田 二〇一三］、その過半が万之瀬川流域に偏っていることが注目される。万之瀬川の河口は、東シナ海に向かって、明るく大きく広がっている。下流域には、中国製の陶磁器をはじめとする膨大な遺物が出土し、ここ以外では福岡平野からしか出土しないような、寧波産と推定される瓦の出土も見られ、宋人が居留していた可能性も指摘される、持躰松遺跡が存在していることはよく知られる［鹿児島県埋文 二〇〇七、古代学協会 二〇〇三］。そしてもちろん、周辺地域には、加世田川畑の個人宅の薩摩塔のようなものがあることも注目されるが、それよりもやはり、中流域に盆地状に開けた川辺に、三基の薩摩塔が集中していることがここでは目を引く。鎌倉時代を中心に刻まれた、清水磨崖仏と称されている、延々と続く崖面に線刻された各種の石塔群が著名な川辺の地には、多くの石造物が所在しているが、そのような環境の中で薩摩塔は特別な存在感をもっており、とくに現状高一九二センチを測る水元神社の薩摩塔（図18）などは、現存する薩摩塔の中で現状高最大の作例としてよく知られる［井形 二〇二〇］。これら川辺の作例、あるいは薩摩の作例は総じて、鎌倉時代後半以降に渡来したものだと考えられており［江上 二〇一八］、薩摩は、平戸や福岡平野よりは遅れて本格的に中国製の石塔を受容するように

図18　水元神社薩摩塔

なったと考えられるが、これは宋の海商たちの動向の変化を映している可能性が想定され、注目すべきことだと考えている。そして薩摩にも、益山八幡神社や飯倉神社に宋風獅子が存在していることも紹介しておきたい［橋口 二〇一三a、二〇一三b］。

平戸周辺や薩摩に存在する中国渡来石造物は、一点中国製とされる石仏の存在が指摘されたりしながら［橋口・松田二〇一五］、基本的に薩摩塔と宋風獅子のみである。このような相違が見られる理由は一つには、中世における日中交流の中枢が福岡平野であって、平戸周辺や薩摩は要地ではあれ、やはり周縁と見るべき場であるからだ、ということになるだろう。そしてその分布に鑑みてやはり、中国渡来石造物の基本であり主流であるのは、薩摩塔と宋風獅子であるのだ、ということをあらためて確認させるものでもあると思う。ここで、宋風獅子についていては、九州以外にも、山口、岡山、京都にも存在していて、その姿に異風こそあれ、機能についていては日本の獅子狛犬と同様に、聖域をまもる守護獣であって、より広く受け容れられていたようであるので、九州にのみ所在し、九州の中国渡来石造物の主流である薩摩塔に注目して、もう少し考察を進めてみたいと思う。

これまで薩摩塔についていては、以下のようなことを指摘してきた。主役たる塔身の尊像が、如来形、僧形、如来のようで如来ではないものの、少なくとも三種類あることから、この塔は、特定の尊像への信仰と結びついた存在ではなく、特定の集団の信仰と結びついた存在であろうこと。内部に納入品や納骨のための施設をもたず、唯一銘文をもつ志々伎神社中宮近くの作例の文言にも、個人の祈りが反映されているのを見るのみであって、一般に薩摩塔は、墓塔や供養塔などとは考えがたいこと。木造の須弥壇を石で再現した下半のみならず、屋根についても、とくに比較的制作時期が早い大型の作例は、木造のそれを石で再現しようとする志向が強く看取されることから、この塔は、木造の堂宇を尊像もろとも要約して石で再現した、ある種の宗教施設だと見るべきものであること。尊像や意匠から、仏教のみを背景とするものではない可能性があること。そして、同じく石塔であり同じく大陸に源を持ちながら、入宋僧を中心とする僧たちと結びつき、墓塔や供養塔になることで広く展開した無縫塔とは異なり、その分布が対外交流の要地とされる場を中心に、九州西側に限られることなどから、信仰主体は日本人ではなく中国の海商たちだと考えられること。薩摩塔がある場は、居留地である場合を含め、そこが彼ら海商たちと結びつき、彼らにとって大切な場所であったこと。その制作や渡来の時期は、一三世紀から一四世紀の前半頃に絞られそうであること。これらゆえに、鎌倉時代における中国の海商たちの信仰や動向、文献等にはあらわれがたい、彼らを介した日中交流の様相を明らかにする上での、他をもって代えがたい意義をもった存在であること。本稿で新たに加えることができたのは、薩摩塔はもとより数的に見ると、日本に所在する中国渡来石塔の主流だと見えていたわけであるが、あらためて九州における分布を見ても、所在する場を考えても、主流であり最も広く重視された基本的な存在だと言えそうだということ、あるいはこれは、他の種の石造物とは異なり、薩摩塔は宗教施設として、一定の汎用性をもつということにもよるものかと思うが、このような点しかない。ただとはいえ、このような点はまた、小さからぬ意義をもったことであろうとも思う。

そして、日本では中国渡来石塔の主流であるこの薩摩塔が、中国では確認できず、その石材の産地とされる寧波を中心とする浙江省にも、いわゆる卒塔婆式石塔のような、概形や細部の形状に通ずる作例こそあれ［劉 二〇一六］、そのものが現時点で知られていないのは注目される。これは、薩摩塔をある種ある状況における宗教施設として用いているような、集団の拠る地域がかなり限定されていて、そこに行き着いていないということなのかもしれない。しかしここで、とくに小型のものに顕著なように、中国製石造物の中ではやや異質な、比較的簡要な造形を見せていること、また、同じく宋の海商たちが活躍した朝鮮半島からも東南アジアからも薩摩塔が見出されていないことなどと併せ考え、あるいはこの塔は、宋の海商たちにとって、日本ないしは九州との関係の中でのみ、意義をもつ存在であった可能性も、意識するべきではないかと考えている。かつてこのことについて、塔のいくつかの特徴的な造形に注目しながら、東海の三神山、とくに中国において日本と重ねて言及されることのあった、蓬莱との関わりが考えられないか試みてみたことがある［井形 二〇一二a・b］。今もその可能性は強く意識しているものの、未だ論証する準備は整っていないため、ここではこれにとどめざるを得ないが、ただ、それが正しかったとしても、おそらくはそれさえも、薩摩塔を構成する要素の一つに過ぎないのだろうと、今は思うに至っている。海商たちが親しんだ、仏教をはじめとするさまざまな信仰が流れ込んでいる、聖堂の一種だと推察される薩摩塔は、寺院がその立地によって外護者によって、意味や性格を変えるように、具体的個別の役割はそれぞれであるのではないかと考えている。その中で今、現存作例から見ると、まるで薩摩塔が出現して終焉を迎えた場であるように見える、志々伎山を例にとって考える場合に、大変示唆に富むと思える史料がある。それは、元僧の明極楚俊とその一行が寧波より大海を進み来て、初めて日本の国土を目にした際の詩であって、明極楚俊のものを挙げるならば、「略見波心一点山　満船人已得心寛　風帆尽日行看近　秀色嵐山透肝寒」というものである［村井 二〇一八］。ここに詠まれる山が、実際にどの山であるのかは分からないが、平戸の南端に、東シナ海に面して槍先のような姿で聳える志々伎山は、大陸と海を渡る人々を、ついに日本と結びつける存在であり、まさに彼の詩の内容に合致していて、大陸から日本を目指す人々にとって、波間に天を指す霊山の頂は、海路の道標であり心の拠り所でもあったことだろう。そのような山に安置された、彼らの祈りがこもる薩摩塔の役割の一つとしては、やはり海路の安寧を考えるのは自然だと思うし、そして聖なる力で大陸と日本と自らとを結びつけ、平戸に導いてくれることが期待される、大切な存在だったのではないかと思う。九州の薩摩塔については、背景や意義はそれぞれだろうと先述したばかりであるが、この、海路を護り日本へと安寧に導き、そして到着後は九州西側各地における、彼らにとって大切な場に据えられて、そこにあり続けて聖なる力を発しつつ心の支えとなり、往来を護るという役割については、広く共有しているものではないかと考えている。このように考えれば、中国製の石造物や文物全体ではなく、薩摩塔に限って言うならば、日本列島の西端、周縁にありながら、見方を変えると実は日本の入口にある平戸に、最も密度濃く存在しているように見え、そして最初期から最後まで連綿と作例が存在していることが、頷けるように思うのである。

むすび

九州の中国渡来石造物は、入宋僧の存在が大きな要素となっている、畿内や鎌倉の中国渡来、ないしはゆかりの石造物とは様相を異にしていて、その移入や信仰主体の多くが中国人の海商であると考えられる。つまりは、所在地も信仰の内容や主体も異なるそれらの研究は、日本における大陸渡来文物の受容や、東アジアにおける交流の様相を考えるにあたって、畿内や鎌倉の作例とは異なる歴史や文化の一面を明らかにし、ひいては総体を浮かび上がらせることに資する、一群の重要な存在だということになる。

そして九州の中国渡来石造物と言っても、本章で述べきたったように、その内容はさまざまであって、所在する場についても同じくそれぞれであることが改めて実感されたところである。たとえば石造物の種類に目をやると、福岡平野周辺は多彩であるのに、平戸や薩摩等は限定的である。これは同じく対外交流の窓口であれ、そこには中枢と要地との相違があることを示しているものだと見える。また、時期に目をやると、平戸が最も早くから中国渡来石造物を受け容れ遅くまで連綿と受け容れ続け、福岡平野周辺が続いて受容し、さらに薩摩がその後を追うように見える。こちらは、それぞれの場の特質と、日中関係や中国人の海商たちの動向が、絡み合った結果の様相を見せているものだと考えることができよう。蒙古襲来などの影響も見逃せない。それらを一つ一つ紐解いてゆくことを試みながら、往時の様相をより明瞭に浮かび上がらせるべくつとめることが、これからの課題であると思う。

なかでもとくに福岡平野の様相は興味深く、ここはこれまで大陸との交流の最大の窓口、日本列島と大陸との交流の接点、交点、地点であるなどとしてきたけれど、渡来石造物の様相やそれを取り巻く環境を見るにつけても、むしろ、日本列島の文物と大陸の文物が重なる、地帯であると見た方が、より正確であるように思う。重なる場には、双方の人と文物が共存していて、同時にその帯から外れる場合、東へ都へと向かう際、あるいは西へ大陸へと向かう際には、ここが濾過装置としての役割を果たして、その時々の受容や展開のあり方に大きな影響を及ぼしていたものだろうと考えられる。これからもしばしは、とくにこの、福岡平野とその周縁の様相に注目しながら考察を進めることで、日本における大陸渡来文物受容の具体的なあり方や、九州におけるそれ、東アジアにおける交流の最前線での結びつき方の具体像などについて、造形遺品からならではの考察の資料を提供することができるだろうと考えている。

最後に造形遺品に戻って話をすると、九州に所在する中国渡来石造物も、鎌倉時代に同時代の日本の造形に影響を与えた可能性があることを、これまで指摘してきたけれど[井形 二〇一二b、二〇一八a]、そのような影響なり交流は、鎌倉時代を中心とする頃に限られるような印象をもってきた。もちろんその後、中国人の海商たちの存在が見られなくなってからも、中国渡来石造物は、地域の僧俗と共に生き続けて現在へと至るわけであるが、これまでそれは、保存されてきた、という意味合いで見てきて、新たな展開の一つの源となる存在であるような意識は薄かった。最も広く展開した薩摩塔にしても、その意味や造形を継ぐものは現れずに、日本における造形の流れの中では孤絶した存在になった、というような話もしてきた。しかし今、果たして本当にそうであるのか、疑問を感じるようにもなっている。福岡平野からは外れるが、筑後から肥後にかけて南北朝時代頃に活動した、藤原助継という石工が造る、装飾性豊かな石塔類には、薩摩塔に通ずる細部形状や、楼閣山水図とも称しうるような、中国的な雰囲気をもつ意匠をまとった作例が見受けられたりする[原田 二〇一八]。肥前や肥後、筑後などで見受けられる、にぎやかな彫刻表現をもった鎌倉時代の石造層塔や、室町時代に隆盛を見せる六地蔵の石幢等にも、薩摩塔と一脈通ずるものを感じることがある。してみるとあるいは、薩摩塔をはじめとする中国渡来石造物たちは、九州で新しい展開を生む力の一つになった可能性がある。そしてその末裔は実は、さまざまな信仰や造形の流れと合流しながら、脈々と眼前の造形の中に生き続けているのかもしれない。そうして考えると、薩摩塔を中心とする九州の中国渡来石造物たちは、大陸渡来文物の受容や展開にかかる、多彩にして多様、複雑で豊かな様相を意識し理解してゆく上でも、格好の資料となる、きわめて重要な意義をもった存在だと見てよいのではないかと考えているところである。

九州の五輪塔

狭川 真一

はじめに

九州には古い石造物が多く、早くから注目されてきた。ここで取り上げる五輪塔を含めた石塔では、一九七五年に刊行された『九州の石塔』〔多田隈 一九七五〕が、九州全般を見渡した画期的な石塔研究概説書である。また、『大分の石造美術』〔望月 一九七五〕は大分県のみを対象にしつつも網羅的に優品を紹介したものであり、主要なものは両書で十分に把握できる。これらの石造物研究はいわゆる優品を抽出したもので、石造美術研究の流れのなかにあると言えるが、いわゆる美術品の範疇には含まれない、残欠となってしまった名も無き石塔に注目して歴史的評価を加えた大石一久の研究〔大石 一九九九ほか〕は、九州だけでなく石造物全般の研究に大きな影響を与えた点で重要なものと言える。

石塔を形式別に論じたものでは、『国東塔の分布と特色』〔入江 一九七九〕が早い事例であり、同じ国東半島における一石五輪塔の研究〔藤澤 一九八一〕は、考古学的な分析手法を用いた研究成果として注目される。近年になって石塔も多くの論文に取り上げられる事例が増加してきたが、なかでも薩摩塔研究の進展には著しいものがある〔井形 二〇〇八、桃崎ほか 二〇一一など〕。

石造物に深く関係する金石文の研究では、上記の『九州の石塔』にも主要な情報は蓄積されているが、『肥後の金石論集』〔前川 一九八四〕にみるような地道な研究活動は大いに評価すべきものである。また『肥後国浄水寺古碑群』

［前川編 二〇〇四］では、総合的な角度から一碑群の銘文を詳細に検討したものであり、重要な仕事と位置づけられる。

また、各地で刊行されている地域の石造物の詳細な報告には注目すべきものがいくつもあり、たとえば、鹿児島県清水磨崖仏群［上村編 一九九七］や大分県上小倉磨崖石塔群［小田 一九七七］、熊本県西安寺五輪塔群［前川編 二〇〇七］に関する報告は、石塔個々の歴史的背景にまで踏み込んだ研究が行われている事例である。また、考古学的な基礎調査という観点でみると、おおいた石造文化研究会の活動にみられるように研究者らのグループが詳細な調査を実施し、研究成果ばかりを急がず基礎的な情報を逐次報告する作業は、今後の研究の発展には欠かせぬ行為である。

さて、ここでは五輪塔に絞って論述することが課題である。九州の五輪塔を総合的に取り上げて論述したものはないうえに、一部を除いて基礎データの提示が進んでいるとは言えない段階であり、筆者自身が実見および実測し得た資料が中心となる。そのため、対象となるのは石造美術として評価された優品が中心となるので、その視野は決して広くないことをお断りしておく。

1 九州各県の五輪塔概観

県別に概要を記述するが、特に注記を示さない情報は『九州の石塔』［多田隈 一九七五］および『五輪塔の研究』［藤澤 一九九五］によっている。

①福岡県

県内最古の事例として早くから注目されていたのは、太宰府市安養院跡に所在する武藤資頼墓と伝えられる資料（図1―2、以下1―2のように表示）で、空風輪を欠くが、水輪の形状からいわゆる隅切五輪塔の範疇で捉えられてきた。ところが、近年の石材研究の成果に立脚した所見では、中国寧波の梅園石製品であろうとの指摘がなされ、観世音寺所蔵の宋風獅子と一対になって伝来した可能性が考えられている［桃崎ほか 二〇一二］。形状の点からも一般的な五輪塔の流れでは説明できない要素も多く、今後の検討に委ねる。

さて、福岡県は旧国でいうと筑前・筑後・豊前の三国か

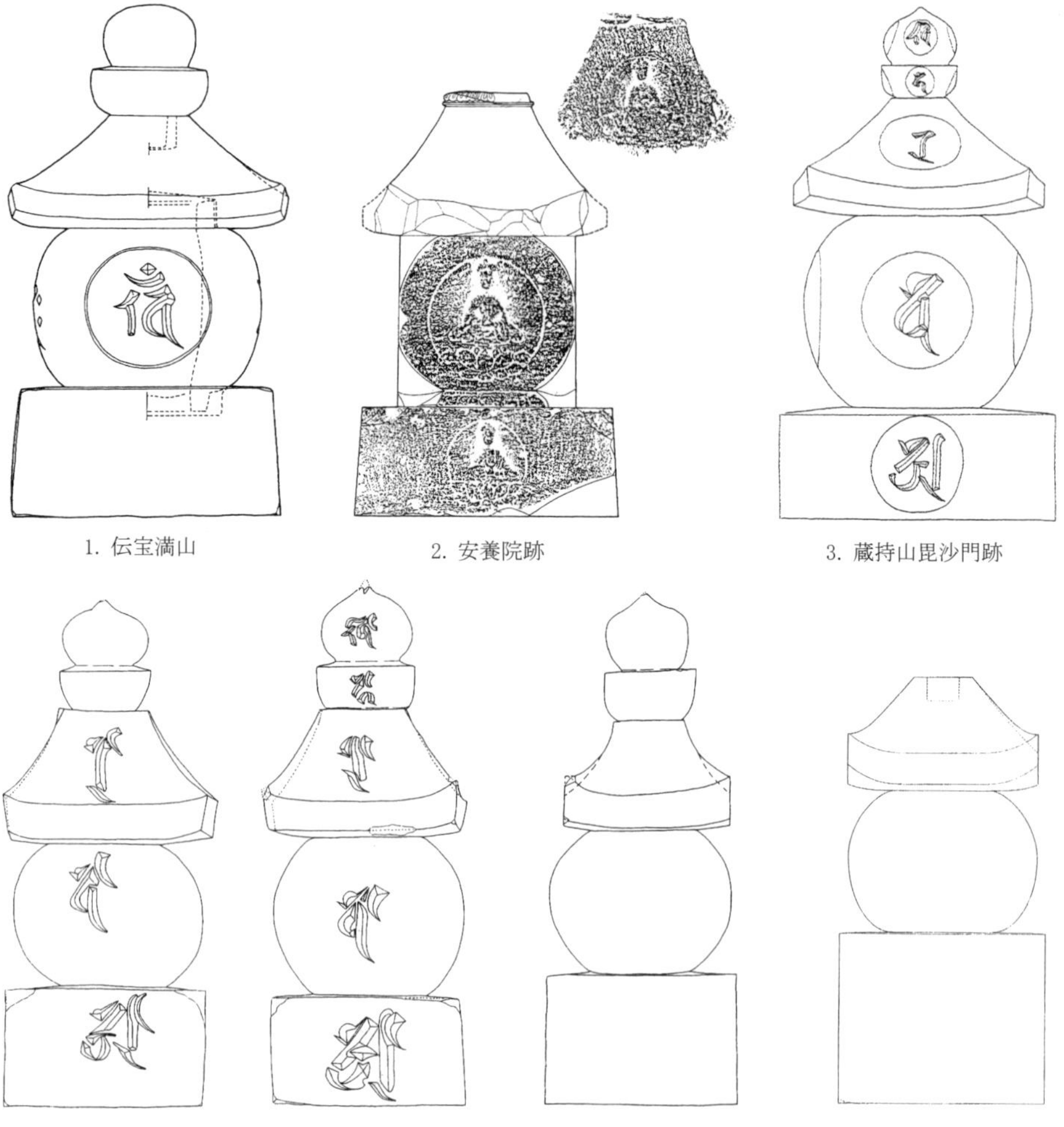

1. 伝宝満山　2. 安養院跡　3. 蔵持山毘沙門跡

4. 平清経塚 1 号　5. 平清経塚 2 号　6. 平清経塚 3 号　7. 楞厳寺

図 1　福岡県の五輪塔（縮尺不同）

らなる。以下、旧国を基準に概観してみたい。

　筑前地方には目立った資料は見当たらないが、発掘調査で出土した資料中に、太宰府市横岳遺跡の一群がある「中島一九九九」。出土状況は原位置を移動して一括埋納された形で発見されたが、当初は方形石組墓の中心にそれぞれが据えられていたとみられ、出土遺物と遺構の前後関係から、一三世紀後半から一四世紀に位置づけられるものである。すべて阿蘇系の凝灰岩製で、水輪に納骨穴を穿ち、出土時点ではまだ骨が充満した状態であった。水輪に梵字を入れるものがあり、金箔を押すものも存在する。同じ太宰府市内の金光寺跡中世墓から出土した五輪塔は、花崗岩製と凝灰岩製のものが混在している［石松ほか 一九八八］。また、同市内の五条遺跡では、石塔に混じって陶製（瓦質）五輪塔が出土している点も注意しておきたい。

また、出土状況は不明だが大宰府の鬼門に位置する宝満山出土と伝える塔（1―1）がある。凝灰岩製で地輪は低めの台形を呈し、水輪表面には月輪内にキャの四転した種子を配置する。火輪の勾配は緩く、軒口も薄く、軒反りも緩やかである。水輪内部は中空となっており、水輪の上下に突帯状の枘を作り出して、火・地輪と組み合う［狭川 一九九八］。平安時代末期と考えられている［川勝 一九八二］が、横岳遺跡の五輪塔に通じる部分も多く再検討が必要だろう。

筑後地方は凝灰岩製の石塔が中心となる。大牟田市普光寺には七四基の五輪塔群があり、うち六九基に銘文がある。最古は正和六年（一三一七）に始まり、永正一七年（一五二〇）に及ぶ［多田隈 一九七五］。古いものは四尺前後の塔と思われるが、残念ながらすべて他所から移転して寄せ集められたもので、当初の姿を復原するには詳細な調査を待たねばならない。ただ、塔の表面には月輪内に梵字を配するものが多く、形状的には火輪軒裏面の反りが大きいという特徴があり、後述する熊本県を中心に分布する石塔と共通する要素を持っている。

豊前地方は大分県の一部を含んでいるが、ここでは福岡県内に絞っておく。五尺前後の塔では平清経塚（1―4～6）［長嶺ほか 一九九四］に三基あり、このうち二基は五大種子を配した安山岩製の塔で、一基は水輪に、いま一基は地輪に納骨穴が穿たれている。残る一基は花崗岩製で、表面に梵字を配置せず、部材の最大幅は地輪にある。安山岩製のものが最大幅を火輪に置いていることと大きく異なっている。しかも、花崗岩製のものは水輪、火輪と徐々に幅を狭めるが、安山岩製のものは水輪の最大径が最も小さく、外観上のバランスも異なりその違いは明瞭である。いずれも一四世紀代のものとみられるが、安山岩製のものがやや古く位置づけられよう。安山岩製塔は地元産、花崗岩製塔は搬入品の可能性がある。

花崗岩製の塔で著名なものは北九州市大興善寺（8―4）にあり、一基は地輪を欠いているが無種子の大型品で七尺塔に復原できる。造立時期は一四世紀前半頃とみたい。同所には類似する規模の空風輪と火輪がもう一基あるので、複数の同形塔が建っていた可能性がある。大興善寺は律宗系寺院であり、同寺関連の高僧の墓所に建てられたものと推定できる。また、無種子の五輪塔はみやこ町楞厳寺（1—7）にもあり、空風輪を失うが、四メートル近くに復原できるものである。水輪のみ花崗岩製で後補とみる意見もあるが、規模や形状からみると一具としても良いかと思う。一四世紀中頃前後のものだろう。

　また、みやこ町蔵持山毘沙門跡の塔（1—3）は地輪や火輪が低く作られる特徴があり、梵字は月輪におさまっている。安山岩製で一三世紀中頃と推定されている。また、北山殿にも類似した五輪塔の残欠が知られ、木井神社裏山にも一四世紀前半頃の資料がある［西野 二〇〇九］。

　なお、北九州市白岩西遺跡から陶製五輪塔が複数出土している［川上ほか 一九八五］。一基に「徳治（一三〇六～一三〇八）」の年号がみえることから、一四世紀前半頃に造営されたとみられる。石組墓上部に位置し、水輪が納骨容器となっていた可能性が考えられる。

②佐賀県

　県内最古の例は、嬉野町東吉田塔（2—5）であろう。空風輪を失うが当初は高さ三尺目安の塔だと思われる。水輪は樽形で月輪内にバの四転を薬研彫し、内部は大きく穿たれた納骨穴があり、発見時には火葬骨が充満していた。火輪は低い露盤が付いているのが特徴的だが、軒口は厚く、軒反りは中央の直線部分が短めでゆるやかに両端へ反り上がる。軒裏の反りも大きいのが特徴である。一三世紀中頃から後半の製作とみて問題なかろう［狭川 二〇〇五］。

　これよりやや下るが鎌倉時代の範疇で捉えられる資料に、太良町竹崎観世音寺五輪塔がある。水輪表面に仏像を陽刻する珍しい資料だが、残念ながら部材がそろわず、地水輪が凝灰岩製で火輪以上は安山岩製である。火輪軒裏に垂木型を彫出し、風輪には蓮弁が表現されている。水輪以下は鎌倉時代まで遡る可能性があるが、火輪以上は南北朝時代と考えられている。

　佐賀平野の西部にある多久市延寿寺には二基の塔（2—1・2）が知られ、片方の水輪にはバの四転を、もう一方の水輪にはアの四転を記しており、両者で一対の可能性が

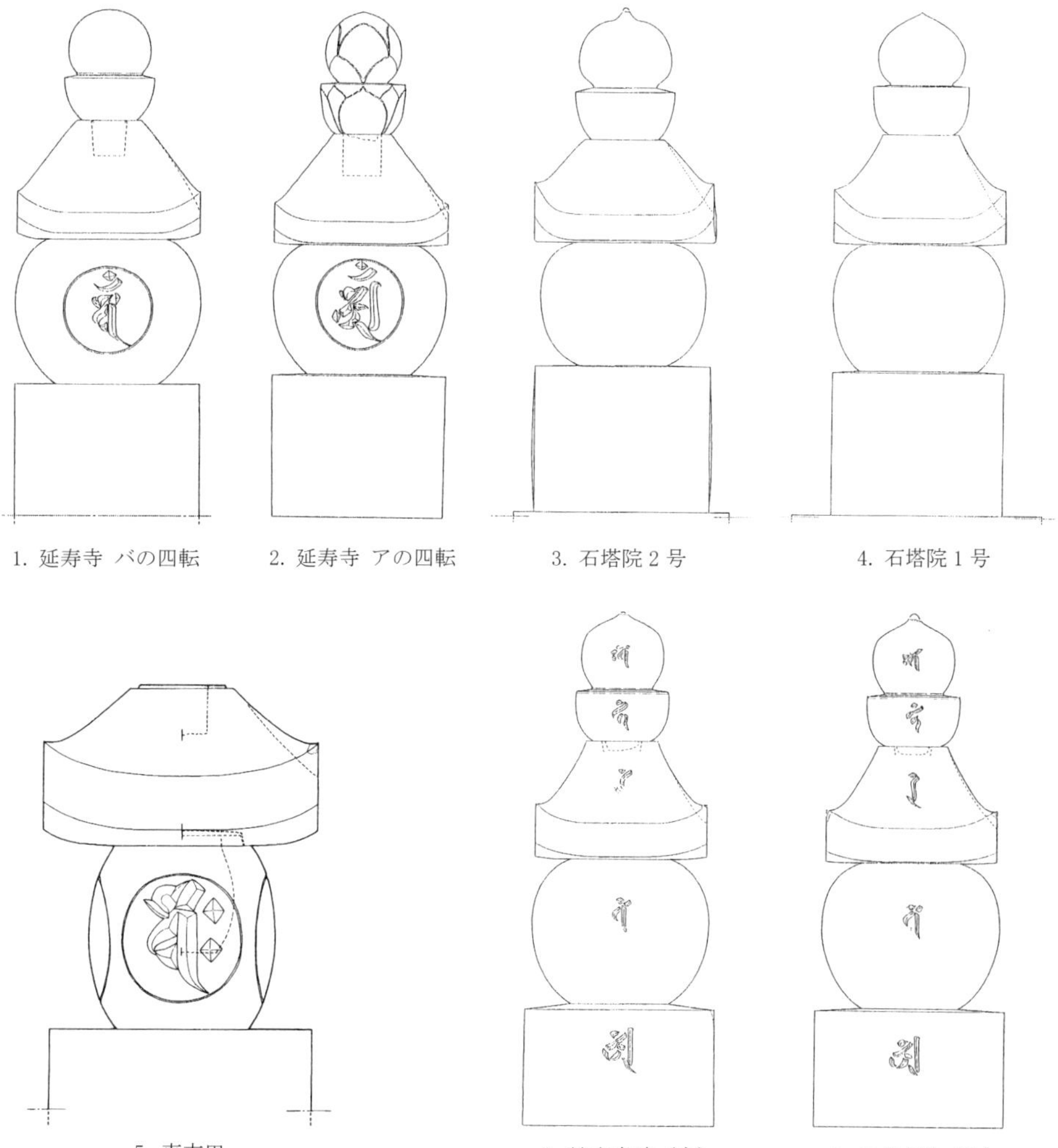

1. 延寿寺 バの四転　2. 延寿寺 アの四転　3. 石塔院 2 号　4. 石塔院 1 号

5. 東吉田　6. 神応寺跡（右）　7. 神応寺跡（左）

図 2　佐賀県・長崎県の五輪塔（縮尺不同）

高い。いずれも安山岩製で南北朝時代と推定されている。火輪の隅棟が直線的であまり湾曲せず、軒口は薄めで軒反りは中央の直線部分が長く、両端に近づいて強く反り上がる。残欠ながら先の観世音寺塔もこれと似る。また、アの四転を刻む石塔の空風輪には蓮弁が彫出されているが、他の塔と入れ換わっている可能性もある。

　佐賀平野の東部では石塔院の一群(2—3・4、8—3)が重要である。大型の五輪塔は境内に五基あり、すべて安山岩製で、表面は無銘無種子である。唯円上人墓と伝えるもの(8―3)が最も古く、一四世紀前半頃のものと思われる。軒口はやや厚めで軒裏の反りもほとんどない。軒反りは中央の直線部分が長めで、両端に近づいて強めに反り上がる点は延寿寺塔に似る。同所には他に四基あるが、徐々に年代を下げるものとみられる。石塔院は真言律宗東妙寺の墓寺として成立したところであり、律宗系歴代墓所の好例の一つである。

③長崎県

平戸市最教寺裏の墓地に花崗岩製の五輪塔が二基ある(2―6・7)。当初は神応寺跡と伝えられる一角にあったというもので、大渡長者夫妻の墓と伝える。両者は同型の塔で当初から一対で建てられたものであろう。表面には五大種子が配置されているが、文字は小さめである。火輪の軒口は厚めで中央の直線部分は短く、ゆるやかに両端へ反り上がる。水輪はやや上位に最大径があり、地輪は低めである。鎌倉時代後期のもので全体の形状は畿内の石塔に近似するものであり、石材の鑑定を要するが搬入品とみられる。

この他には応安七年(一三七四)銘の五輪塔が対馬市厳原町豆酘内院にあり、規模は小さいがいわゆる日引石(安山岩質凝灰岩)製の最古例として注目されている[古川 二〇〇五]。同所には花崗岩製の見事な宝篋印塔があり、無銘ながら一四世紀中頃に位置づけられる。この日引石製の石塔群や花崗岩製の一部資料については、海運による搬入が指摘されている[大石 二〇〇一]。

④大分県

最古の資料は臼杵市中尾の二塔(3―1・2)で、嘉応二年(一一七〇)と承安二年(一一七二)の銘があり、国内の在銘五輪塔では二番目と三番目の古さである。いずれも一石で彫成され、嘉応塔の地輪は台形状で水輪は樽型、火輪の隅棟は直線的に下り、軒先は尖っていて軒口を作らない。風輪は大破し、空輪は失われているが、風輪と火輪との接合部分は噛合式になっている。梵字は四面に展開するが、胎蔵界五仏と三種悉地真言を刻む。承安塔は地輪が高めに作られ、水輪は押し潰された樽型、火輪の隅棟は直線的で薄い軒口を作る。風輪は大きく、火輪との接合は噛合式で、

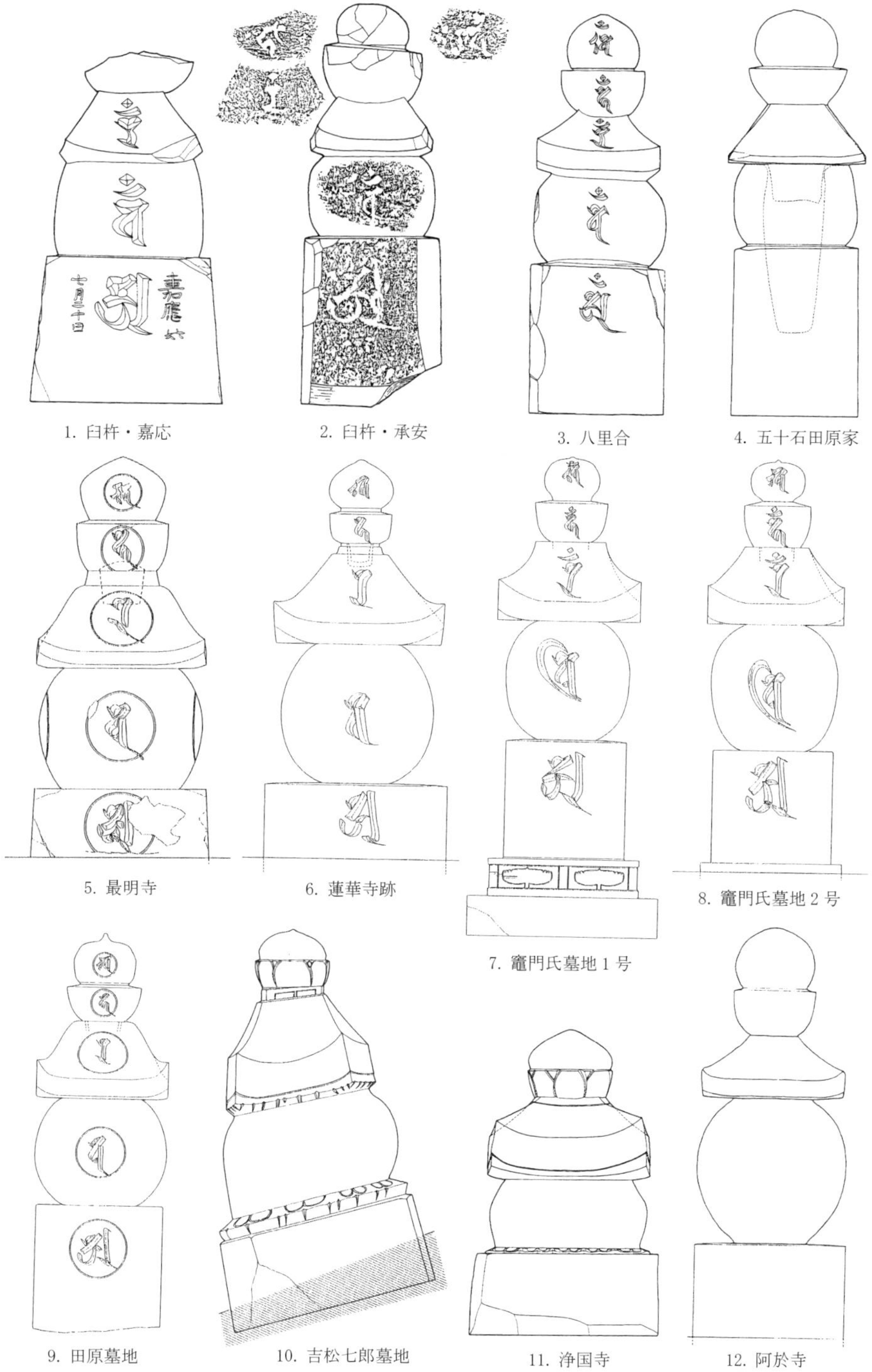

図 3　大分県の五輪塔（縮尺不同）

空輪は半球形で小さめである。いずれも形が整う以前の塔形とみられ、嘉応塔の系譜は国東町浜崎不動院の塔群へ移ってゆくとみられるが、大幅に彫出作業を簡素化したものや扁平化が進展したものもあり、時期的に開く可能性もある。ただ、これらの形態変化は後発する国東地方の一石五輪塔に多くの影響を与えているという［藤澤 一九八二］。

承安塔の系譜は、同じ臼杵石仏群近くにある日吉神社境内にあり、少し形が整ったものは、弘安八年（一二八五）銘野津町八里合塔（3―3）や真玉町五十石田原家塔（3―4）にある資料へとつながるのだろう。八里合五輪塔は、その直下から木棺墓が検出されている［賀川 一九八二］。出土した土師器の年代観とも齟齬はないようであり、銘に見える「定蓮房」の墓塔として造営されたものとみられる。ちなみに承安塔は「十部如法経願主遍照金剛□□」とみえるので埋経に伴う造塔とわかる。

さて、一般的な組合せ式の五輪塔は、宇佐市安心院最明寺の正元元年（一二五九）銘のものが最古である（3―5）。凝灰岩製で、表面には月輪内に四転する五大種子を配し、水輪は樽型、火輪は上部に露盤を載せ隅棟はわずかに照りむくりがある。軒口は薄く、軒反りも緩やかである。この塔の特色の一つである火輪上に露盤を彫出する古い事例は、本塔に隣接する石塔のほか、元徳三年（一三三一）銘宇佐市蓮華寺跡（3―6）の例以外にはみられない［江藤 二〇〇六］。また隅棟に照りむくりがある事例では、杵築市大田田原墓地五輪塔（3―9）がある。各部には月輪内に五大種子を配する点も似ているが、地輪がかなり高めに作られている。この特徴は大分県内の鎌倉から南北朝期の五輪塔に多く見受けられる。別府市御霊社の竈門氏墓所塔群（3―7・8）は、若干の入れ換わりもあろうがほぼ当初の姿を知ることができる資料で、無地の地輪を有するものに嘉元四年（一三〇六）の銘がある。また、地輪と一体で彫出された台座に二区の格狭間を刻むものもある。いずれも地輪の高さがかなり強調されている。

このほか、安岐町吉松七郎墓地塔（3―10）は六尺規模の一石彫成塔で、火輪の軒裏面に垂木形を作り出し、風輪に受花、水輪下部に反花座を彫出している。規模は異なるが、同様な彫出を行う塔が同町浄国寺にもある（3―11）。国東塔を強く意識したものと思われる。また、別府市ふるさと館にある西野口塔や山香町西福寺塔、同町小武寺塔などは隅切五輪塔とされるもので、国東地方に散見される。さらに、中津市本耶馬渓町阿於寺跡にある無銘無種子で凝灰岩製の大型塔(3―12)は、南北朝時代の西大寺系五輪塔と考えられている[江藤ほか 二〇一二]が、形態を見る限りもう少し古い資料と思われ、必ずしも西大寺(律宗)の系統で捉える必要はないだろう。

以上概観したように、県内にはいくつかのタイプが存在しているが、それらの詳細な調査研究はこれからである。現在、実測調査が進められていると伺っているので、その成果が示される日も近いであろう。

⑤熊本県

県内最古の資料は、玉東町西安寺跡2号塔で正嘉元年(一二五七)の銘がある(4―1)。地輪はきわめて低く扁平で、水輪は縦長の棗形を呈し、火輪は幅広く勾配は緩やかである。火輪の軒口は厚く、軒反りは緩やかに反り上がるが、軒裏面は大きく反り上がっているのが特徴的で、空輪はきれいな宝珠形である。各部各面には月輪内におさまる五大種子が深く彫り込まれているが、きわめて雄大な薬研彫りで各面における梵字の占有面積は大きい。銘文に「遠江国住人相良五郎左衛門入道浄信」とあり、山北相良氏に関わる塔である。

この塔の左右に、嘉元二年(一三〇四)銘の1号塔と正応元年(一二八八)銘の3号塔がある(4―2・3)。いずれも山北相良氏に関わる造塔であるが、2号塔と1・3号塔でその特徴は各部に異なりをみせる。2号塔を基準に述べると、地輪は1・3号塔が高めに作られるが、一般的な五輪塔からすると低めの長方形を呈しており、両者は近似した形状である。水輪は高さが押さえられた棗形を呈し、火輪は高さが増して勾配が強くなる。ただ、軒裏面の反りは両者とも反り上がっているが、1号塔のほうが大きい。空輪は両者とも宝珠形である。梵字は三基とも同じように月輪内に五大種子を配置するもので、いずれも文字の占有面積は大きい。なお、銘文はいずれも地輪の一面にあり、1号塔は涅槃門の面にあるが、2・3号塔は菩提門の面にある。当初の石塔配置を推定する参考になろう。

この西安寺跡五輪塔群の所在する玉東町に隣接する熊本

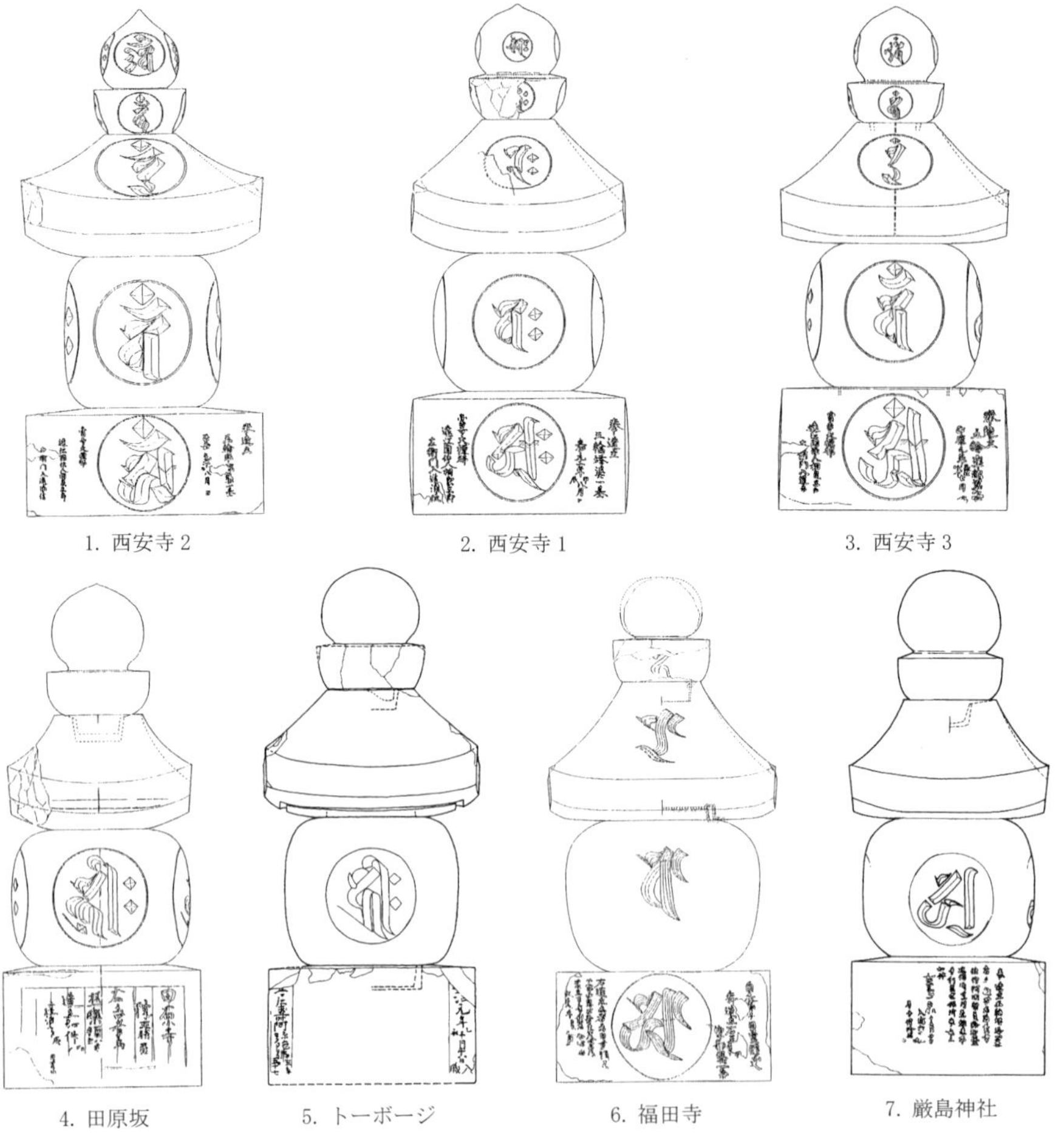

図４　熊本県の五輪塔１（縮尺不同）

市植木町には、類似の五輪塔がいくつか存在する。田原坂塔（4—4）は建治三年（一二七七）の銘があり、地輪は低めの長方形で、水輪は高さが抑え気味の棗形、火輪は軒裏が大きく反り上がるという特徴がある。梵字は水輪のみにあり、月輪内にキリークを配置する。これと近似のものが同町トーボージ塔（4—5）で建治元年（一二七五）銘。火輪軒裏に垂木型の段を作り出し、水輪はやや細身である点など細部の相違点は指摘できるが、かなりよく似ている。同町厳島神社塔（4—7）は元亨二年（一三二二）銘で、空風輪の形状がやや異なるが、地輪が低い長方形で水輪は棗形、梵字は水輪のみに配置するなど先の田原坂塔などに似ている。ただ、キリークではなくアを配してい

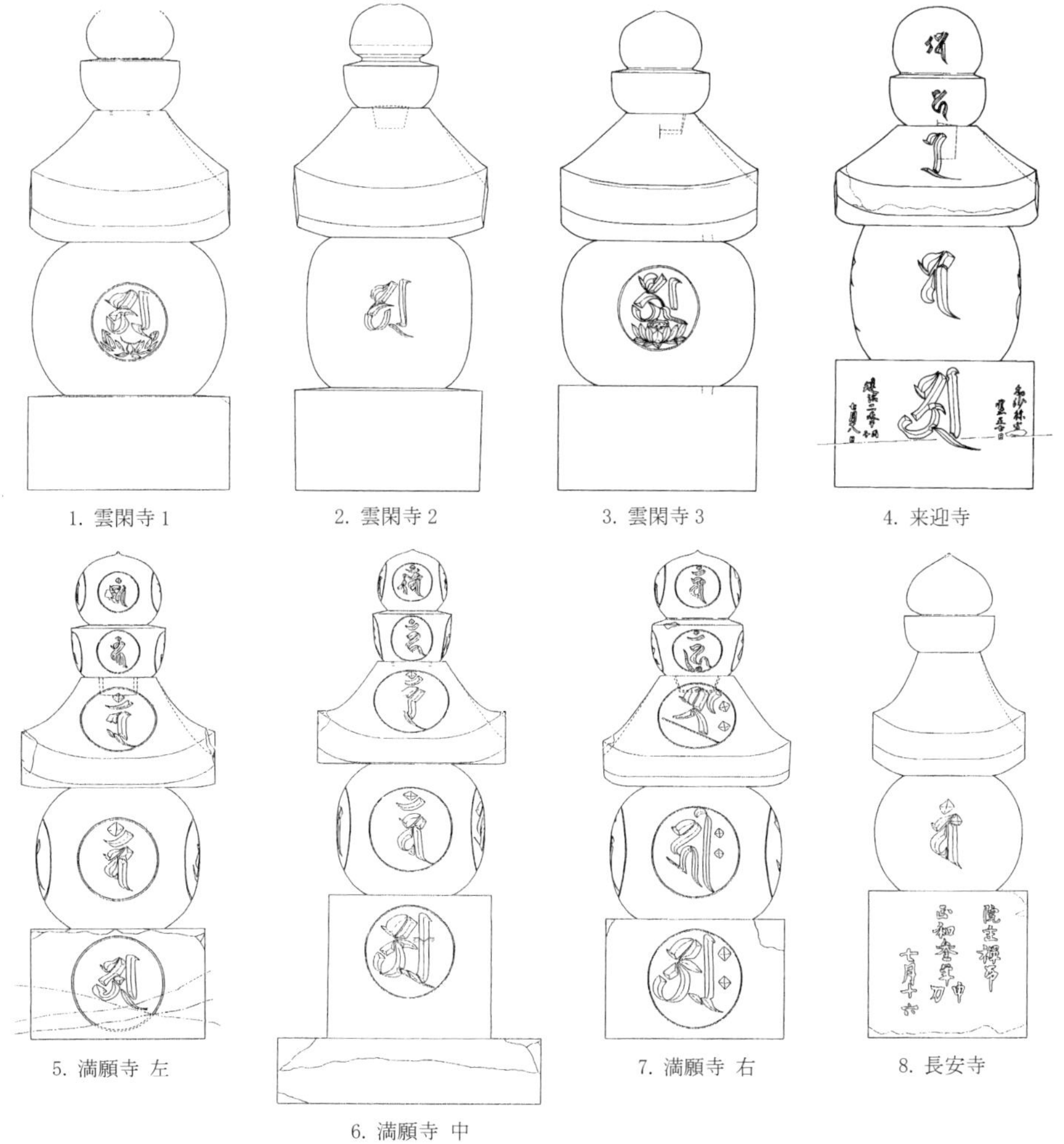

図5　熊本県の五輪塔2（縮尺不同）

るほか、銘文の文字も小さくなっている。また火輪の軒裏面の反り上りが小さい点は西安寺跡3号塔に近い。これらに類似する五輪塔は、文永八年（一二七一）銘西原村旧福田寺塔（4—6）で、梵字は月輪内に五大種子の四転を配するが、彫り込み方に特徴がある。火輪軒裏の反り上がりは弱めである。無銘ながら山鹿市雲閑寺にある三基の塔（5—1〜3）は、月輪の有無に違いはあるがいずれも水輪のみに梵字を配している。

阿蘇周辺では南小国町満願寺の北条氏墓所塔群がある（5—5〜7）。無銘で互いに各部が入れ換わっている可能性はあるが、部材は揃っている。中央塔の地輪がやや高めだが、他は低めの長方形で水輪はいずれも球形に近い。火輪は右塔でわずかに軒裏を反らせるが、他はほとんど反り上がらない。梵字は月輪内におさまる金剛界五仏と三種悉地真言である。

県の中北部のなかで少しタイプの異なりを見せるのは、南関町来迎寺塔(5―4)で、水輪は最大径と上下辺径の差が小さい樽型で、軒裏の反り上がりも弱い。梵字は五大種子の四転だが、月輪は持たない。年代は建治二年(一二七六)で、田原坂塔とトーボージ塔の間にくるが、両者と比較するとかなり形態は異なっている。

また、玉名市蓮華院誕生寺に巨大な無銘無種子の五輪塔がある(8―5・6)。近在の塔と比較すると少し地輪が高めで、水輪は高さが抑え気味ながらも球形に近い。火輪は高めで軒裏面を大きく反っているほか、軒口が厚いのも特徴である。梵字を配さない点以外は、概ね県北部の五輪塔の特徴で捉えられるものである。

県南部ではあさぎり市勝福寺古塔碑群中の五輪塔群がある[北川 二〇〇〇]。銘文を持つ最古のものは弘安四年(一二八一)塔で、地輪は長方形で水輪は球形に近く、火輪はやや背が高く、軒裏も大きく反り上がっているのは県北部の事例に共通する。風輪は椀形で、空輪は球形を呈し、両者の境目には小さな立ち上がりがある。梵字は月輪を持たない五大種子の四転とみられるが変則的である。同所には一四世紀に入る大型の資料があり、水輪は古いものに樽型を呈するものが多く、火輪は軒裏面が反り上がる。風輪に低く小さいものが混じるのも興味深い。

⑥宮崎県

把握されている事例は決して多くないが、最古の資料は宮崎市小村薬師堂塔(6―1)で、寛喜四年(一二三二)の銘を水輪に刻む。地輪は水輪・火輪と比較するとやや幅が大きいので別物の可能性が高い。水輪はやや下膨れの樽形で、月輪内で蓮台に乗るアを四面に刻む。火輪は軒口が直線的で両端に至りわずかに反る程度で、軒裏面も平面的である。空風輪は別物が載っている。近くにある山内石塔群の調査[岩永ほか 一九八四]で、火輪以下は五輪塔風だが、空風輪ではなく相輪が載る塔が複数出土しており、本塔もそうした形式の塔だったことも捨てきれない。

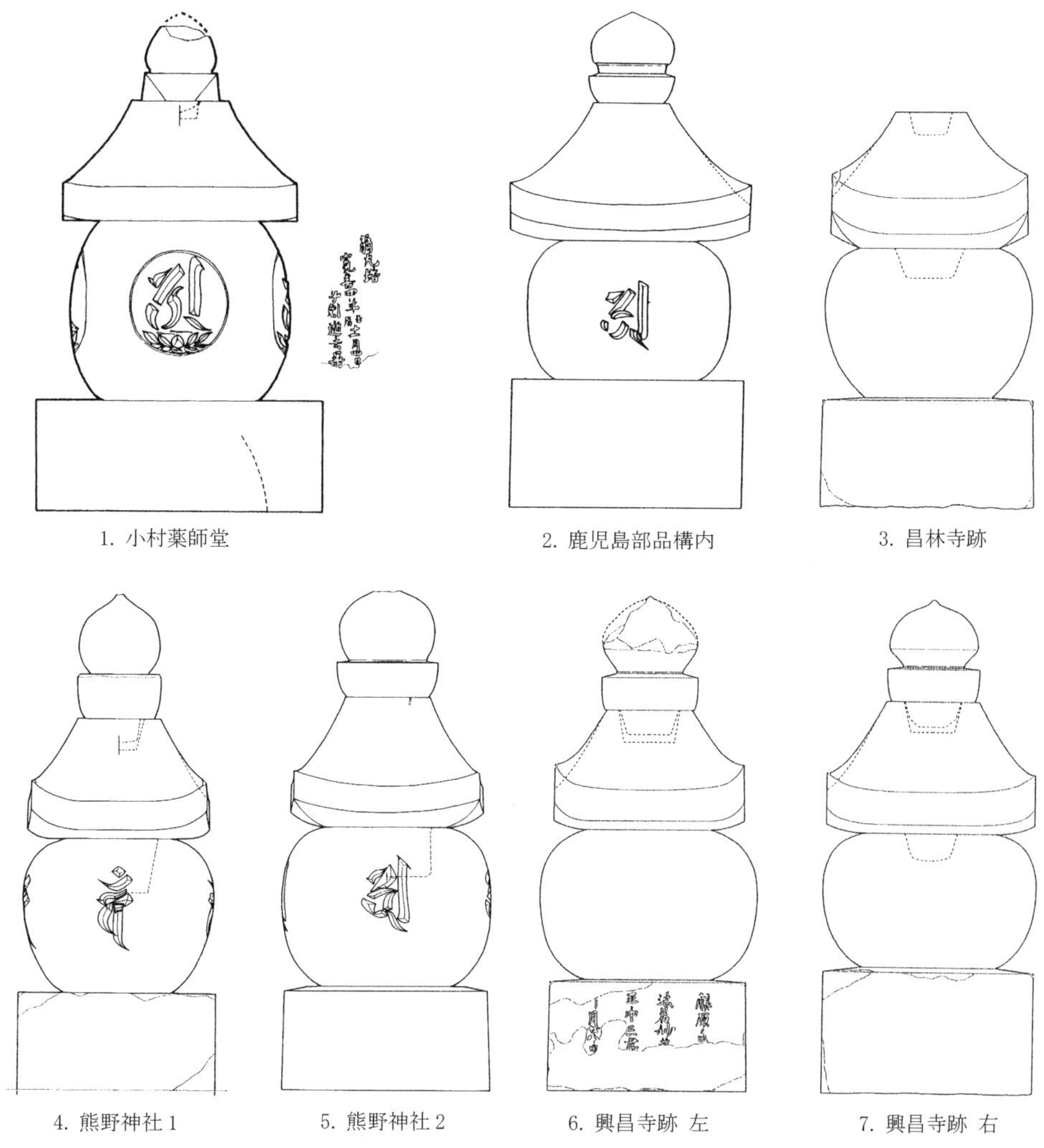

図６　宮崎県・鹿児島県の五輪塔（縮尺不同）

鎌倉時代後期から南北朝時代にかけての資料をみると、日南市歓楽寺跡塔は火輪の軒裏面を大きく反り上げるものだが、同市大迫寺跡塔では火輪の軒裏面は平坦である。水輪は概ね球形に近いものが多い。この他、宮崎市一丁田の丘陵部にある塔と同市戸林塔［甲斐 一九八九］は、いずれも金剛界五仏と三種悉地真言を配したもので、一丁田塔は地輪の幅が広く低めで、水輪は球形に近く、火輪の軒裏面はやや反り上がるようである。戸林塔は残欠のため情報を欠く。

⑦鹿児島県

紀年銘資料はさつま町の弘安三年(一二八〇)銘柏原塔が最古で、大口市山ノ城原塔が正応六年(一二九三)でこれに次いでいる。以後、一四世紀代の年号を有する資料が多い。なかでも湧水町稲葉崎供養塔群は、元弘三年(一三三三)から明徳二年(一三九一)までの紀年銘資料を含む十数基の塔群で、多くが逆修塔である。在地武士の一族墓を形成するものと思われる。同様な事例に鹿児島市川田堂園塔群があり、年号は持たないが一四世紀頃以降のものとみられる。これらの塔には、押し潰されたような水輪が目立ち、火輪の軒口が厚いものも多く、風輪が小さく作られている事例も目立つ。

大隅半島側では、曽於市興昌寺跡塔(6—6)に正中三年(一三二六)の銘があり、地輪は低くやや小さめで、水輪は押し潰されたような棗形を呈する。火輪は軒裏が反り上がり、軒先は中央の直線部分が長く両端に近づいてやや強めに立ち上がる。風輪は低く、あまり丸みを持たずに立ち上がり、空輪は中程やや下位に強い屈曲部分がある。隣接してほぼ同大の無銘塔(6—7)があり、火輪軒先の反りはやや緩やかだが、全体的にはよく似た形状をしている。同じ曽於市熊野神社塔(6—4・5)は水輪四面にバンを配するものとアを配するものがあり、梵字の意味からみると一対の可能性も考えられる。しかし、塔形はバン塔の水輪が壺形で空風輪の背が高めであるのに対して、ア塔は水輪が棗形を呈し火輪も背が高めで、風輪は低くやや小さめである。両塔とも火輪軒裏は大きく反り上がるが、ア塔の軒裏四隅には稜線が作られている。形態的には一対とは思えない。稜線を持つ火輪を有するものは、志布志市宝満寺跡(8—7)や肝付町昌林寺跡(6—3)にもみられる。この軒裏四隅に稜線を有する事例は他県ではみられず、この地方の特色かと思われる。

また、磨崖の巨大な五輪塔として清水磨崖仏群中の例がある。五輪塔は線彫りで一〇㍍を越え、火輪軒先には軒口を作らず鋭角とし、風輪との接面は噛合式になっている。三角五輪塔を意識した造形と考えられる。この塔自体に銘文はないが、一群中の宝篋印塔近くに弘長四年(一二六四)、永仁四年(一二九六)の年号があるので概ねその頃のものかと思われるが、平安時代後期とする考えもある[齋藤 一九九七」。

2　分類と分布傾向

県単位で事例を概観したが、最初にも記したように優品に限られているので細かな編年や分類を組み立てるまでには至らない。この点は、地域に根差した詳細な考古学的調査の積み重ねを待つとして、ここでは、火輪と水輪の特徴に注目し、その大筋をまとめることで責を果たしたい。

①火輪の形状

まず火輪では、軒裏面を大きく反り上げる一群が注目される。軒隅ではどの塔でも反り上がるが、ここでは軒中央付近の形状を指している。その程度の差を客観的な数値で示す必要があるが、たとえば近畿地方の例で西大寺叡尊墓塔を見ると、火輪の高さ七七・〇㌢に対して軒裏面が反り上がる高さはわずかに一・〇㌢で、比率で言えば一・三〇%となる。近畿周辺ではこの数値が〇～二%以下になるものが多い。つまり軒裏面は平坦かごくわずかに反る程度となる。これを九州の事例で拾うと、たとえば西安寺跡2号塔では、火輪の高さ五五・八㌢に対して軒裏面の反り上がりは一〇・五㌢もあり、比率は一八・八二%となる。そこで手元に実測図がある五輪塔から火輪のデータを拾い出し、表1にまとめてみた。計測資料数に地域的偏りがあるものの、強く反る資料は九州西側に顕著であることがわかる。ここで「強く反る」と表現するものは概ね五%台以上のものとすると、西では佐賀県東吉田五輪塔、南では鹿児島県内の各例があり、熊本県で顕著である。筑前地方では事例が少ないので判断しかねるが、豊前地方では大分県側を含めて火輪の軒裏は大きく反り上がらない。九州西側でも佐賀県ではほとんどの資料は反り上がらない部類であり、阿蘇地方にある満願寺石塔群も軒裏面は反らない部類に入る。豊後地方に近いことが影響しているのであろうか。後述する水輪の傾向でも肥後の主流からは外れている。

数値を細かくみると、五～六%台くらいの小さな反りのものと八～一〇%を超える大きな反りのものがあるようだが、現状ではまだそれらを区分したり、分布傾向を読み取ることは難しい。なお、軒裏面の四隅に稜線を持つものは

表１　九州所在五輪塔の火輪高・軒裏高比率

県名	塔名	年号	火輪高	軒裏高	比率％	備考
福岡県	大興善寺塔―1		50.8	0.8	1.57	律宗寺院
	大興善寺塔―2		49.9	1.2	2.40	律宗寺院
	楞厳院塔		51.0	3.0	5.88	
	伝宝満山出土塔		12.0	1.0	8.33	
佐賀県	石塔院唯円塔		44.7	1.0	2.24	律宗寺院
	石塔院塔―1		47.5	0.7	1.47	律宗寺院
	石塔院塔―2		43.0	1.0	2.33	律宗寺院
	延寿寺北塔		28.6	0.5	1.75	
	延寿寺南塔		29.1	1.5	5.15	
	東吉田家墓地塔		24.7	2.5	10.12	露盤高含まず
長崎県	神応寺跡右塔		37.6	0.8	2.13	
	神応寺跡左塔		36.8	0.5	1.36	
大分県	最明寺塔	正元元年（1259）	22.5	0.9	4.00	露盤高含まず
	竈門氏墓地塔―1		36.0	0.0	0.00	※
	竈門氏墓地塔―2		35.8	0.0	0.00	※
	竈門氏墓地塔―3		30.8	0.0	0.00	※
	田原家丸山墓地塔		34.8	1.0	2.87	※
	蓮華寺塔		39.0	0.0	0.00	露盤高含まず、※
熊本県	蓮華院誕生寺西塔		68.3	7.7	11.27	律宗寺院
	蓮華院誕生寺東塔		63.7	5.2	8.16	律宗寺院
	来迎寺跡塔	建治二年（1276）	29.2	3.0	10.27	
	厳島神社塔	元亨二年（1322）	32.4	1.8	5.56	
	田原坂塔	建治三年（1277）	38.7	5.2	13.44	
	西安寺跡１号塔	嘉元二年（1304）	44.0	7.0	15.91	
	西安寺跡２号塔	正嘉元年（1257）	55.8	10.5	18.82	
	西安寺跡３号塔	正応元年（1288）	36.9	2.2	5.96	
	旧福田寺塔	文永八年（1271）	61.1	5.0	8.18	
	有福寺跡塔		52.3	11.0	21.03	
	雲閑寺塔―1		46.2	5.6	12.12	
	雲閑寺塔―2		43.9	3.3	7.52	
	雲閑寺塔―3		44.9	5.7	12.69	
	満願寺右塔		37.5	3.5	9.33	
	満願寺中央塔		35.0	0.3	0.86	
	満願寺左塔		35.5	1.0	2.82	
	長安寺跡塔	正和三年（1314）	45.5	6.2	13.63	
宮崎県	小村薬師堂塔		33.2	0.0	0.00	
鹿児島県	宝満寺塔		42.8	6.3	14.72	軒裏四隅に稜線、律宗寺院
	熊野神社塔左塔		39.3	2.8	7.12	
	熊野神社塔右塔		45.3	5.0	11.04	軒裏四隅に稜線
	昌林寺跡塔		37.4	5.5	14.71	軒裏四隅に稜線
	興昌寺跡―1	正中三年（1326）	32.8	2.3	7.01	
	興昌寺跡―2		36.5	2.5	6.85	
【参考】奈良県	西大寺叡尊塔	正応三年（1290）	77.0	1.0	1.30	律宗寺院
	西大寺歴代墓―2		43.2	0.5	1.16	律宗寺院
	西大寺歴代墓―3		43.0	0.5	1.16	律宗寺院
	西大寺歴代墓―4		42.0	0.5	1.19	律宗寺院
	西大寺歴代墓―5		45.2	1.0	2.21	律宗寺院

※江藤和幸氏１／10原図より計測

鹿児島県(主として大隅地方)に限られる。

この傾向は五輪塔に限ったことではない。屋根を持つ形式の塔、つまり層塔や宝塔にも多く見受けられる。いくつか列記すると、宝塔では、福岡県みやま市九品寺塔、久留米市善導寺嘉禎四年(一二三八)銘塔[富田 一九八〇]。熊本県山鹿市藤井八幡宮弘安六年(一二八三)銘塔、和水町熊野神社貞和五年(一三四九)銘塔、鹿児島県姶良市二木山塔などがあり、層塔では垂木型や隅木が彫刻されるものが多いが、熊本県湯前町明導寺七重塔、九重塔、十三重塔(いずれも寛喜二年/一二三〇)、鹿児島県霧島市隼人塚塔などがある。善導寺宝塔や明導寺各塔から一三世紀前半にはすでに採用されていたことは確実であるが、隼人塚塔は諸説あるものの平安時代後期説が有力であり、様式の通じる霧島市大隅国分寺跡康治元年(一一四二)銘塔も反り上がるタイプに含めることができるだろう。これを評価するならば、九州南部の石塔は一二世紀中頃前後にはすでに、軒裏を大きく反らせるタイプが完成していたことになる。

この形のルーツをたどるのは難しく、中国唐代から宋代の塼積塔にみられる軒裏面の雰囲気もあるが、畿内を中心に存在する古代の層塔が軒裏を繰り込んで作るのを木造塔の形の模倣とすると、この軒裏を反らせる(膨らませる)のは、木造塔の組物などをデフォルメしたところから発するのかも知れない。隅木や垂木型を表現するものが多いことも注意を要する。ただ、ここで主題としている五輪塔にはそうした垂木型等はほとんどみられない。これはこのタイプの五輪塔の出現時期を見た場合、一三世紀中葉を初現とし、一三世紀後半から一四世紀前半頃に多くの造営がなされていることから簡略化が進んだか、五輪塔の火輪そのものが理論上、屋根ではないことを踏まえると、軒裏面の反り(膨らみ)だけが強調されたのではないかと考える。

ただ、この形状の塔が筑後、肥後地方から薩摩・大隅地方に定着していることを踏まえると、平安時代後期から鎌倉時代前期頃までに、石造塔婆を建造できる技術を有した石工がこのエリアに根を張り、類似のデザインによる造営を行っていたことは認めねばならない。

②水輪の形状

次に水輪についてみておきたい。少ないながらもデータ

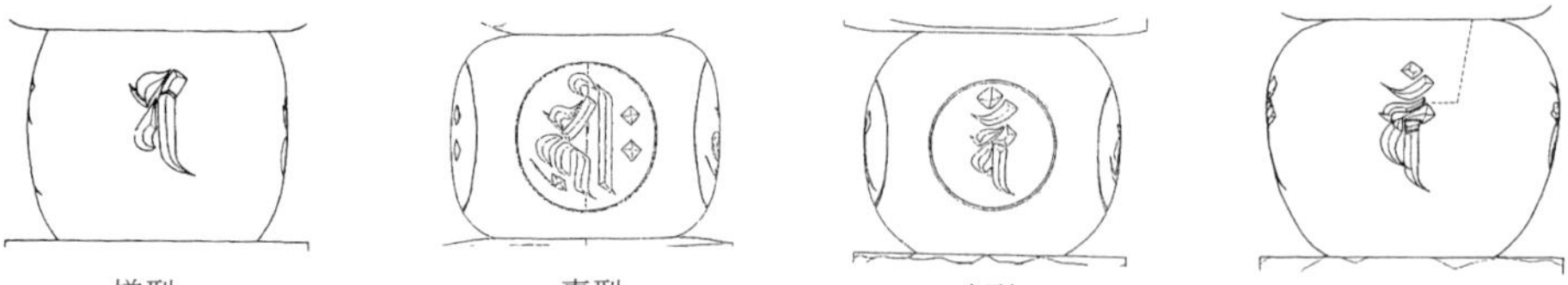

図7　水輪の分類（縮尺不同）

がある熊本県と鹿児島県を中心に把握してみる。一部、報告書［北川 二〇〇〇］を参考にしたものもある。

さて、両県内にある五輪塔水輪の立面形に着目して分類すると、樽形を呈するもの（樽型と仮称）、棗形を呈するもの（棗型と仮称）、球形に近いもの（球型と仮称）、壺形を呈するもの（壺型と仮称）の大きく四種に分けられる（図7）。樽型とは水輪最大径と上下端部径の差が小さく、側面観はゆるいカーブを描くもので、大きな屈曲点などがないものを指す。棗型は最大径付近のカーブは樽型に似て緩やかだが、上下端部の近くに至って大きく屈曲して内側は入り込み、火輪や地輪に接するタイプを指す。球型はその名のとおり球体の上下をカットしたようにみえる資料を指す。壺型とは最大径が中心より上位にあるため、上半部では大きく屈曲して水輪上辺へ向かうが、下半部は緩やかに弧を描いて下辺へ取り付くタイプを指す。

両県内の資料を中心に各個体を上記の分類に帰属させると、樽型は熊本県北部では来迎寺跡塔のみで、南部でも勝福寺塔群に若干見受けられる程度である。他県では、佐賀県吉田家塔や大分県最明寺塔が好例である。棗型は最も多く、熊本県では西安寺跡全塔、田原坂塔、トーボージ塔、厳島神社塔、旧福田寺塔、雲閑寺全塔などが当てはまる。鹿児島県では熊野神社右塔、鹿児島部品塔があり、やや押し潰されたような形状を呈するが、興昌寺跡両塔なども含まれよう。球型は満願寺全塔が該当し、長安寺塔、勝福寺石塔群の一部にみられ、鹿児島県宝満寺塔や福岡県平清経塚塔、蔵持山所在の石塔群などもこれに含めて良いだろう。壺型は鹿児島県熊野神社左塔や昌林寺跡等があり、勝福寺跡石塔群中にも見受けられる。

このように肥後地方の水輪の主体は棗型にあることがわかり、その初現はやはり西安寺跡2号塔に求められ、肥後北部を中心に分布している。肥後南部は球型のものと壺型のものがあり、勝福寺跡石塔群をみていると、壺型のものは後発するものに影響を与えているように思える。また球型は、肥後東部の阿蘇地方にみられることがわかる。全体の雰囲気も大分県竈門氏墓地塔に通じるものがあり、先述の火輪の情報と併せて豊後との交渉が推測される。

③その他

熊本県北部や阿蘇の資料には、梵字を月輪内におさめて大きく描くものが目立つ。多くは五大種子だがキリークやアを水輪のみに刻むものも多い。満願寺のものは金剛界五仏と三種悉地真言という珍しいものだが、宮崎県一丁田塔と戸林塔にもみられる。

銘文を有するものも熊本県北部に目立ち、いずれも文永・建治・弘安・正安・嘉元など一三世紀後半から一四世紀前半のものが多く、全国的にみてもやや古い段階のものが目立つ。それもまた特徴的かと思う。

今後は形態的な比較だけでなく、できれば解体修理時に実測して構造まで把握するとより地域的な差異が見出せる可能性はあろう。

3 律宗の影響

上記した形の問題を踏まえて、早くに注目された資料に律宗系寺院に分布する五輪塔がある。九州の律宗系寺院に、巨大な五輪塔が存在していることを指摘したのは八尋和泉である。八尋は仏像の調査において西大寺末寺を廻るなかで、「特に印象に残ったものに無銘の大五輪塔がある。(中略)いずれも無種子無銘で二㍍から三㍍近くの大五輪塔で(中略)、西大寺大五輪塔の系譜を眼前にする想いであった」と記し、石塔院、旧浄光寺(蓮華院誕生寺)、玉泉寺、宝満寺墓地をあげている[八尋 一九七六]。これに北九州市大興善寺塔を加えることができ、八尋の視点の重要性は明らかである。

さて、律宗寺院における無銘無種子の大型石塔については、西大寺叡尊墓塔(8—1)の系譜とみることが多い。しかし、西大寺叡尊墓塔は比例を重んじて一品生産的に作られたもの[伊藤 一九七三]で、厳密にはその数値的な系譜は類似するどの塔へも辿れず、意識的に違いを作り出しているのである［狭川 二〇〇三］。実際に近畿一円に分布したものは、西大寺奥ノ院に並ぶ歴代長老墓の塔形と思われ、しかもその範囲は近畿とその周辺に限られる。鎌倉周辺にも極楽寺忍性墓塔（8—2）をはじめ、類似した五輪塔が分布しているものの、細かな数値を見ると西大寺叡尊塔とも歴代長老墓塔とも異なっている。これらを総称して西大寺様式五輪塔と呼ぶ意見もある［馬淵 二〇〇四、佐藤 二〇〇六］が、諸条件を検討する限り、この用語の使用はかなり狭い地域に限定すべきだろう。また、律宗系五輪塔の名称を無銘無種子の大五輪塔にあてる場合もあるが、たとえば律宗寺院の神奈川県称名寺裏山の北條氏墓所には、梵字の大きく刻まれた五輪塔がいくつも残されている。そのため無銘無種子の大五輪塔を律宗系五輪塔と断言することもまたできないのである。この問題に関する用語は使い辛いことを認識したうえで、無銘無種子で大型（五～六尺以上）の五輪塔を、ここでは律宗系五輪塔と仮称しておく。

さて、九州の律宗系五輪塔の形態や材質をみると、大興善寺塔は花崗岩製で火輪の軒裏はほとんど反らず、表1でも比較したとおり西大寺奥ノ院歴代長老墓塔に近似する。石材と形態の点では近畿の影響を受けているとみられる。次に石塔院をみると、事例を提示した三塔は軒裏面がほとんど反らないタイプだが、石材は安山岩で地元の石材を使用している。特に図2に示した二基の塔では、水輪がやや大振り、火輪軒口は薄めで上辺の反りは中央の直線部分が長く、端部近くに至って強く反り上がる。これは延寿寺の二塔に似るので佐賀平野付近の特色だろう。蓮華院誕生寺の二塔は微妙に形が異なるものの、いずれも地元の凝灰岩製で火輪軒裏の特色は肥後のものである。また、軒口がひじょうに厚く作られるのも特徴的である。水輪は球体を押し潰したような形状で、肥後にはあまり見られない。玉泉寺は火輪の形状は肥後に多いものだが、報告書［桑原 一九八〇］によると各部を組み合わせる構造に特徴がある。それは火輪裏面に枘を作り出し、水輪上面の枘穴で受けており、地輪は上面に枘穴があり、水輪下面の枘を受けている（残念ながら実測図に記載がない）。こうした構造はきわめて珍しく、畿内には見られない特徴である。九州各地の五輪塔もまだ情報が少ないので地域色であるかどうかの判断は現状ではできない。宝満寺は先述のとおり軒裏の四隅に稜線

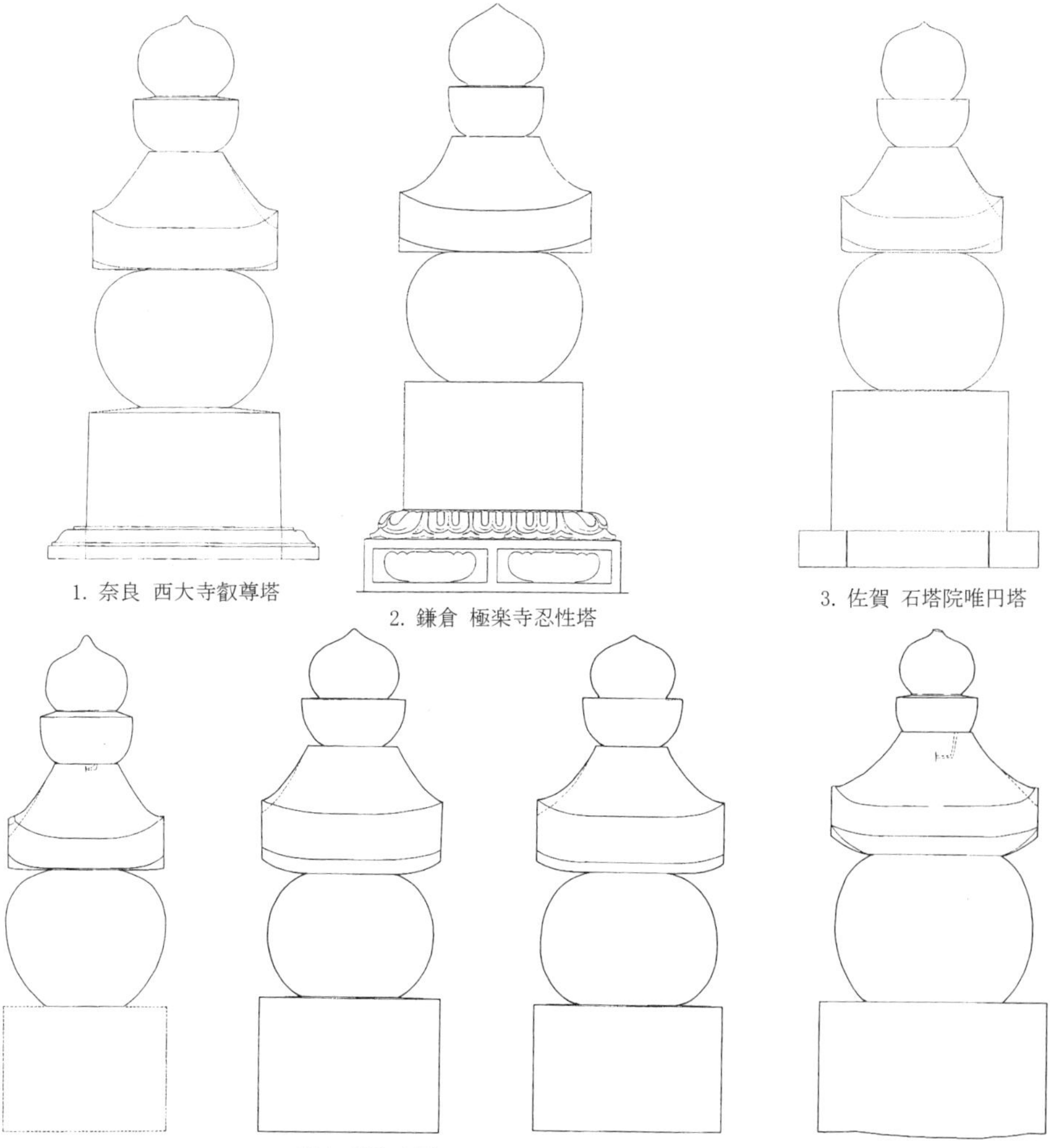

図8　律宗寺院所在の大型五輪塔（縮尺不同）

が入る大隅地方に多いもので、軒口上辺のカーブも中央の直線が長く両端で強く立ち上がる点は、興昌寺塔に通じるものがある。風輪も低く作られるのは興昌寺塔や熊野神社塔に共通するもので、熊本県南部の勝福寺塔群にもみられた。石材は地元の凝灰岩とみられる。

以上のように九州の律宗系五輪塔は、いずれもその地域の石材を利用し、形もその地域に分布している他の五輪塔と共通するものである。地域を越えてすべてに共通する特徴は、無銘無種子で大型の塔であるという点になる。さらに、玉泉寺以外はいずれも複数の同型五輪塔が存在している。大興善寺は残欠ながら二基、石塔院は製作時期に若干の幅があると思われるが、現存で五基ある。蓮華院誕生寺は二基が並立するが、他所から移動したとのことであり、旧在地を調査するとまだ見つかる可能性があるかも知れない。宝満寺も広い墓地のなかに分散しているが、類似のものが数基程度は確認できる。

つまり、これら律宗系寺院における五輪塔は、おそらくその寺院にかかる歴代住職の墓塔群である可能性を考えたい。主要な律宗系寺院には歴代住職の墓所が残されており、何度も紹介している西大寺奥ノ院はその嚆矢であるが、大阪府西琳寺にはその奥ノ院であった高屋宝性院墓地の石塔群が移されていて、当時の歴代墓の様子をうかがうことができるし、奈良県額安寺墓所には忍性墓を中心に歴代高僧の石塔が並ぶ。また岐阜県染戸石塔群や三重県北山墓地石塔群は、繰形座を持つものがあることと歴史的背景から、律宗僧侶の歴代墓地であることを認めてよいだろう。

ところで、西大寺系の律宗が教線を拡大した痕跡として花崗岩製の石塔造営を語る場合があり、早くから律宗と石工の関係は重要視されてきた。しかし、これまで見たように九州の律宗系五輪塔は、地元の石材を使用し、石塔の形も地元のものを採用しているのである。律宗の教線拡大と定着に対して、畿内から石工が同行したのではなく、地元石工が製作していたことを示している。九州には一四世紀代に花崗岩製の石塔が各地に点的に導入されている形跡は認められるものの、その形が地元の石塔の形に反映した資料は見出せない。

一二世紀後半以降、九州各所で石塔を造営してきた石工集団は、律宗が教線を拡大する一四世紀代にはすでに確固たる基盤を形成しており、外来の石工やデザインを受容する必要がないまでに成長し、勢力を保持していたものと考えたい。また、このことは九州の各地域を支配した領主層が、独自の石塔文化を発展させるだけの勢力を中世の早い段階ですでに確立していたことをうかがわせるのである。

おわりに

火輪と水輪の特色による大まかな分布傾向と律宗系五輪

塔のあり方から九州の一特徴を語ってみた。限られた資料からの憶測であり、改訂されるべき問題は多いと思う。また、扱った資料の年代が一三世紀中頃〜一四世紀中頃までのものが中心であり、編年的な視点は手つかずである。すべてはこれからであり、意欲ある研究者の登場にかかっている。

〔追記1〕

本稿は科学研究費　基盤研究（B）「日本中世の葬送墓制に関する発展的研究」（課題番号21320152）の成果の一部を含んでいる。また本稿は『中世石塔の考古学』（高志書院、二〇一二年）掲載の論文を版元の要請にまかせて再録したものである。

〔追記2〕

この再録までの間に一件の律宗系五輪塔群が報告されたので付記しておきたい。

福岡県太宰府市の戒壇院に所在する石塔残欠が、律宗系五輪塔でしかも複数基あったとする指摘がなされた。さらに少し離れた丘陵裾付近に、類似した五輪塔残欠（空風輪）が残る地点があり、その付近の発掘調査で中世墓が確認されたことと合わせて、ここが戒壇院の石塔の旧位置であると推定し、律宗寺院の奥之院として考えられるとする指摘がなされた。しかも石塔は御影石製で明らかな搬入品であることも確認されている［髙橋二〇一五］。

九州の律宗寺院では、北九州市の大興善寺に畿内系で花崗岩製の五輪塔があることは本文中にも指摘しておいたが、あらたに古代からの政治経済文化の拠点であった大宰府で確認された意義は大きいと考えるので、ここに付記させていただくこととした。

図出典

1―2、3―1〜4・10・11：藤澤一九八一、1―3：西野二〇〇九、1―4〜6：長嶺ほか一九九四、3―6〜9：江藤和幸氏原図から浄書、3―12：江藤ほか二〇一一、4―5：佐藤一九八九、6―2：藤澤一九九五、8―2：極楽寺一九七七　その他はすべて筆者実測

光勝寺石塔群

太田正和

1　松尾山光勝寺

松尾山光勝寺（佐賀県小城市小城町松尾）は、九州で最初に建立された日蓮宗寺院である（図1）。肥前千葉氏の祖千葉宗胤が臨済宗円通寺（小城町松尾）の開基であるのに対し、その子胤貞は中山法華経寺（千葉県市川市）の大檀那として寺院整備を行うとともに、一族を中山法華経寺の信仰で固め、所領の堂宇を日蓮宗に改宗していった。その中で、胤貞の支配下である小城でも日蓮宗の布教活動が行われるようになったと考えられている［小城町史編 一九七四］。

胤貞が小城に下向した時期については正和五年（一三一六）や建武元年（一三三四）などと諸説あるが、「光勝寺文書」の「胤貞置文」に、正中元年（一三二四）一〇月一三日付で末代まで日蓮宗を信仰すること、領内に他宗の寺社を安置しないことを命じていることや、「胤貞譲状」に元徳三年（一三三一）に、中山法華経寺第三世日祐に対して千田荘（香取郡多古町）、臼井荘（佐倉市・八千代市・船橋市）、八幡荘（市川市）と光勝寺職・妙見座主職などを譲与することが記されており［佐賀県図 一九六〇］、建武元年にはすでに胤貞は下向していたと考えられるから、現在では正和五年下向説が有力となっている。

文保元年（一三一七）二月八日に胤貞を開基、日祐を開山として鎮西発軫の根本道場として建立されたと伝わる［松尾山光勝寺 一九七八］が、この寺院の開山については、中山法華経寺の末寺法宣院初代日貞とする説がある。開山より

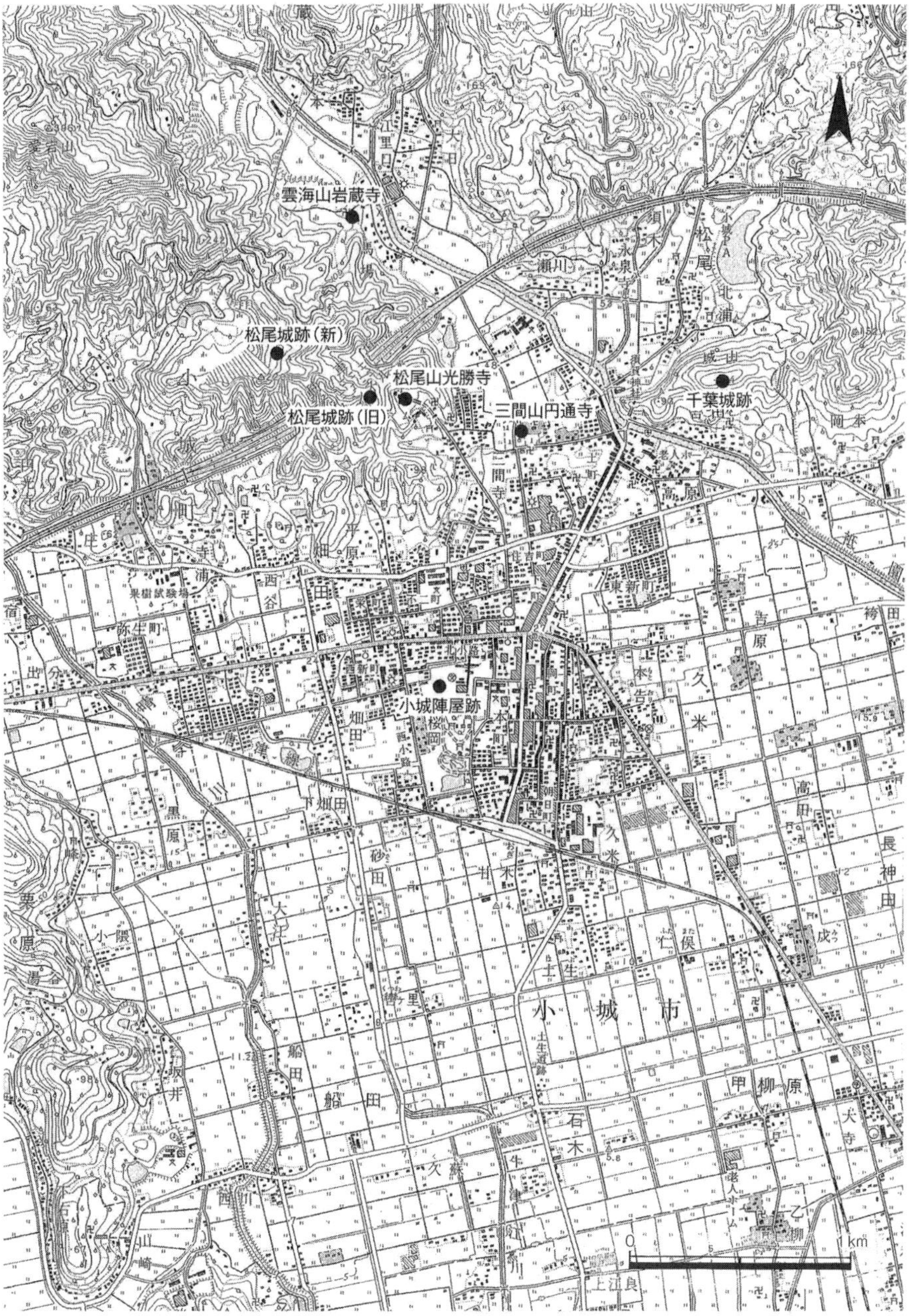

図1　松尾山光勝寺位置図

写真１　松尾山光勝寺本堂（右）と薬師堂（左）

一四世までは、中山法華経寺と両山一首の制度がとられており、千葉家のほかに檀信徒がなかったことなどから衰退していった。一五世になって専任の貫首を置き、日親が鎮西総導師職として下向したことによって松尾山光勝寺は中興されるとともに、激しい布教活動により松尾山の周辺はもとより、遠く博多、大分、熊本、長崎など九州一円に教線を拡張していくことになった［松尾山光勝寺 一九七八］。日親が教線を拡大していく一方で、領域内で日蓮宗以外の宗派の布教も容認・保護する政策をとった千葉胤鎮とは、友好的な関係ではなかったようである。

日親の布教活動以降、肥前国内でも中山門流の教線が拡大していったようで、「法華宗由緒」には一八世南陽院日乗以降、松尾山光勝寺の貫首は肥前国で出生した僧が務めたとある［佐賀県図 二〇一四］。

2　光勝寺石塔群の概要

松尾山光勝寺は標高約一五〇㍍を頂上とする丘陵部に位置し、三方を馬蹄型に囲まれている（図2）。石塔群が確認された地点は、本堂や親師堂などの裏手の斜面にあたり、標高約八五～九八㍍を測る。光勝寺一区として平成二六年（二〇一四）に実施した発掘調査では、一二〇〇点を超える石塔部材が出土し、原位置を留めている石塔部材だけでも約三八〇基分を数えた。

石塔は、丘陵斜面に七段にわたって造成された雛壇状の細長い平坦面に安置されていた。斜面の傾斜角は三〇～四〇度を測り、二㍍程度の高低差をもつ平坦面が南北九〇㍍にわたって延びている。法面などの崩落によって造成当初の奥行を保つ平坦面は少ないが、残存状況より各々二㍍程

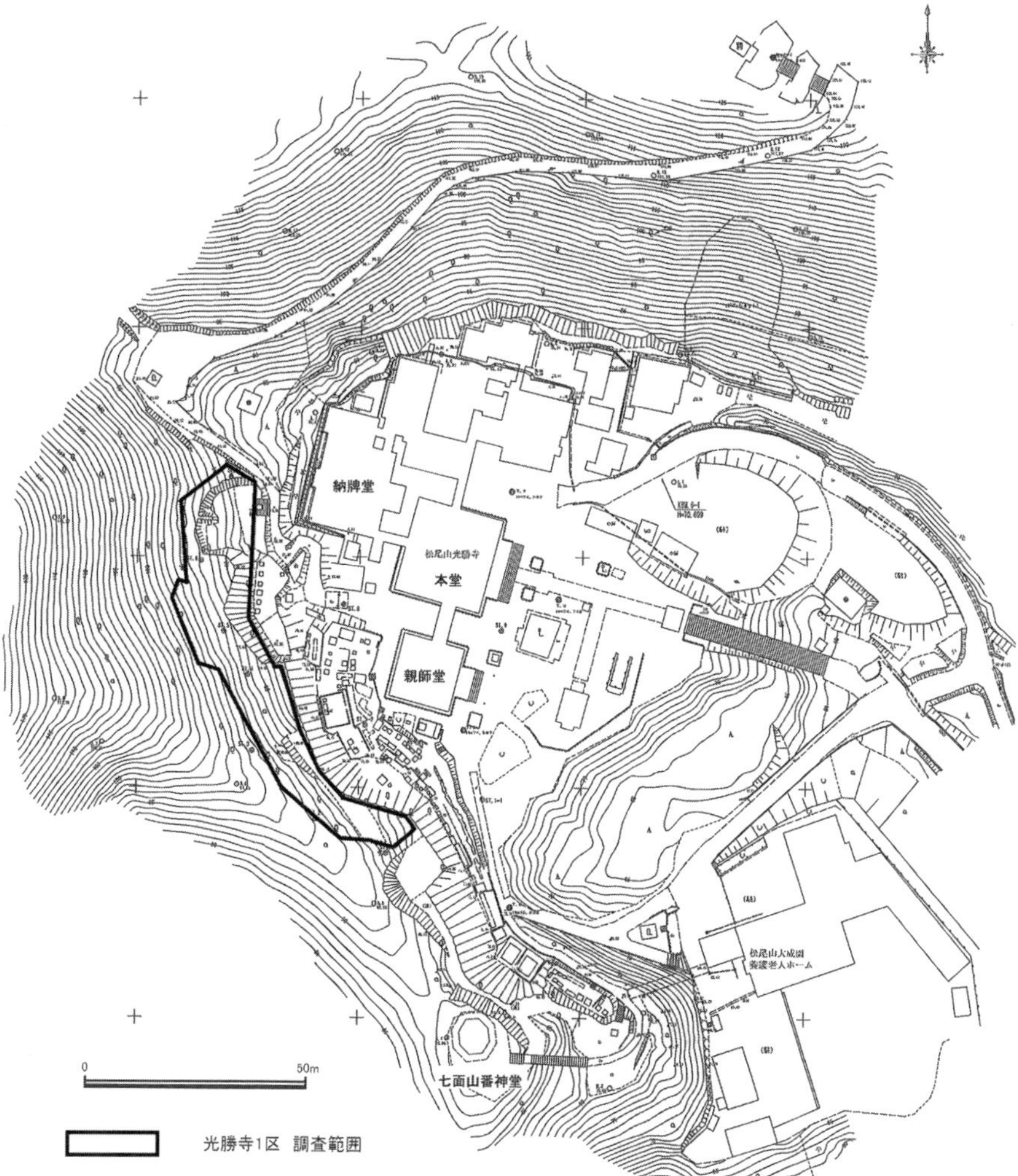

図２　光勝寺１区位置図

度の奥行があったと考えられる。斜面を背にして石塔を安置しても、人が通るには十分な空間が確保されていたと考えられる。

造立された石塔の種類は、板碑・五輪塔・宝篋印塔の大きく三種類に分類できるものであった。その分布状況は、五輪塔や宝篋印塔は調査区全域で確認できたが、板碑のうち有蓋類型板碑といわれる屋根を持つものは調査区南側の下段寄りに集中している。半数以上の石塔が下段や法面に崩落している状況であったが、五輪塔の地輪や宝篋印塔の基礎など、原位置を留めていた石塔部材の出土状況より、数基～数十基を一単位とした四〇以上のグループで構成されており、親族や家族などの何らかの単位ごとに配置されたと考えられる(図3)。

また、五輪塔と宝篋印塔を交互に配したグループや、宝篋印塔のみを造立したグループがあることから、施主の嗜好以外にも何かしらの制約があった可能性が指摘できる。過去に造立された石塔のうち、部材が崩落し原位置がわからなくなったものだろうか、五輪塔の火輪や地輪を石塔前面の供物台として転用したものも確認されている。

出土した石塔のうち最も大きなものは五輪塔で、高さ九〇《チセン》であった。板碑は高さ四〇《チセン》程度で、古い形態とされる背面が舟底状で丸味をおびたものも出土した。石塔を設置する場所や搬入の制約もあったためだろうか、石塔群を構成する石塔は大人が一人で運べる重さの部材が大部分を占めていた。石塔の大半は安山岩製であり、石材は小城地域やその周辺でも産出しているものである。

石塔には「南無妙法蓮華経」や「妙法蓮華経」という題目のほかに偈頌、造立趣旨や施主名、造立年月日等を刻んだものがあった。しかし、銘文が確認された石塔はわずかで、なおかつ、埋没資料にもかかわらず墨書の痕跡は確認されていない。証明することは難しいとしながらも、法号や供養日を記した紙を貼りつけるなど、直接墨書する以外の方法によって記された可能性が指摘されている［本間 二〇一六］。

光勝寺石塔群で出土した石塔部材のうち、約二〇点で造立年月日が確認された。このうち最も古いものは、調査区外に集積されており原位置などは不明であるが、応永二〇年(一四一三)銘の宝篋印塔の塔身である。このほかに、文明一四年(一四八二)、明応年間(一四九二～一五〇一年)、永正年間(一五〇四～一五二一年)、大永年間(一五二一～一五二七年)、元亀三年(一五七二)、天正三年(一五七五)銘などがある。

石塔研究によると、佐賀県における板碑の出現時期は一四世紀中頃と考えられている［志佐 二〇一〇］が、光勝寺における造立開始時期は明確ではない。しかし、出土した板碑には厚手のいわゆる肥前型板碑と呼称される古い形態のものがあることから、一四世紀中頃以降にはすでに石塔の造立が開始されていたと考えられる。一五世紀前半段階で

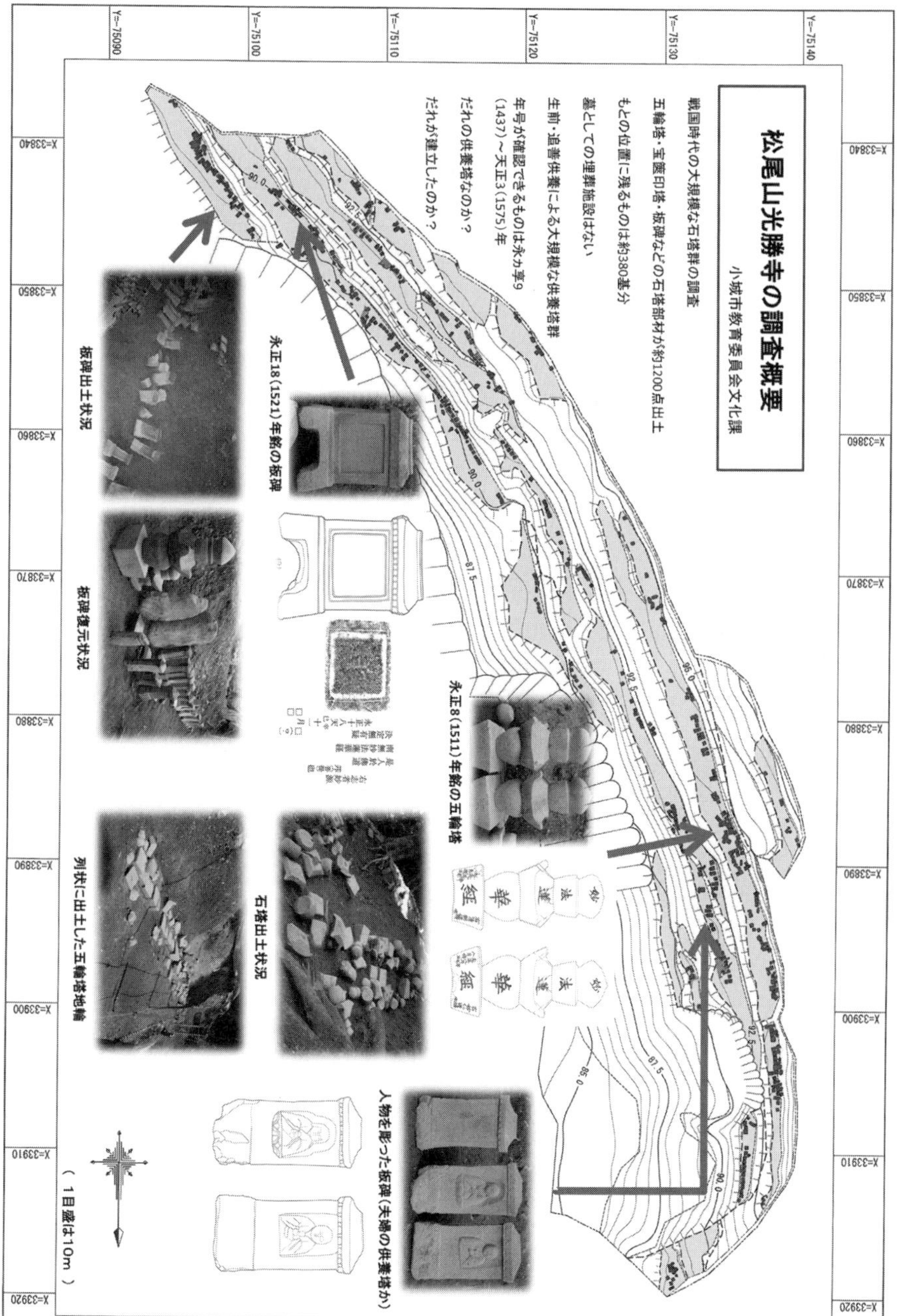
松尾山光勝寺の調査概要
小城市教育委員会文化課
戦国時代の大規模な石塔群の調査
五輪塔・宝篋印塔・板碑などの石塔部材が約1200点出土
もとの位置に残るものは約380基分
墓としての埋葬施設はない
生前・追善供養による大規模な供養塔群
年号が確認できるものは永享9(1437)～天正3(1575)年
だれの供養塔なのか？
永正18(1521)年銘の板碑
板碑出土状況
板碑復元状況
永正8(1511)年銘の五輪塔
石塔出土状況
列状に出土した五輪塔地輪
人物を彫った板碑(夫婦の供養塔か)
(1目盛は10m)

図3　光勝寺1区の調査概要（提供：小城市教委）

五輪塔や宝篋印塔が出現し、一六世紀初めには有蓋類型板碑といわれる屋根を持つ板碑が出現したという流れをみることができる(図4)。

光勝寺の発掘調査では、石塔の下部構造についても調査されているが、墓壙や蔵骨器などの埋葬施設は確認されていない。数少ない銘文には、生前供養を示す「逆修」や追善供養を趣旨とする文言は記されているが、埋葬を示すような文言は確認されなかった。埋葬施設を伴わず逆修供養や追善供養のために造立されたこれらの石塔群の性格は、供養塔としての性格が強いものになっている。いわゆる埋め墓と参り墓との関係をみてとることができる。

崩落によって散乱した石塔の周辺からは、石塔造立の際に用いられたと考えられる灯明皿や供献皿の土師器や洪武通宝といった銅銭も出土した。

3　石塔群を比較する

九州では多くの中世の石塔が確認されているが、光勝寺石塔群のような大規模な石塔群の調査例はそう多くはない。その中でも、大規模な石塔群の分布が宮崎県に集中していることは特筆される。ここでは宮崎県の二例をあげ、光勝寺石塔群との異同をみていくことにする。

宮崎市清武町で調査された山内石塔群は、元久二年(一二〇五)に創建されたと伝わる真言宗の勢田寺に造立されたもので、山腹から裾野にかけて五輪塔約四五〇基、板碑約八〇基が出土している。石塔に記された墨書銘で、最も古いものは応永二五年(一四一八)、最も新しいものは承応三年(一六五四)であるが、さらに古い特徴を持つ五輪塔も確認されている。発掘調査の結果、墓壙はなく蔵骨器が三基にとどまること、斜面に造成された平坦面を追加していくことで墓地を拡張した様相が確認されている[宮崎県教委一九八四]。

造立された石塔は、供養墓としての性格が強いことや、数基程度の単位でグループを形成している点は光勝寺と同じであるが、比較的に広い平坦面が造成されているところに違いが見られる。

現存する石塔群で最大規模を誇るものに、宮崎市大字浮田に所在する妙円寺跡石塔群がある。本勝寺境内の西側斜

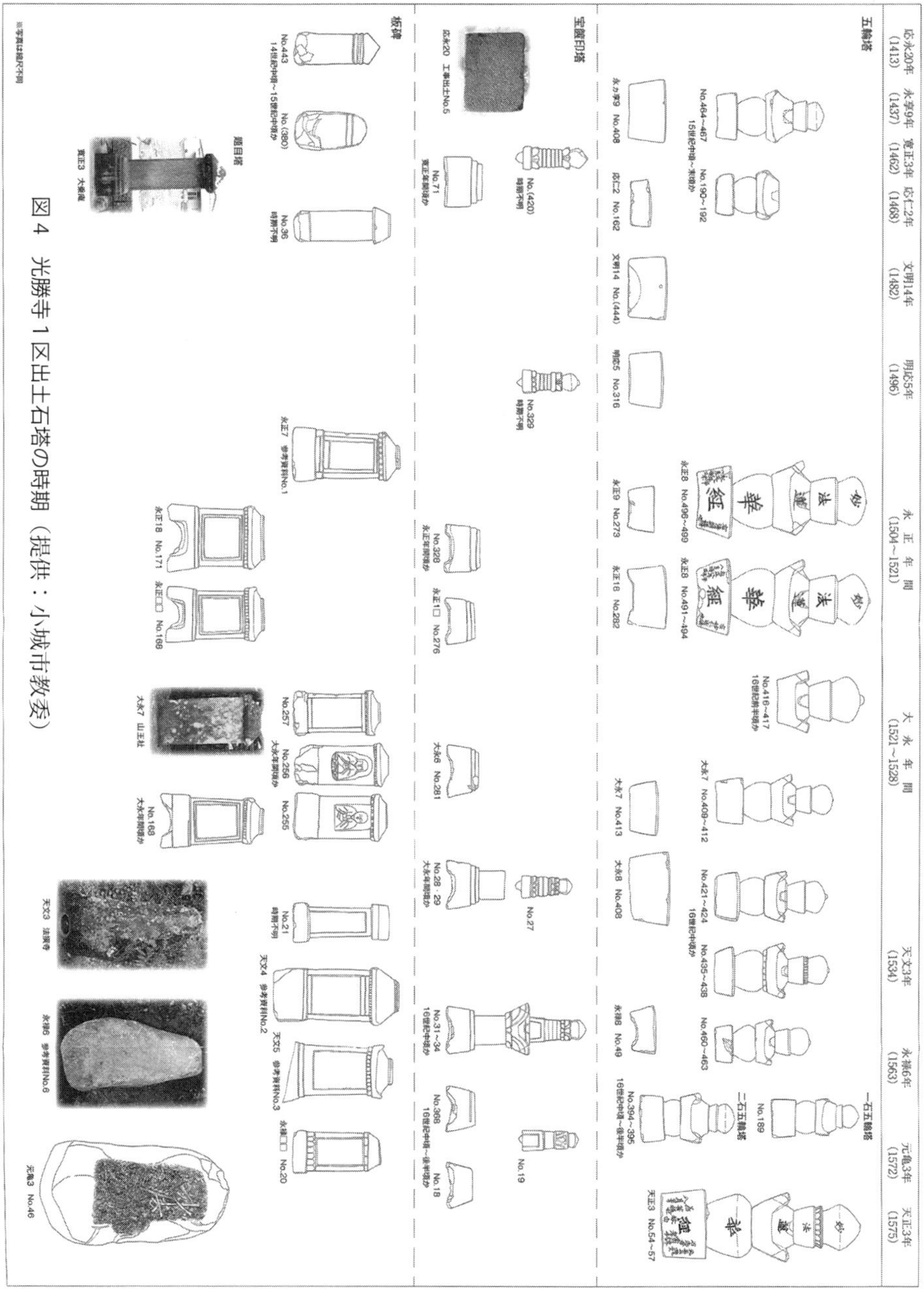

図4　光勝寺1区出土石塔の時期（提供：小城市教委）

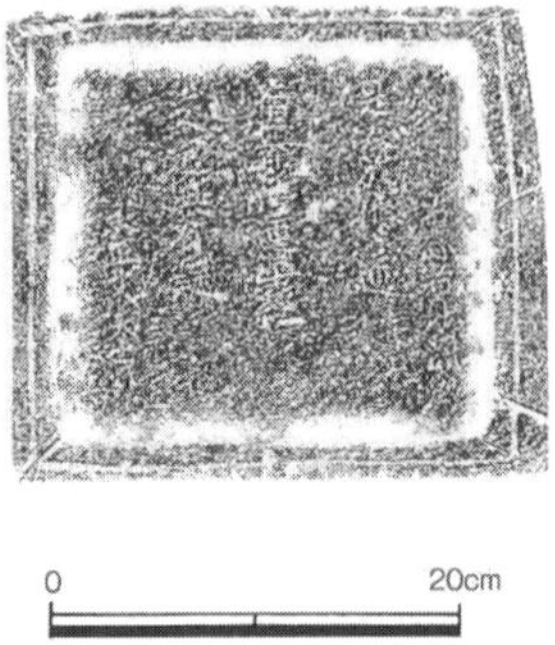

右志者妙源
卉也
是人於佛道
南無妙法蓮華経
決定無有疑
永正十八天辛巳十一月
□
□□

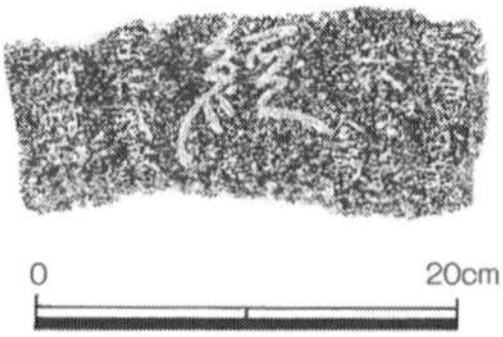

右爲不□
逆修　七分
全得
経
応仁弐天カ
□月時正カ

右志者
爲律師日忠
卉也
経
四月廿五日
大永七年丁亥

図5　逆修・菩提・律師と刻まれた石塔部材

面に階段状に造立されたこの石塔群は、昭和一一年(一九三六)に発掘され、一二〇〇基以上の五輪塔や板碑が確認されている。発掘後に現在の配置に改設されているため、埋葬施設の有無や出土状況等は明確ではないが、出土した石塔の多くに墨書や刻書による銘文が記され、その銘文からは僧俗の逆修供養や追善供養、富士門流の先師の供養を造立趣旨としたことが読み取れるほか、領主に関係する石塔も確認されている。紀年銘は南北朝末期以降のもので、最も古いものは貞治二年(一三六三)の板碑で、室町時代のものが四分の三を占めている。

光勝寺一区の発掘調査でも僧の階層を示す「律師」や、生前供養を示す「逆修」、追善供養を示す「菩提(異体字)」が記されている点で、僧俗の供養塔、逆修供養や追善供養を石塔の造立目的とした点に共通するものがある(図5)。また、斜面に帯状に延びる平坦面は階段状であり、地形的な制約がある中で計画的に平坦面を造成しているのも共通する。ただ、当時の領主に関係する石塔が確認されている点は異なり、光勝寺一区では千葉氏との関係を示す区画や石塔は確認されていない。

4　石塔製作集団の存在

光勝寺一区で出土した石塔の石材は安山岩で、佐賀県内でも産出することから、他所でも多くの石造物に用いられている。一方、五輪塔などの石塔には梵字を刻んだものは出土しておらず、日蓮宗特有の五字題目や七字題目が表わされていた。梵字ではなく題目が刻まれている点に日蓮宗の特色がみえるが、出土した石塔の形状は県内の他宗派でも確認されるものであり、日蓮宗で独自に発展した形態の石塔はない。光勝寺境内で石塔を加工した痕跡がないことや、規格性のある石塔が造立されていることなどから、地域の石工が宗派を問わず規格化して製作しておいた石塔を、光勝寺の斜面に搬入し造立した可能性が考えられる。

5　日蓮宗の教線拡大と石塔造立

なぜ光勝寺だけに大規模な供養塔群が存在するのか？佐賀県内では昭和五〇年代前後より大規模な圃場整備が行

われている。その際に出土した石塔部材は、近隣の神社の境内などに寄せられ安置されているが、光勝寺石塔群ほどの規模を想定できる数量ではない。

光勝寺に造立された石塔は、一五世紀中頃に急増しており、それは日親が鎮西総導師職として下向した時期以降にあたる。領主である千葉氏は、領域内で日蓮宗以外の宗派の布教も容認し保護する政策をとっていた。その中で日親が厳しい布教活動を行い、肥前における中山門流の立場を飛躍的に発展させたことによって［小城町史編 一九七四］、僧俗を問わず鎮西本山である松尾山光勝寺で供養を執り行う

図６　石塔部材出土状況

図７　永正八年銘有耳五輪塔復元状況

図８　人物を彫った板碑

意義が大きくなったと考えられる。出土した石塔の数からも、信仰の対象としての存在や光勝寺での供養の意義の大きさをものがたっていると思われる。

中世は日蓮宗以外でも、石塔の造立が盛んに行われている。しかし、小城市域はもとより佐賀県内でも光勝寺ほどの石塔群は確認されていない。紀年銘が記された石塔のみでも、一六〇年以上の時期幅がある光勝寺石塔群だが、調査区内で近世の石塔は出土していない。戦国時代末期をもって斜面部分での供養塔の造立は終焉を迎え、その後の墓域は斜面裾部の平坦面に移ったと考えられる。

近世以降、光勝寺での供養塔の造立はわずかになっていくが、民衆の日蓮宗への信仰が希薄になったわけではない。小城市内でも多くの日蓮宗寺院が存続し、鎮西本山として位置づけられた光勝寺は今もなお大きな存在となっている。

おわりに

松尾山光勝寺は、享保年中(一七一六〜三六)に一宇残らず焼失しており、寺院創建時期から江戸初期にかけての寺院の様子を示す史料などはほとんど伝わっていないが、後に編纂された『億師年譜』や『当山舊記控』、『法華宗由緒』等によって断片的にうかがい知ることができる。しかし、それらには光勝寺石塔群の存在を示すような記述は確認できない。

石塔群の最前列には、江戸時代以降に造立された光勝寺の歴代貫首や千葉胤貞の墓が安置されている。いつしか供養塔群の存在自体は忘れ去られていたのであろうが、歴代貫首や胤貞の墓前での拝礼をもって、背後に祀られていた供養塔群への奉拝にもなっていたのではないだろうか。

九州の梵鐘生産

大重 優花

1 中世の鋳物師組織

現存最古の紀年銘鐘である京都府妙心寺鐘は、「戊戌年四月十三日壬寅収糟屋評造春米連広国鋳鍾」銘より、文武天皇二年(六九八)に福岡県糟屋郡域で鋳造されたことがわかる。鐘身の大きさや形、鋳張りが酷似する兄弟鐘の福岡県太宰府市の観世音寺鐘にも「上三毛」(現・福岡県築上郡上毛町に比定)の線刻があり、ともに新羅系の軒丸瓦を思わせる蓮弁撞座や文様帯をもつ。

いっぽう、中世の梵鐘生産はどうだろう。梵鐘などの鋳物製品を手がけた中世の鋳物師組織の実像は、『中世鋳物師史料』の史料集成〔名大文学部国史研究室編 一九八二〕をはじめ、網野善彦・笹本正治などの文献史学が明らかにしている〔網野 一九八四、笹本 一九九六など〕。まずは、先学の研究に学びながら、九州に限定せず鋳物師の歴史を振り返ろう。

鋳物師の歴史 古代では国家が鋳物師を支配していた。『養老令』によると、大蔵省に鋳物師が所属する官営工房の典鋳司《てんちゅうし》が置かれた。弘仁元年(八一〇)に設置された蔵人所に鋳物師がいたことを示す史料は、承暦三年(一〇七九)以前まで下るものの(真継家文書)、鋳物師が蔵人所の所管に入る時期を網野は一〇世紀とみている〔網野 一九八四〕。位階をもつ古代の鋳物師らは、国家事業である朝廷の内裏や各国の寺社造営・修理に携わる専門の技術者集団であった。

ところが、古代の律令制が解体する一一〜一二世紀に荘園公領制が展開し始めると、鋳物師は蔵人所を中心とした

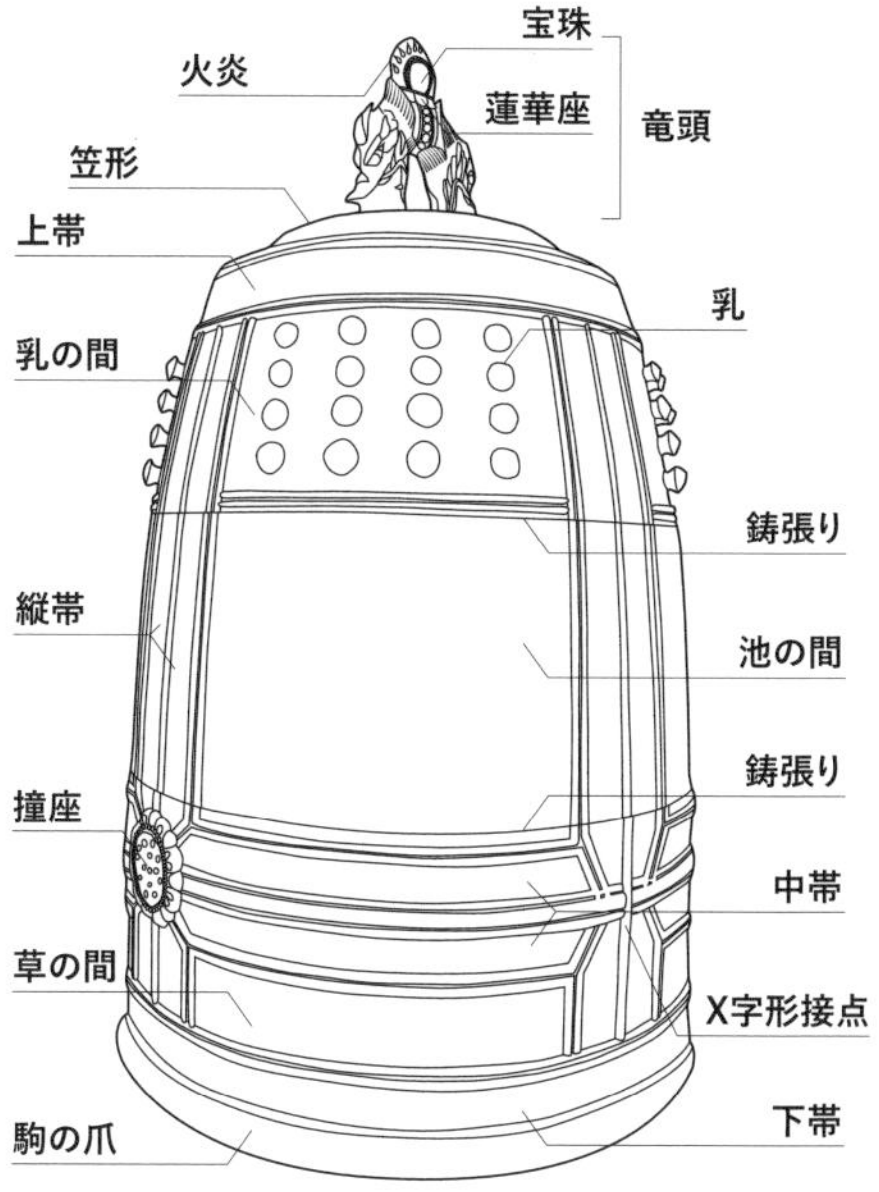

図1　梵鐘の各部名称

がら荘園領主である諸権門(天皇家・摂関家・大寺社)のもとで新たな形に編成された。永万元年(一一六五)に蔵人所小舎人の惟宗《これむね》兼宗《かねむね》は、河内国日置《ひき》荘(現・大阪府堺市)の鋳物師を中心に天皇家に専属して諸物を献上する供御人として「蔵人所燈炉以下鉄器物供御人〈右方作手〉」を組織化した。

　日置荘の鋳物師たちは、日置荘の本所である興福寺に所当官物の年貢を納めるほかは諸役＝雑役は免除となり、諸国七道・京中市町、和泉・河内両国の市津往来の自由(狼藉停止と関税免除)が認められた。右方作手は、惟宗兼宗のもとで番に編成され、朝廷と本所興福寺への貢納義務に対する反対給付として特権を手に入れた。網野は、兼宗と日置荘鋳物師の間にはすでに「便宜の家人」といわれるような私的な縁が結ばれていて、下級官人であった兼宗が供御人を率いる立場(燈籠《とうろう》供御《くご》人《にん》年預《ねんよ》)にたって、より広範囲の鋳物師を把握する道を開いたと指摘する。

　兼宗による右方作手とは別に、広階忠光《ただみつ》が中心となって河内・和泉に住む有力鋳物師を「廻船鋳物師〈左方作手〉」として組織化したのが仁安三年(一一六八)である。廻船鋳物師は右方作手とは性格を若干異にしており、廻船に鍋釜などの鉄製品のほか穀物・絹布などの品々を載せ、瀬戸内海航路を使って広い範囲の交易活動を展開していたのではないかと網野は指摘する。

　右方・左方の作手のほかにも、治承四年(一一八〇)、平氏による南都焼き討ちで東大寺大仏が焼失すると、寿永三年(一一八四)までに重源が大仏再鋳のための〈東大寺鋳物師〉を組織化した。畿内以外にも北部九州では、古代の大宰府に属した鋳造工人の系譜をひく独自の鋳物師組織〈鎮西鋳物師〉が一二世紀段階には活動していた。これら一二世紀後半までに成立した鋳物師組織は、課役免除の特権だけでなく諸国往反の自由が与えられ、諸国に向けて鋳物製品を売りさばき、あるいは注文主のもとへの出張製作（出吹き）による権益が認められたと考えられる。

鎌倉時代になると、こうした鋳物師組織は既得権をめぐって激しく競合し始め、複雑な様相をみせた。天皇―蔵人所の所管する供御人としての諸国往来の自由は、幕府が諸国に配した守護・地頭による妨げを受け徐々に活動範囲が狭められた。さらに本供御人・惣官の統制を離れて活動する供御人＝鋳物師、鎮西鋳物師のように大宰府が惣官職を把握するなど自立化の動きも起きた。とりわけ、建長四年（一二五二）の鎌倉大仏の鋳造が大きな画期になって鋳物師らの関東移住が起こるなど、かつての鋳物師組織の体制は大きくゆらぎ始めた。

鋳物師の在地への移住・定着がさらに加速したのは、蒙古襲来前後の御家人の西遷と全国的な寺社興行であった。鎌倉時代末から南北朝内乱による政治的・社会的な混乱が巻き起こると、鋳物師は諸国の国府近傍の寺社門前に定着し始めた。鋳物師は寺社を庇護する守護の支配下に入って活動したため、南北朝時代の九州の梵鐘数は鎌倉時代の四倍以上に増えた［坪井 一九七〇］。ちなみに、諸国の自由通行権を保証した蔵人所牒は、暦応五年（一三四二）を最後に消えた。牒の消滅とは天皇家・蔵人所による交通路の支配が実質を失いつつあり、通行許可書としての蔵人所牒が無意味になろうとしていた、と網野は指摘する。

室町時代になると、守護大名の領国支配に活路を見出した鋳物師らは、畿内の鋳物師であっても在地の鋳物師との協業や婚姻などで次第に土着の傾向を強めた。鋳物師の活動は守護領内での自由は認められたので、とりわけ複数の国を支配する有力守護大名の庇護をうけた鋳物師組織であれば、数か国にまたがる市場を独占でき、組織自体も大規模化した。たとえば、室町時代前半の北部九州では梵鐘数が急激に伸び、中央鋳物師に劣らない技量と経営規模を示す［坪井 一九七〇］。筑前・豊前国は大内氏、豊後国は大友氏が守護職を得ていた頃である。

下野・武蔵や越中・能登などの各地の鋳物師は、その由緒を河内鋳物師に求める傾向にあり、それは畿内の鋳物師を中心にした〈右方作手〉〈左方作手〉〈東大寺鋳物師〉の移住・定着に起因すると思われる。いっぽう北部九州では、独自の伝統をもつ地方組織〈鎮西鋳物師〉があり、他の地方とは異なるものの、河内鋳物師の移住・定着の痕跡が認められる。

図2　梵鐘・大型製品鋳造遺跡（五十川 2016 を参考に作成）

2　鋳造遺跡と材料の確保

大まかに鋳物師の歴史を振り返ってみたが、考古学の成果をもとに鋳造遺跡も紹介しておきたい。古代の梵鐘鋳造遺跡は、寺社の境内地や近接地に多く、出吹きの可能性が高いとされる（図2の福岡市箱崎遺跡や大分市豊後国分寺跡など）。また、同一地点内で銅と鉄の両方を鋳造した痕跡が乏しいのも特徴である。五十川伸矢は、古代の鋳物生産では銅製の梵鐘や仏像を作る鋳物師と、鉄製の鍋釜を作る鋳物師とは別々に活動したと指摘する［五十川 二〇一六］。

いっぽう、中世の鋳造遺跡は、河川の河口周辺に立地するものが多い（図2の福岡県遠賀郡芦屋町金屋遺跡や福岡県北九州市室町遺跡など)。材料の銅鉄地金や製品の流通に加え、鋳型の製作に必要な良質な鋳物砂が採取できる場所に鋳物師は本貫を構えた。また、太宰府市の鉾ノ浦遺跡などの大規模鋳造遺跡では、梵鐘などの銅製品と鍋釜・農具類の鉄製品の鋳型が一緒に出土している。中世では銅鉄兼業の生産体制もあったとする指摘がある[五十川 二〇一六]。

梵鐘作りに必要な原材料の銅は、どのように入手していたのだろう。古代の鉱山の一つである福岡県田川郡の香春岳採銅所で採取された銅は、宇佐神宮の銅鏡や銅板経、経筒などに用いられた。また、山口県美祢市長登銅山の銅も、皇朝十二銭や東大寺大仏などに用いられるなど、古代は産銅が盛んだった。しかし、平安後期になると銅生産を裏付ける史料はほぼ消え、鎌倉時代は摂津国採銅所(現・大阪府豊能郡に比定)の記述のみとなる。中央政府の銭貨発行中止、金銅仏の小型化、地方での梵鐘鋳造の激減など銅を多量に使用した例は少なくなっていく。

いっぽう、銅製の中国銭は地金として広く利用された[佐々木 二〇〇二]。鎌倉鶴岡八幡宮五大堂鐘(『吾妻鏡』嘉禎元年六月条)や広島県厳島神社鐘(『鎌倉遺文』補一四四〇号)、熊本市大慈寺鐘の「用銭三百余十貫文」、熊本県山鹿市日輪寺鐘の「銅銭百貫文以鋳之」などの史料が残るので確かである。鉛同位体比法分析の結果をみても、一三〜一五世紀までの梵鐘などの銅製品は日本産材料が確認できず、中国華南産の材料を使ったこともわかっている[西田・平尾 二〇一二]。

長登銅山は一〇世紀末に一旦廃絶した後、一五世紀前半に生産を再開した(『美東町史』)。その背景には、使用する銅鉱石の変化が考えられる。古代では製錬が簡単な酸化銅を利用したが埋蔵量が少ないため枯渇し、比較的埋蔵量が多い硫化銅は当時の未熟な技術では製錬できなかった。その間、中国銭(宋銭)がこの不足を補ったと考えられる[飯沼 二〇〇八]。

以上の鋳物師と鋳造遺跡をめぐる基本的な動向を踏まえて、九州の鋳物師が残した作例を紹介しよう。

3　九州の鋳物師組織

梵鐘研究の大家・坪井良平によると、九州には筑前芦屋、

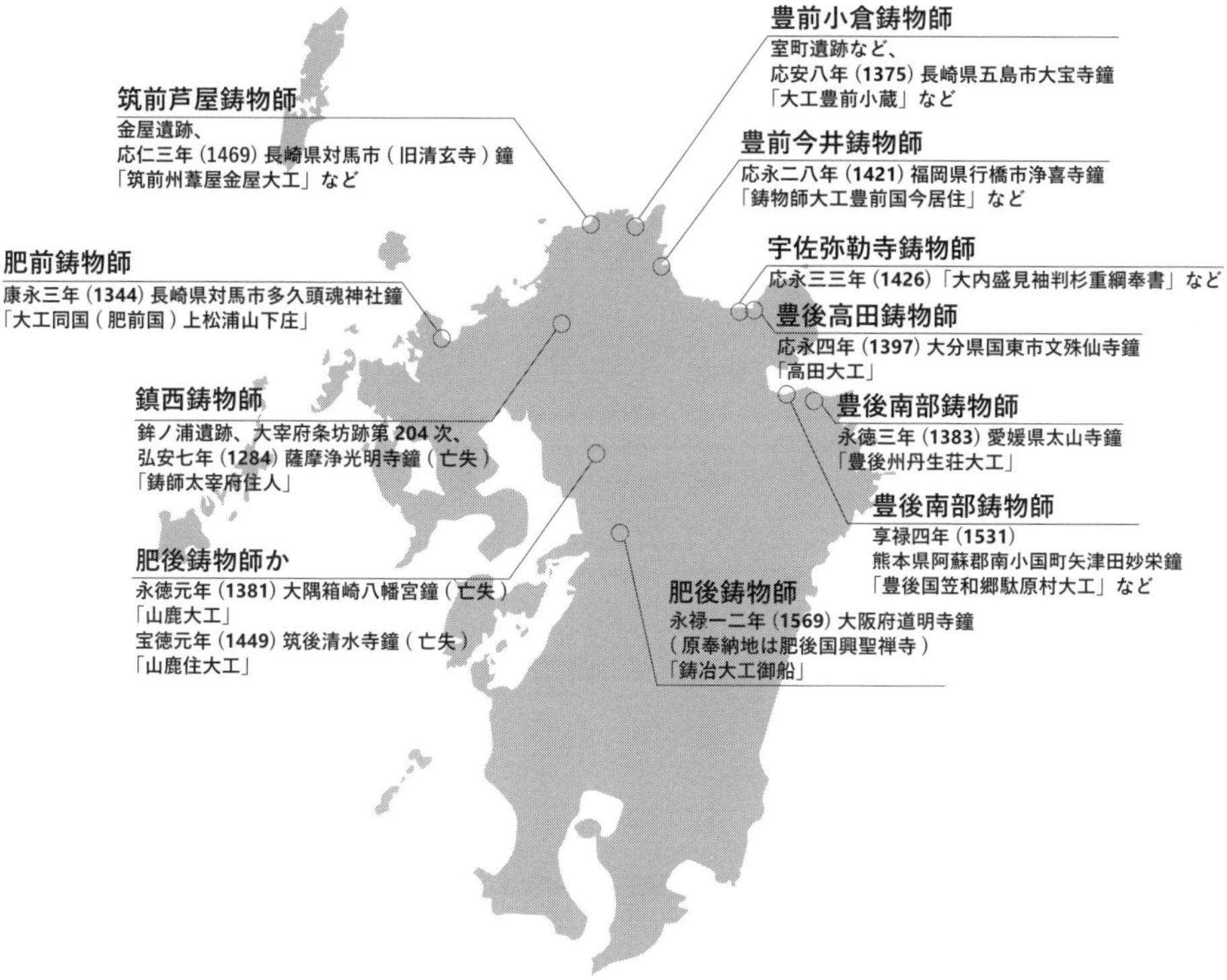
豊前小倉鋳物師
室町遺跡など、
応安八年（1375）長崎県五島市大宝寺鐘
「大工豊前小蔵」など
筑前芦屋鋳物師
金屋遺跡、
応仁三年（1469）長崎県対馬市（旧清玄寺）鐘
「筑前州葦屋金屋大工」など
豊前今井鋳物師
応永二八年（1421）福岡県行橋市浄喜寺鐘
「鋳物師大工豊前国今居住」など
宇佐弥勒寺鋳物師
応永三三年（1426）「大内盛見袖判杉重綱奉書」など
肥前鋳物師
康永三年（1344）長崎県対馬市多久頭魂神社鐘
「大工同国（肥前国）上松浦山下庄」
豊後高田鋳物師
応永四年（1397）大分県国東市文殊仙寺鐘
「高田大工」
鎮西鋳物師
鉾ノ浦遺跡、大宰府条坊跡第204次、
弘安七年（1284）薩摩浄光明寺鐘（亡失）
「鋳師太宰府住人」
豊後南部鋳物師
永徳三年（1383）愛媛県太山寺鐘
「豊後州丹生荘大工」
豊後南部鋳物師
享禄四年（1531）
熊本県阿蘇郡南小国町矢津田妙栄鐘
「豊後国笠和郷駄原村大工」など
肥後鋳物師か
永徳元年（1381）大隅箱崎八幡宮鐘（亡失）
「山鹿大工」
宝徳元年（1449）筑後清水寺鐘（亡失）
「山鹿住大工」
肥後鋳物師
永禄一二年（1569）大阪府道明寺鐘
（原奉納地は肥後国興聖禅寺）
「鋳冶大工御船」

図3　九州鋳物師組織の推定本貫地

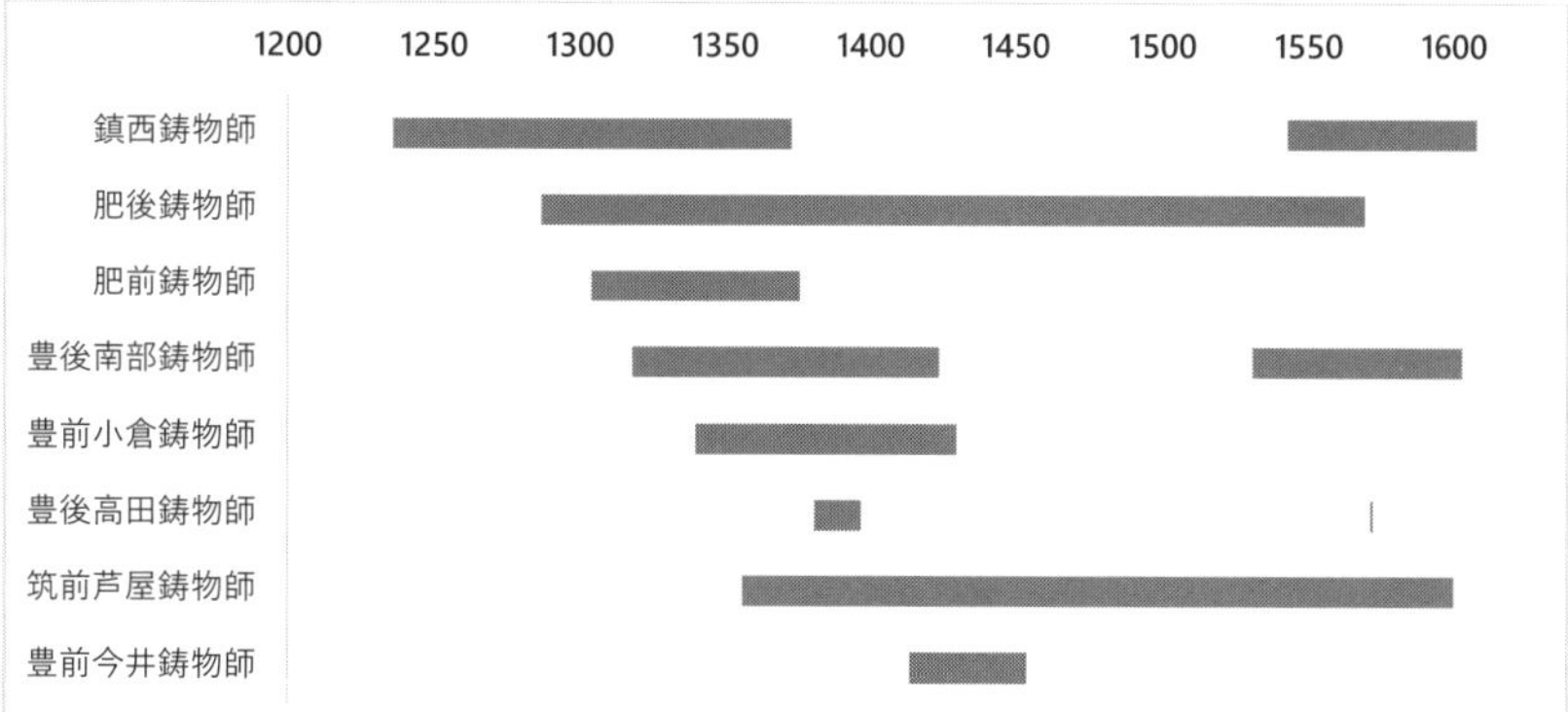
1200
1250
1300
1350
1400
1450
1500
1550
1600
鎮西鋳物師
肥後鋳物師
肥前鋳物師
豊後南部鋳物師
豊前小倉鋳物師
豊後高田鋳物師
筑前芦屋鋳物師
豊前今井鋳物師

図4　九州鋳物師組織の変遷図（西村1987を参考に作成）

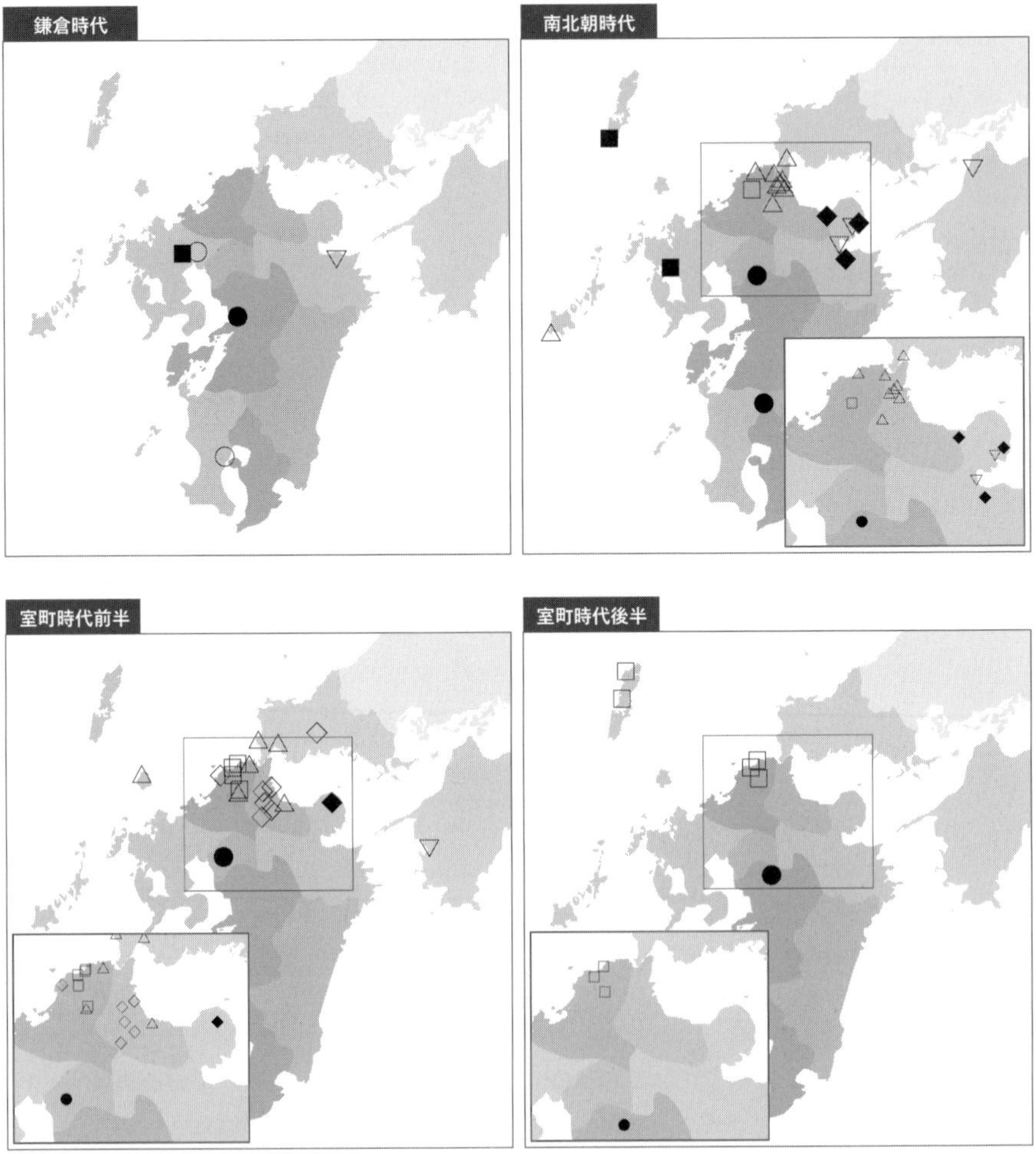

時期区分

鎌倉時代	1185 年～ 1330 年
南北朝時代	1331 年～ 1393 年
室町時代前半	1394 年～ 1466 年
室町時代後半	1467 年～ 1503 年
戦国時代	1504 年～ 1572 年
織豊時代	1573 年～ 1615 年

○ 鎮西鋳物師　　△ 豊前小倉鋳物師
● 肥後鋳物師　　◆ 豊後高田鋳物師
■ 肥前鋳物師　　□ 筑前芦屋鋳物師
▽ 豊後南部鋳物師　　◇ 豊前今井鋳物師

※原奉納地不明のもの、原奉納地が九州・山口・四国ではないものは明記していない。

図 5　梵鐘・鰐口原奉納地分布図 1

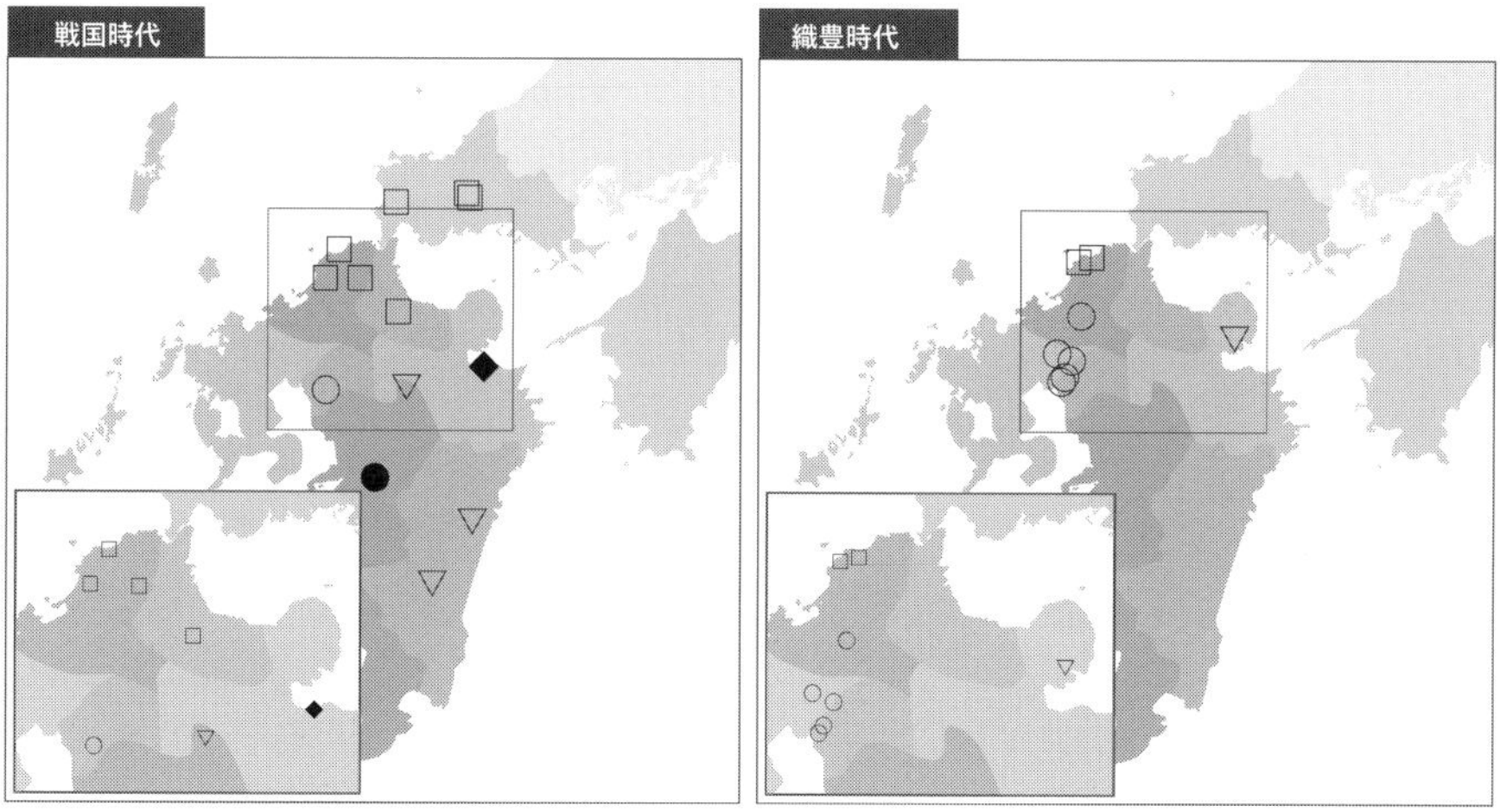

図5　梵鐘・鰐口原奉納地分布図2

豊前小倉・今井、豊後高田・南部、肥前、肥後に梵鐘を製作した鋳物師組織があった（図3・4）［坪井 一九七〇］。日向・大隅・薩摩には、在地の鋳物師が作った中世の梵鐘は見出せず、他国の鋳物師の製品だけが記録に残る（図5）。

〈鎮西鋳物師〉は、大宰府を拠点にしたと考えられている。鉾ノ浦遺跡では、梵鐘鋳造土坑や鋳型が出土し、建物が何度も建て替えられた遺構から、恒常的な鋳物工房と評価されている（図2）［山本・狭川 一九八七］。また、平井家文書・阿蘇品家文書［阿蘇品 一九七二］といった鋳物師家文書も伝来するなど、間違いなく大宰府にも鋳物師の本貫があった（図3）。大宰府以外でも、福岡県うきは市小路遺跡で梵鐘鋳造土坑や鋳型が出土し、筑後にも鋳物師組織が活動していた可能性がある（図2）。

①鎮西鋳物師　鎮西鋳物師の初見史料は、嘉禎二年（一二三六）一〇月七日付け北条重時発給の「六波羅施行状写」である（阿蘇品家文書『鎌倉遺文』五〇五九号）。

図6の鉾ノ浦遺跡出土の撞座復元図［山本・狭川 一九八七］をみると、中央に一つ、周囲に八つの蓮子を含む八花形の中房に、一二個の子葉を含む複弁の闘弁四葉を四五度ずらし

て二枚重ねて八葉に見せる。このような蓮華文は丹治姓をはじめ河内鋳物師にみられる特徴である（図7）［坪井 一九七〇］。丹治姓鋳物師の九州での拠点が大宰府に置かれていたことは、弘安七年（一二八四）銘の薩摩浄光明寺鐘（亡失）の「鋳師太宰府住人丹治恒頼」からも明らかである。

残念ながらその後の鎮西鋳物師の作例は現存せず、その実態を明らかにすることはできないが、時代は下って一六世紀末になると、鋳物師の活動がようやくみえてくる。太宰府市の五条周辺に寺社に付属した商工業の特権的団体「六座」が成立した（平井家文書）。その一つが鋳物座で、文禄元年（一五九二）には「鋳物屋平井与作」の名がみえる（高嶋家文書）［太宰府市 二〇〇四］。太宰府の鋳物師平井氏の唯一の現存品は、慶長五年（一六〇〇）の太宰府天満宮鰐口である。西村強三は、天文一二年（一五四三）筑前宝泉寺鐘や、天正三年（一五七五）肥前櫛田神社鐘、慶長一二年筑後大善寺玉垂宮鰐口も平井氏の製作だとする［西村 一九七八］。ただし、玉垂宮鰐口の銘では「作者瀬高上庄住平井惣兵衛尉平朝臣政朝」とあり、この平井氏は瀬高（現・福岡県みやま市）の住人である。慶長年間以降、柳川城の擬宝珠や福岡県柳川市東照寺鰐口をはじめ、瀬高の鋳物師としての平井氏の作品が多く残る。『福岡県史』によると、平井氏は天正一四年頃に八女市福島町、筑後市羽犬塚、瀬高町に

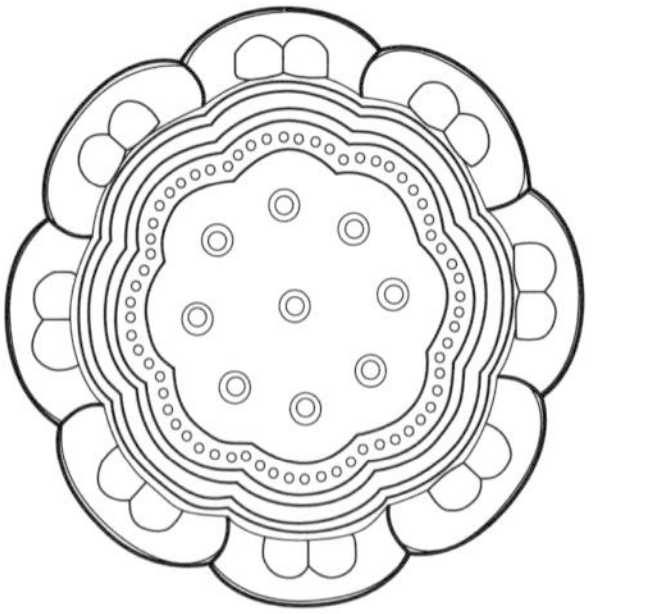

図6　鉾ノ浦遺跡出土の撞座復元図
（山本・狭川 1987 を再トレース）

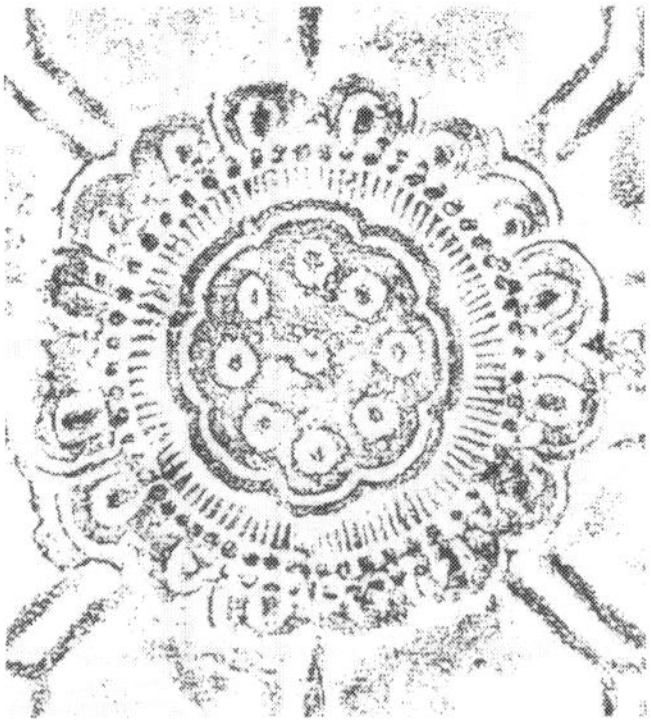

丹治久友作・東大寺真言院鐘撞座
文永元年（1264）銘

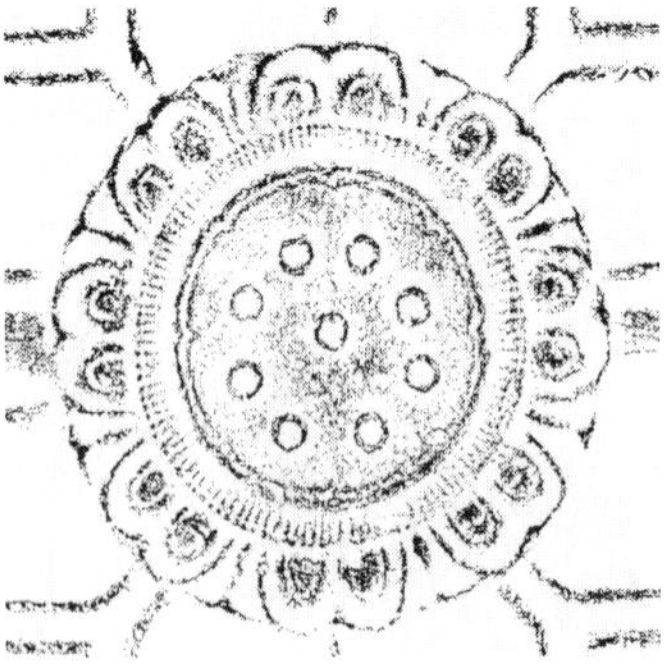

丹治国則作・菅山寺鐘撞座
建治３年（1277）銘

図７　丹治姓鋳物師の撞座例
（杉山他編 1993）

移住したという[福岡県 一九六五]。上妻郡(現・八女市、筑後市など)平井家に関する史料が、慶長七年平井忠三郎宛の「田中兵部太夫印判状」である(平井家文書)。これには「筑前国鋳物師大炊介の子孫」である平井忠三郎を鋳物師として五一石余で永代召抱え、福島城下に屋敷を与えるとある。慶長五年の太宰府天満宮鰐口には「九州総官大工平井大炊助藤原種重」の銘があり、「平井大炊助」=「大炊介」とすると、上妻郡平井家は筑前平井家の一流であると田渕義樹は指摘する[田渕 二〇〇五]。

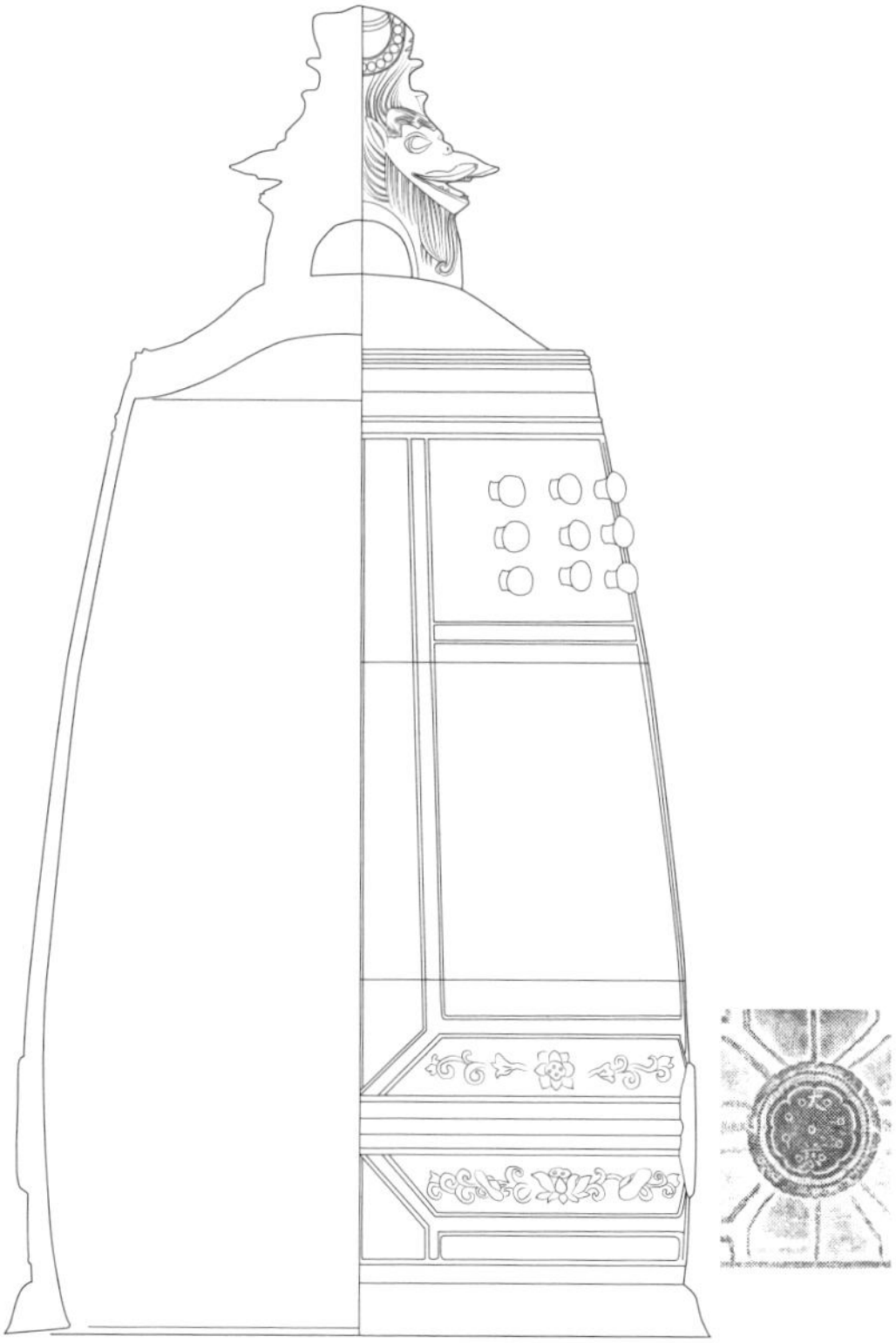

図8 大慈寺鐘
(杉山他編 1993 を再トレース一部改変)

②肥後鋳物師 本貫が判明している中世最古の九州の現存鐘は、肥後鋳物師の作である。熊本市大慈寺鐘には、弘安一〇年(一二八七)の銘があり「皇帝万歳、大将千年」という宋風の吉祥句をもつ。銘文を撰した開山の寒巌義尹が道元の弟子となり入宋した経歴があったからであろう[坪井 一九七〇]。この鐘の鋳物師は「大春日国正」で、河内国に由緒をもつ。撞座は中房に「大慈」の字を刻む点以外は河内鋳物師の特徴を有する。しかし、河内鋳物師をはじめ一般の竜頭が、竜首は下向きで茎部を噛むように表現するのに対し、この鐘の竜首は左右の頭部が密接する。また、下帯を廃する点も型破りといえる(図8)。「肥後式」とよばれるこの鐘は、地元の小工一八人が中心となり鋳鐘したものとされる[坪井 一九七〇]。

永徳元年(一三八一)銘の大隅箱崎八幡宮鐘(亡失)には「山鹿大工秀重」、宝徳元年(一四四九)銘の筑後清水寺鐘(亡失)には「山鹿住大工藤原則重」

とある。かつては芦屋鋳物師とされたが〔坪井 一九七〇・一九七四〕、奉納された寺社の所在地から判断すると、芦屋鋳物師の可能性は低い(図5)。この「山鹿」は芦屋の対岸一帯を指す地名ではなく、現在の熊本県山鹿市であろう。これら二口は、肥後鋳物師作とされる正平一三年(一三五八)銘の山鹿市日輪寺鐘の「藤原頼重」とも「重」を通字にもつので、肥後鋳物師であると推測する。

③肥前鋳物師　肥前鋳物師の梵鐘は、①竜頭の宝珠の隙間や火炎に透かしをもつ、②乳先端に突起がある、③駒の爪が二段、という特徴をもつ〔坪井 一九七〇〕。このうち③は北部九州の梵鐘に広くみられ、②は鉾ノ浦遺跡出土の鋳型にもみえるが、①は非常に手の込んだ作り方で他に類例がない。肥前鋳物師の特徴がひと目でわかるメルクマールである(図9)。

図9　肥前鋳物師竜頭（大通寺鐘）

代表例は、康永三年(一三四四)銘の長崎県対馬市にある多久頭魂《たくずたま》神社鐘である。同鐘に「同国(肥前国)上松浦山下庄」(現・佐賀県唐津市に比定)の銘があったことから、上記三つの特徴をもつ梵鐘を製作する鋳物師組織が肥前にいたことが明らかになった〔坪井 一九七〇〕。

先述のように、鎌倉・南北朝時代の鋳物師は諸国往反自由の特権を与えられて広域に活動したが、室町時代以降になると国や地域単位での活動が中心となり、鋳物製品の原奉納地は本貫の周辺に多くなる。ところが、肥前鋳物師の場合、一口だけ若狭国遠敷郡(現・福井県小浜市)の多田寺に鐘を奉納した。同鐘は①②の特徴を持つため、肥前鋳物師の製作とされる〔坪井 一九七〇〕。尾形善郎は、嘉元二年(一三〇四)銘の島根県宝照院鐘(原奉納地は佐賀県杵島郡禅定寺)の施入者である大檀那の「源知」が松浦党の一人であると指摘する〔尾形 一九八四〕。若狭国多田寺のような本貫から離れた遠隔地への奉納にも、松浦党が関与していたのではないだろうか。

④豊後南部鋳物師　豊後南部鋳物師の梵鐘の特徴は、①竜頭と撞座の配置が古式(図10)、②竜頭の宝珠を品字形に配

置、③縦帯左右の各二条の紐の上帯に接する部分が緩く曲線を描く点である(図11)。竜頭と撞座の配置は鎌倉時代中期以降はほぼ新式で、①は全国的にも珍しい[坪井 一九七〇]。

永徳三年(一三八三)銘の愛媛県太山寺鐘に「豊後州丹生荘」、享禄四年(一五三一)銘の熊本県阿蘇郡南小国町矢津田妙栄鐘に「豊後国笠和郷駄原村」とそれぞれ銘があることから、豊後南部鋳物師は一四世紀後半から一六世紀前半までに丹生荘から駄原(どちらも現・大分市)へ移住したとされる[坪井 一九七〇]。大友氏の館跡がある大分川流域とは川筋が一本異なるが、丹生荘には大友氏菩提寺の大恵寺(廃寺)があり、応永年間頃には大恵寺のある大野川下流域も大友氏領国内であった[富来 一九五五]。また、駄原の地名は、永徳三年の「大友親世當知行所領所職等注進状案」が初見で、大友氏の支配下にあった[大分県教委編 一九七四]。

大分県内にある豊後南部鋳物師の梵鐘三口は、すべて大友氏関連の臨済宗寺院にあり、大友氏の庇護下にあったと

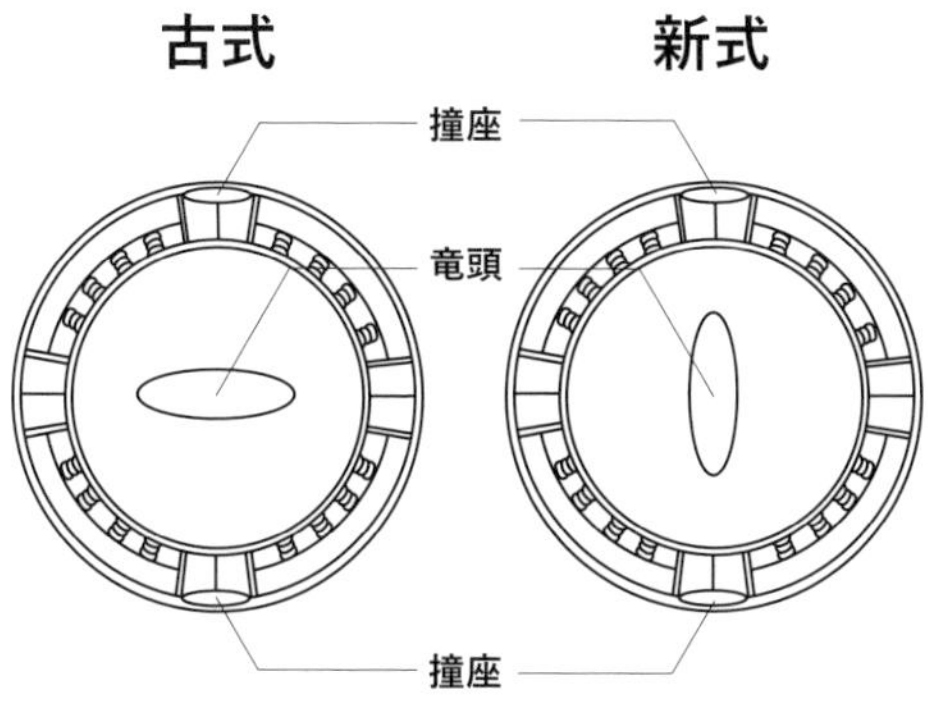

図10　竜頭の方向と撞座の配置
(坪井 1970 を再トレース)

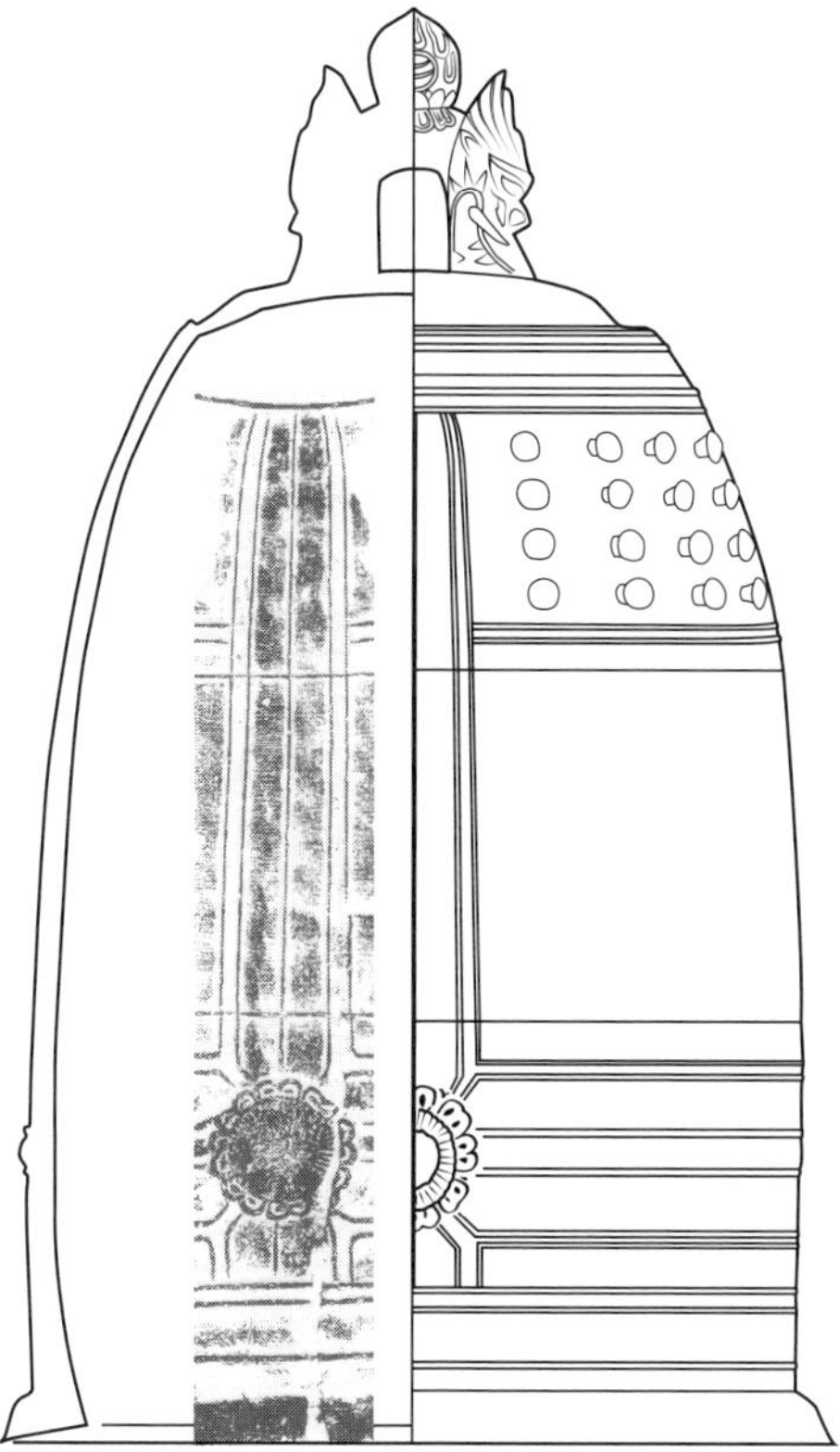
図11　豊後南部鋳物師梵鐘(横倉神社鐘)
(杉山他編 1993 を再トレース)

考えられる。

⑤**豊前小倉鋳物師**　小倉鋳物師の梵鐘の特徴は、竜頭の蓮華座下部左右の透かしにある。この特徴をもつ梵鐘は、一四世紀中頃から一五世紀中頃まで、豊前をはじめ筑前の一部や長門沿岸地域に広く分布する（図5）［坪井 一九七〇］。

長崎県五島市の大宝寺鐘銘には、応安八年（一三七五）に播磨多賀郡の西林寺（現・兵庫県西脇市）の僧が小倉鋳物師藤原顕宗に鋳造させ奉納したとある。有川宜博は、五島列島から九州北岸を経て瀬戸内海に通じる海上交通路がうかがえるとする［有川 一九九三］。

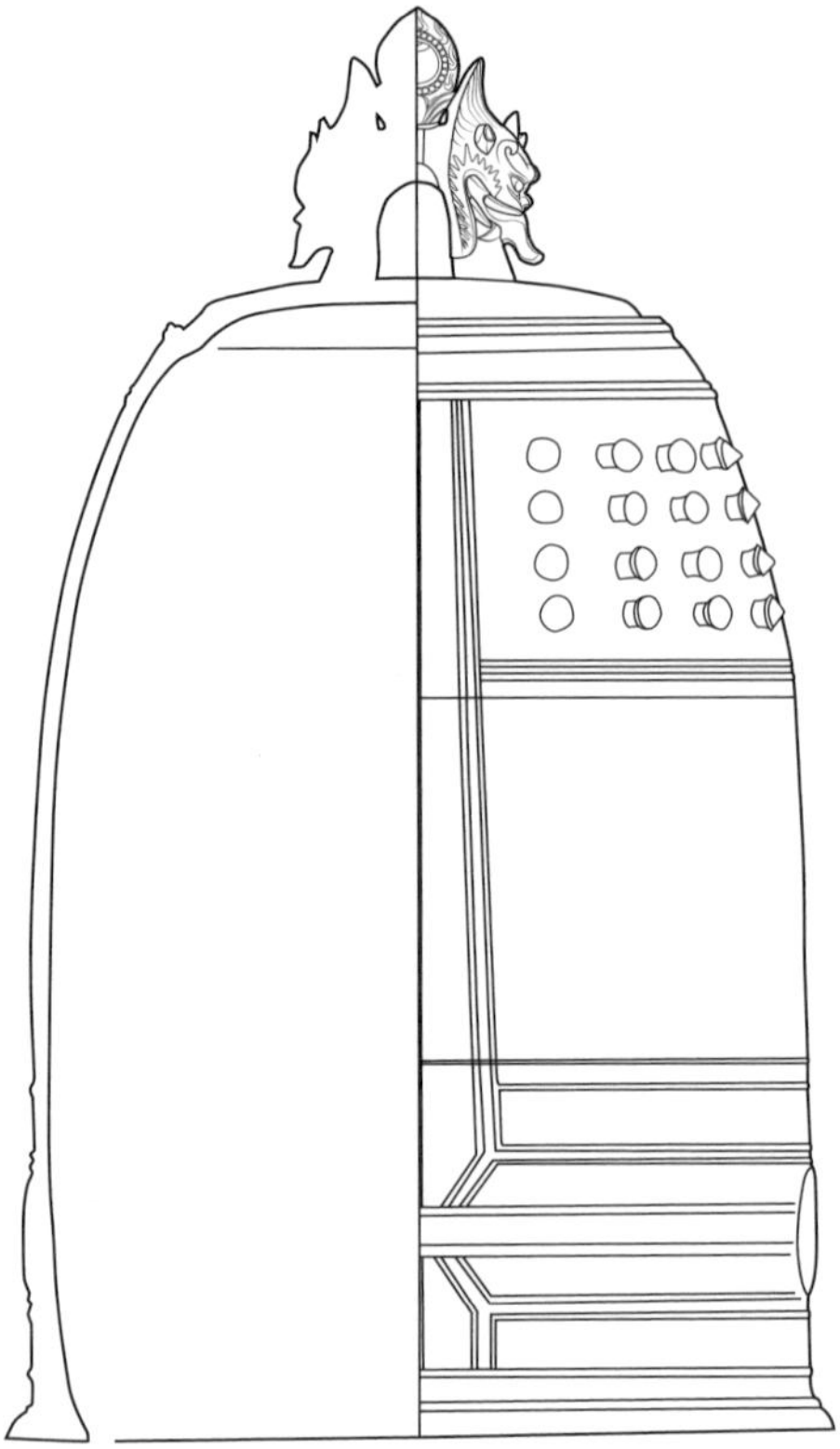

図12　豊後高田鋳物師梵鐘（法円寺鐘）
（杉山他編 1993 を再トレース）

⑥**豊後高田鋳物師**　同じ豊後国内でも北部の鋳物師組織は、南部とは全く異なる特徴の梵鐘を作った。竜頭は小倉鋳物師のものに酷似して蓮華座下部左右に透かしをもち、竜首の上唇が舌状に垂下する。小倉鋳物師の梵鐘と唯一異なる点は、池の間下部の鋳張りの下に水平紐を施し、池の間を上下二段に区切る点である（図12）［坪井 一九七〇］。

元亀二年（一五七一）銘の岡山県餘慶寺鐘は、池の間の下部に隆帯を一条めぐらす特徴から高田鋳物師の作とされる。寄進者は明人の「蘆高」と「陽愛有」である。望月規史は彼らを大友氏の保護を受けて日明貿易に従事した商人と推測する［九州国博 二〇一五］。

永徳元年（一三八一）銘の北九州市法円寺鐘は、もと豊後国田原別府の盛福寺のものであった。田原別府は宇佐神宮の荘園として開発された地である。永徳二年銘の大分県宇佐市大楽寺鐘の奉納先である大楽寺は、宇佐神宮大宮司到津家の菩提寺として創建された。この二口の願主円浄、尼貞蔵、鋳師大工善(禅)柱は同一人物とされ、宇佐神宮と密接な関係がうかがえる［北九州市立歴博 一九八七］。

宇佐弥勒寺には永享二年(一四三〇)銘の梵鐘があったことが「宇佐八幡神仏分離始末」(『神仏分離史料』)に残る。製作者は「晃氏」とあるだけで鋳物師名はわからない。この弥勒寺鐘ができる四年前の応永三三年(一四二六)「大内盛見袖判杉重綱奉書」は宇佐弥勒寺鋳物師大工職江島氏の相続許可に関する文書で(福本文書『中世鋳物師史料』)、江島あたりを拠点とする鋳物師がいた可能性がある［八尋 一九七九］。宇佐弥勒寺鋳物師大工職に関する文書は他に、大永二年(一五二二)「兵庫助某書下」と永禄四年(一五六一)「専使明直鋳物大工職安堵状」があり、後者は宇佐社の社裁によって鋳物大工職を安堵した文書である(福本文書『中世鋳物師史料』)。宇佐弥勒寺鋳物師と高田鋳物師との関係は今後の課題である。

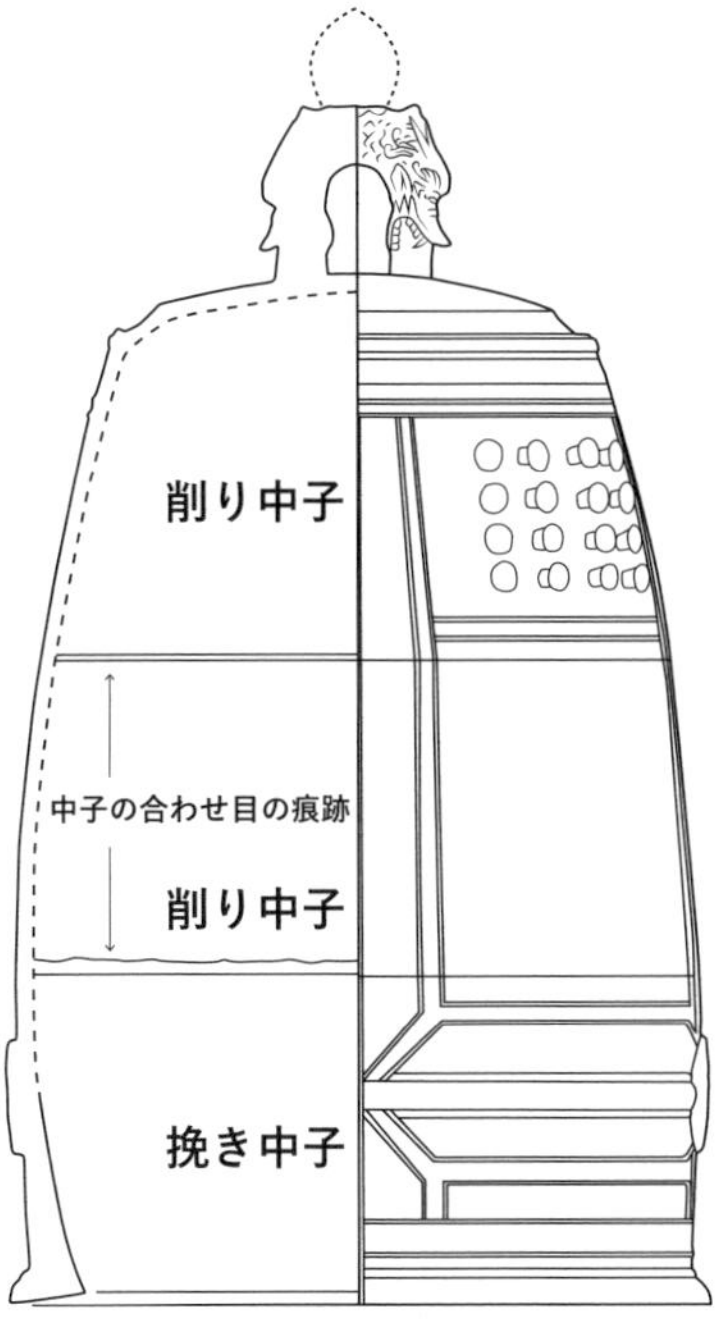

図13 大寧寺鐘内面模式図
(遠藤 2008 を再トレース)

⑦**筑前芦屋鋳物師** 茶の湯釜の産地として名高い芦屋では、素材の銅鉄を問わず、さまざまな鋳物製品を作った。それらは一貫して、「挽き中子法」と「削り中子法」を合わせた「継ぎ中子法」を用いる。梵鐘や鍋釜のような回転体の鋳型は、「挽型」という器物の断面形をかたどった木の板に回転軸を取り付け、外枠の内側に骨材を積み、その外壁に真土(砂・粘土・焼土の粉末を混合したもの)を塗って、挽型を回しながら成形する。中子とは、中空の製品を作るとき製品の表面にあたる外型とは別に、内側の空洞部分の形を作るための鋳型のことで、梵鐘は外型と中子を合わせたときに生じる隙間に金属を流し込んで製作される。挽き中子法とは、製品の肉厚分だけ減じた中子の形状の板に回転軸を取り付けて挽いて作る。いっぽう、削り中子法は、成形され

た外型に砂を込めて形を写し取り、肉厚分を削り落として作る。製作数が少数の場合は、削り中子法のほうが生産性の面から有利だという。継ぎ中子法は、中子下部を挽き中子法、上部を削り中子法という別々の方法で作った中子を継ぐという技法である。製作者としてはすべてを削り中子法で作る方が楽だが、内面を美しくするための芦屋鋳物師の美意識から継ぎ中子法を用いたのではないかと、遠藤喜代志は指摘する（図13）［遠藤 二〇〇八］。

芦屋鋳物師の最古の梵鐘は、正平一一年（一三五六）銘の山田若宮鐘（亡失）である。慶長年間頃までは芦屋にいたようだが（『筑前国続風土記』）（図4）、その後は博多へ移住した。

芦屋釜が京で珍重され、当時の一般教養を伝える『尺素往来』で「葦屋」の名が広く知られたため、他の鋳物製品の流通も広域にわたるとされてきたが、実際には芦屋周辺に集中する（図5）。大内氏が筑前国守護となった永享三年（一四三一）以降は長門や周防へ奉納したが、庇護者大内氏の滅亡後は地元の寺社へと活動範囲は縮小する。芦屋鋳物師の活動期間は約二五〇年間と長いが、その中でもいくつかの画期がある。

芦屋鋳物師で着目すべき点は、朝鮮鐘の要素を加味した和鮮混淆型式の鐘である。この鐘は博多鋳物師にも受け継がれ、博多鋳物師の梵鐘は和鮮混淆型式だけが残る（図14）。

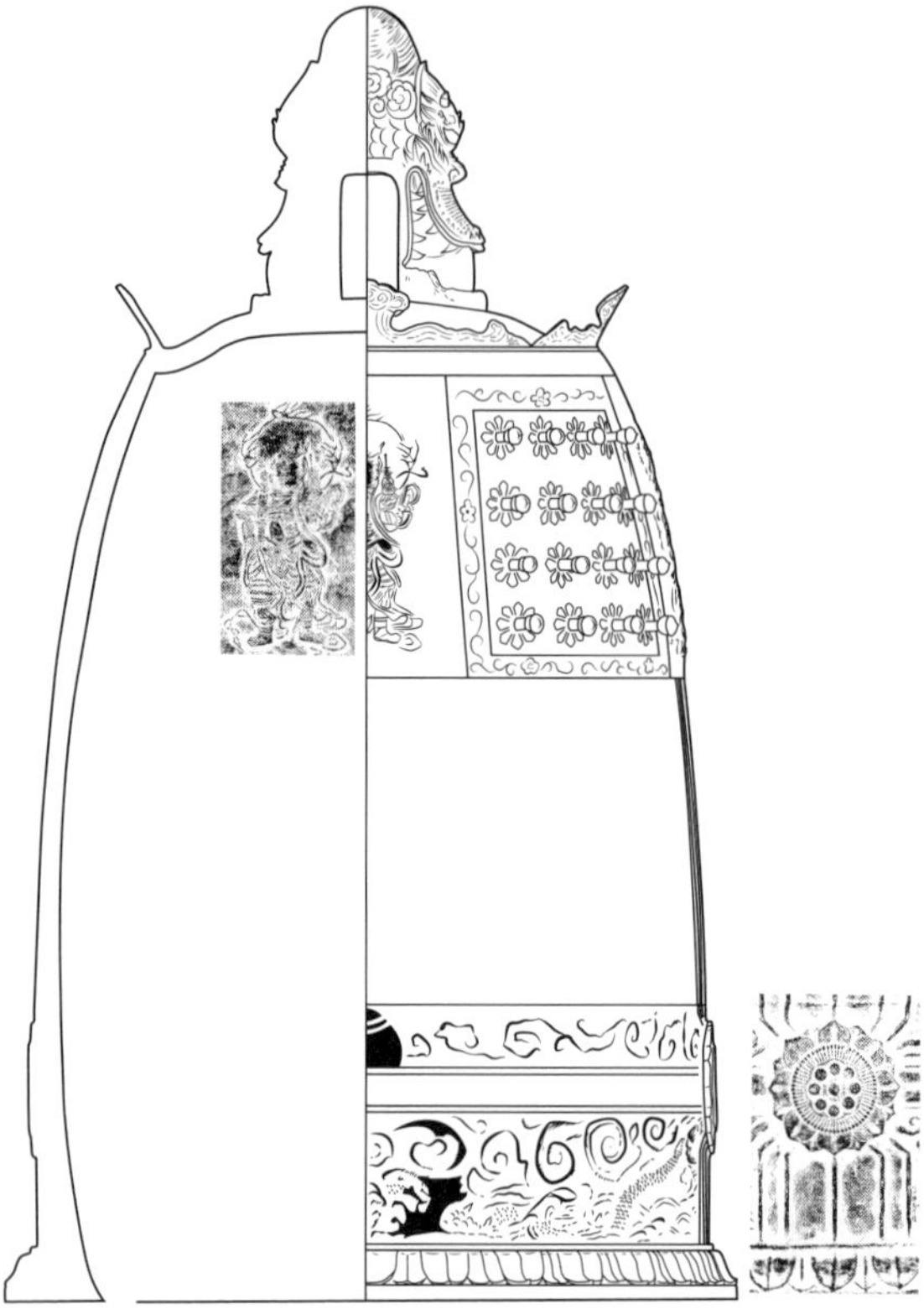

図14　和鮮混淆型式鐘（興隆寺鐘）
（杉山他編 1993 を再トレース）

⑧豊前今井鋳物師　遺品で見る限り、応永二一年

(一四一四)銘の周防熊野霊宮鐘(亡失)以降、今井鋳物師の活動期間は半世紀にも満たないが(図4)、伝承では、江戸時代に小倉城下居住で代々中野孫兵衛を名乗った彼らの祖先は今井を故地とし、中世小倉鋳物師とは作風が異なるという[村上 一九三五]。

本貫地から離れた周防や、永享年間に大内氏の所領だった久保荘(現・福岡県京都郡みやこ町)への奉納は、その背景に大内氏の後ろ盾を匂わせる(図5)。文明年間の史料だが、文明二年(一四七〇)「仁保弘有譲状」(三浦文書)によると、周防熊野霊宮鐘(亡失)の後援者である周防国恒富保地頭の平子氏は京都郡吉田荘内に所領を有しており、日常的に今井津と関係を持っていた可能性が高い[井上 二〇〇六]。平子氏は大内氏の有力被官であった。

⑨本貫不明の梵鐘 本貫不明の梵鐘も多い。梵鐘の鋳型分割や湯口系の技術系譜から流派の解明が進められているものの[五十川 二〇一六]、諸流の特徴を技術系譜で解明するのは、今後の課題である。

⑩琉球の梵鐘 琉球の梵鐘にもふれておきたい。沖縄県知事が会見をするとき、知事の後ろには屏風に仕立てられた「万国津梁の鐘」の銘文が置いてある。沖縄県立博物館は、この鐘も含めて一二口もの梵鐘を保管する。これほど豊富な梵鐘コレクションは世界的に珍しく、加えて県内には三口あり、琉球鐘とよばれる梵鐘は一五口が現存する。

このうち、明・弘治八年(一四九五)の二口は周防防府鋳物師の作で、円覚寺楼鐘は京都室町鋳物師、一品権現鐘と天界禅寺鐘の大工花城と小工大城は、その名前から琉球の鋳物師とされる。

そのほかの一〇口を坪井良平は大きく二系統に分け、精巧な竜頭をもつ梵鐘を小倉鋳物師、やや粗雑な竜頭をもつ梵鐘を芦屋鋳物師と想定した[坪井 一九七〇]。また杉山洋は、梵鐘の各構成要素を分類し、小倉鋳物師の系譜を引く今井鋳物師と、前期芦屋鋳物師の系統に分けた[杉山 一九九八]。松井和幸は現地調査の結果から、いずれも小倉鋳物師の関与を推定する[松井 二〇一四]。これらはいずれも梵鐘の様式にもとづく検討である。五十川伸矢が明らかにした鋳型分割や湯口系[五十川 二〇一六]、また芦屋鋳物師特有の中子製作法などの技術の検討で、今後は流派を解明できるかもしれない。

琉球鐘の鋳造に豊前・筑前・周防の鋳物師が参画した背景には、この三国を領有した大内氏と琉球との関係を考えねばならない。大内教弘・政弘は、この時期に南方との交易を積極的に推進し、琉球への関与を深めた［佐伯 二〇〇三、伊藤 二〇〇三］。また高橋康夫は、首里相国寺二世で多くの琉球鐘銘文を撰した天界寺開基の渓隠安潜が、大内氏との通交を通して豊前鋳物師の招聘に関与したと推定する［高橋 二〇〇六、久保 二〇一〇］。大内氏が豊前国守護に補任されると、その後の小倉鋳物師の豊前一帯での活動がみえなくなる。大量の注文に応えるため、琉球に移住したのではないだろうか。

記録に残る在銘琉球鐘二八口を見ると、明・景泰七年（一四五六）から明・弘治八年の三九年間に集中する。特に景泰七年に一〇口、景泰八年（天順元年）に九口鋳造しており、この時が琉球鐘の最盛期にあたる［坪井 一九七〇］。短期間に集中的に製作された理由は、王個人の仏教への帰依や、内乱など不安定な政情に対する国家鎮護のためとされてきたが、高麗版大蔵経の獲得を記念した国家的なモニュメントだったとの説もある［上里 二〇一〇］。

⑪**鋳物師の変質**　「職人」は奉仕する権門の性格に応じて、供御人・供祭人・神人・寄人などの地位が与えられた［網野 一九八四］。鎮西鋳物師は、南北朝時代初期の一四世紀中頃まで蔵人所供御人であった（『中世鋳物師史料』）。

前期芦屋鋳物師［杉山 一九九八］の名前は、阿号や「沙弥」を冠し半僧半俗的な性格がみえる。彼らは「金台寺過去帳」に名を連ねる時衆教団の一員で、芦屋釜の流通には金台寺時衆が関与した［川添 一九八三］。芦屋鋳物師作の延徳三年（一四九一）銘の遠賀郡岡垣町高倉神社毘沙門天立像からは、中世の木彫仏や小金銅仏の技術・知識ももちあわせていたことがうかがえる［八尋 一九七八］。

梵鐘の製作には相当な財力が必要で、諸権門の有力者が出資者になって寄進される梵鐘が多い中、鋳物師本人が寄進に応じた例もある。今井鋳物師作の応永二八年（一四二一）銘の福岡県行橋市浄喜寺鐘には「作料助成」の銘があり、鋳物師藤原安氏の彦山権現（福岡県田川郡添田町英彦山神宮）への製作費用の奉加を意味する［坪井 一九七〇］。今井鋳物師を率いる藤原安氏の財力のほどがうかがえる。

しかし、このような鋳物師の性格は次第に変質した。一五世紀前半以降、国・地域単位の鋳物師組織の編成や、守護による一国惣大工職・惣官職の補任、新たな分業体系の成長と領国制の本格的な成立は、中世的な鋳物師の統制組織を不可避的に崩壊させた（『中世鋳物師史料』）。天皇家直属の蔵人所惣官職による「職」の編成原理は、大名との双務契約を結んだ腕の良い職人を頭領とした編成へと切り替わってゆくのであった。

おわりに―梵鐘の社会的意義―

梵鐘を製作した鋳物師組織は九州内に少なくとも八つ確認されるが、本貫不明の梵鐘も多く、さらに増えるだろう。なぜ梵鐘はこれほど中世の人々に求められたのか。

笹本正治は、中世人の梵鐘に対する当時の意識に「現世と神仏が住む他界をつなぐ特別な器具」とする考え方が通底していたのではないかとみた［笹本 一九九〇］。中世では誓約や裁判での裁決を下す際に打ち鳴らす「鳴鐘」や「金打」が慣習だった（『源氏物語』『今昔物語集』『宇治拾遺物語』『平家物語』など）。戦国時代成立の『日葡辞書』には「神おろし」を「何かの誓約をしなければならない時とか、そのほか祭事を行う場合とかに、日本の神を呼び招くこと」と説明する。誓約の場に神を招き降ろすとき、鐘の金属音が重要な役割を果たしたと笹本はみるのである。

また、鐘の音が地獄で苦しむ人々を救うとの効用が鐘銘にみえたり、鐘淵・沈鐘伝説（福岡県宗像市鐘崎など）や雨乞への使用も（山鹿市日輪寺鐘など）、現世と他界をつなぐ特別な音という思想が背景にあるという。

しかし、こうした意識や思想は、戦国時代を境に変化する。梵鐘への追刻銘は文明年間から急増し、天正年間が最盛期となる。つまり、この約一四〇年間こそ、梵鐘が最も激しい移動にさらされた時代で、その主因は陣鐘（引鐘）や連絡用の軍器としての徴発であった［坪井 一九七〇］。戦国時代には梵鐘に対する呪術的な意識が薄れ、単なる音響具へと零落し、畏怖を圧した［笹本 一九九〇］。こうした意識の変化は、鋳物師の職人化とも連動する。

近世になると、寺請制度により寺院や梵鐘が広く普及した。梵鐘は神の世界と人間をつなぐ音から、危急や時刻を告げる人間同士をつなぐ音になったのである。

参考文献

宝満山の景観

阿部儀平　一九九一「日本列島における都城形成―大宰府羅城の復元を中心に」『国立歴史民俗博物館研究報告』第三六集　国立歴史民俗博物館

岡野浩二　二〇〇四「延暦寺の禁制型寺院法について」『延暦寺と中世社会』法蔵館

小田富士雄編　一九八二『宝満山の地宝』太宰府顕彰会

小田富士雄・武末純一　一九八三「太宰府・宝満山の初期祭祀」『宝満山の地宝拾遺』太宰府顕彰会

亀井明徳　一九八二「経筒新資料について」『九州歴史資料館研究論集8』九州歴史資料館

栗田勝弘　一九九七「国東六郷山寺院の伽藍配置と経塚」『古文化談叢』三七号

小西信二編　一九八四『宝満山及び竈門神社周辺の遺跡分布調査報告書』太宰府顕彰会

櫻井成昭　二〇〇五『六郷山と田染荘遺跡』同成社

森　弘子　二〇〇八『宝満山の環境歴史学的研究』太宰府顕彰会

八尋和泉　一九八七「英彦山今熊野嘉禎三年銘磨崖仏」『九州歴史資料館論集』一二

山村信榮　二〇〇五「大宰府における国境祭祀と宝満山・有智山寺」『仏教芸術』

山村信榮　二〇一八「大宰府成立再論」『大宰府の研究』高志書院

太宰府市教育委員会　一九八九『宝満山遺跡』

太宰府市教育委員会　一九九七『宝満山遺跡群Ⅱ』

太宰府市教育委員会　二〇〇一『宝満山遺跡群Ⅲ』

太宰府市教育委員会　二〇〇五『宝満山遺跡群4』

太宰府市教育委員会　二〇〇六『宝満山遺跡群5』

太宰府市教育委員会　二〇一〇『宝満山遺跡群6』

中世山林寺院跡 首羅山遺跡

伊藤幸司　二〇一八「中世の箱崎と東アジア」『アジアのなかの博多湾と箱崎』勉誠出版

井形　進　二〇一二『薩摩塔の時空』花乱社

江上智恵　二〇一八「薩摩塔の編年試論―考古学の見地から―」『九州に偏在する中国系彫刻についての基礎的研究』九州歴史資料館

川添昭二　一九九四『九州の中世世界』海鳥社

服部英雄　二〇〇八「地名と伝承・久原の景観と暮らし」『首羅山遺跡―福岡平野周縁の山岳寺院』久山町教委

久山町教育委員会　二〇一二『首羅山遺跡発掘調査報告書』

久山町教育委員会　二〇一三『改訂・増補　久山の仏像』

宮小路賀宏　一九九九「経塚資料覚書（二）」『九州歴史資料館研究論集』24　九州歴史資料館

六郷山の歴史

網野善彦　一九八九「豊後国六郷山に関する新史料」『大分県立宇佐風土記の丘歴史民俗資料館研究紀要 Ⅵ』

飯沼賢司　二〇一五『国東六郷山の振興と地域社会』同成社

岩戸寺　二〇一二『重要文化財　岩戸寺宝塔保存修理工事報告書』

上田純一　一九八七「平安期諸国文殊会の成立と展開について」『日本歴史』四七五号

上原真人　二〇〇二「古代の平地寺院と山林寺院」『佛教藝術』二六五号

海老澤衷　一九九八「室町幕府と国東」豊後高田市『豊後高田市史』

大石雅章　一九八七「非人救済と聖朝安穏―叡尊の宗教活動について―」『国家と天皇 大系仏教と日本人2』春秋社

大分県立宇佐風土記の丘歴史民俗資料館　一九八七『豊後国田染荘の調査Ⅰ』
大分県立宇佐風土記の丘歴史民俗資料館　一九八九『弥勒寺』
大分県立宇佐風土記の丘歴史民俗資料館　一九九〇『宇佐国東の寺院と文化財』
大分県立宇佐風土記の丘歴史民俗資料館　一九九二a『智恩寺』
大分県立宇佐風土記の丘歴史民俗資料館　一九九二b『豊後国都甲荘の調査　資料編』
大分県立歴史博物館　一九九八『豊後国香々地荘の調査　本編』
大分県立歴史博物館　二〇〇九『豊後国国東郷の調査　本編』
河野清實　一九三〇「文殊信仰の板碑」『大分県史蹟名勝天然紀念物調査報告書　第八輯』
吉良国光　二〇〇五「金剛宝戒寺の再興と大日如来像について」『戒律文化』第三号
国東町教育委員会　一九八二『国東の仏教信仰』
国東町教育委員会　二〇〇三『飯塚遺跡』
櫻井成昭　二〇〇五『六郷山と田染荘遺跡』同成社
薗田香融　一九五七「古代仏教における山林修行とその意義―特に自然智宗をめぐって―」『南都仏教』四号（のち同著『平安佛教の研究』法蔵館一九八一年に収録）
高橋　徹　二〇〇九「国東塔の変遷―型式学的研究―」『豊後国国東郷の調査　本編』大分県立歴史博物館
谷口耕生　二〇〇六「重源の文殊信仰と東大寺復興」『大勧進　重源』奈良国立博物館
西別府元日　一九九八「躍動する古代の豊後高田」豊後高田市『豊後高田市史』
長谷川賢二　一九九一「修験道史のみかた・考えかた」『歴史科学』一二三号
望月友善　一九七五『大分の石造美術』木耳社
結城明泰　一九八三「国東半島の製鉄と鍛冶の遺跡」『国東半島』大分大学教育学部

九州の仏像

井形　進　二〇一九『九州仏像史入門　太宰府を中心に』海鳥社
井形　進　二〇一二『薩摩塔の時空』花乱社
伊東史郎　一九九六「真木大堂不動明王二童子像・大威徳明王像」『國華』一二〇五
岡田　元　二〇〇九「宋代明州の史氏一族と東銭湖墓群」『寧波の美術と海域交流』中国書店
奥　健夫　二〇〇五「生身仏像論」『講座日本美術史4　造形の場』東京大学出版会
川添昭二　一九六七「豊後日田氏について」『九州文化史研究所紀要』一六
関根俊一　一九九一「尊像を鋳出する金剛鈴の諸特徴―四天王鈴と梵釈四天王鈴―」『美術史』一三〇
鈴木景二　二〇一四「史跡隼人塚とその石造物」『古代文化』六六（二）
末吉武史　二〇一三「九州における平安後期神将形像の基礎的研究」『鹿島美術研究』年報三〇号別冊
末吉武史　二〇一七「隼人塚石造四天王像の図像について」『かごしまの仏たち　守り伝える祈りの造形』鹿児島県歴史資料センター黎明館
田邉三郎助　一九九三「旧尼崎家蔵　四天王像」『國華』一一六六
谷口耕生　二〇一二「倶舎曼荼羅と天平復古」『仏教美術論集1　様式論―スタイルとモードの分析』竹林舎
東野治之　二〇〇八「東大寺戒壇の成立」『ザ・グレイトブッダ・シンポジウム論集』六
友鳴利英　二〇〇七「大安寺四天王像序論―広目天像の形姿復元と太刀を突く四天王像―」『文化財学報』二五
濱田　隆　一九六四「鑑真をめぐる天平絵画の動向―戒壇院扉絵を中心にして―」『南都佛教』一五

日隈正守　二〇一〇「八幡正宮（大隅国正八幡宮）石体事件の歴史的意味に関する一考察」『鹿児島大学教育学部研究紀要人文・社会科学編』62
藤浪三千尋　二〇一七「正八幡宮放生会（浜下り）と隼人塚との関係の考察」『南九州の石塔』二〇
松田誠一郎　一九八五「法隆寺食堂梵天・帝釈天・四天王像について」『美術史』一一八
松本隆昌　二〇〇〇「佐賀県四天社石造四天王像—佐賀県佐賀郡大和町所在の丸彫石造四天王像について—」『佛教藝術』二五一
三宅久雄　一九九八「正倉院宝物漆金銀絵仏龕扉の復元的考察」『正倉院紀要』二〇
三宅久雄　二〇〇八「東大寺戒壇院と正倉院宝物」『ザ・グレイトブッダ・シンポジウム論集』六
武笠　朗　一九九二「兵庫・東山寺蔵石清水護国寺旧在の大江匡房奉納真快作十二神将像」『佛教藝術』二〇三
村田治郎　一九六二「戒壇小考」『佛教藝術』五〇
八尋和泉　二〇〇〇「隼人塚石造四天王像考」『鹿児島考古』三四
吉原浩人　一九九〇「『筥崎宮記』考・附譯註」『東洋の思想と宗教』七
吉原浩人　二〇〇四「大隅正八幡宮における石体の出現—『八幡御因位縁起』流布の背景—」『日本古代文学と東アジア』勉誠出版
渡辺文雄　一九八六「六郷満山と中世石造文化」『豊後田染荘の調査』Ⅰ　大分県立宇佐風土記の丘歴史民俗資料館

九州の禅宗

伊藤幸司　二〇〇二『中世日本の外交と禅宗』吉川弘文館
今枝愛真　一九七〇「安国寺・利生塔の設立」『中世禅宗史の研究』東京大学出版会
上田純一　一九八六「九州禅林の形成」『仏教芸術』一六六号
上田純一　二〇〇〇『九州中世禅宗史の研究』文献出版
上田純一　二〇一一『足利義満と禅宗』法蔵館
榎本　渉　二〇〇八「「板渡」の墨蹟と日宋貿易」四日市康博編『モノから見た海域アジア史』九州大学出版会
川添昭二　一九九四『九州の中世世界』海鳥社
外山幹夫　一九六五「大友氏と禅宗」『九州史学』三三号
西尾賢隆　二〇〇六『中国近世における国家と禅宗』思文閣出版
橋本　雄　二〇〇五『中世日本の国際関係』吉川弘文館
原田行造　一九八二『中世説話文学の研究』上巻　桜風社
広瀬良弘　一九八八『禅宗地方展開史の研究』吉川弘文館
松尾剛次　二〇〇三「安国寺・利生塔再考」『日本中世の禅と律』吉川弘文館
三好志尚　二〇一八「中世鹿児島の港と戦国城下町の形成」『史林』一〇一巻五号
村井章介　一九九五『東アジア往還—漢詩と外交』朝日新聞社

宣教師たちの活動中心としての九州

浅見雅一　二〇〇二「イエズス会日本関係史料の編纂について—イエズス会歴史研究所と東京大学史料編纂所—」『東京大学史料編纂所研究紀要』第12号
海老沢有道　一九六六『日本キリシタン史』塙書房
折井善果　二〇一〇『キリシタン文学における日欧文化比較—ルイス・デ・グラナダと日本』キリシタン研究第四七輯　キリシタン文化研究会　教文館
片岡千鶴子　一九七〇『八良尾のセミナリヨ』キリシタン文化研究シリーズ3
五野井隆史　二〇一七『キリシタン大名—布教・政策・信仰の実相—』宮帯出版社
児島幸枝　一九九四『キリシタン文献の国語学的研究』武蔵野書院
小堀桂一郎編　一九九四『東西の思想闘争』叢書比較文学比較文化4　中央公論社

清水紘一・木崎弘美・柳田光弘・氏家毅　二〇一四『近世長崎法制史料集1　天正八年～享保元年』岩田書院史料叢刊8　岩田書院

佐藤進一・池内義資・百瀬今朝雄編　一九六五「大内氏掟書」『中世法制史料集　武家家法I』第3巻　岩波書店

純心女子短期大学長崎地方文化史研究所編　一九八五『長崎のコレジヨ』純心女子短期大学

鈴木広光　二〇一五『日本語活字印刷史』名古屋大学出版会

高瀬弘一郎　一九七七「キリシタン宣教師の軍事計画」『キリシタン時代の研究』岩波書店

デ・ルカ・レンゾ　二〇〇二「九州大名の宣教師受け入れと南蛮船―宗教政策による再解釈の試み―」『長崎談叢』第九一輯

デ・ルカ・レンゾ　二〇一九「長崎のイエズス会本部とその影響―そこで活動したイエズス会員を中心に―」『平和文化研究』第三九集　長崎平和文化研究所

土井忠生　一九七四「一六・七世紀における日本イエズス会布教上の教会用語の問題」『キリシタン研究』第十五輯

豊澤一　一九九九「山口の討論」『山口大学文学会誌』第四九巻

西村圭子　一九九八『近世長崎貿易と海運制度の展開』文献出版

福尾猛市郎　一九六四『大内義隆』吉川弘文館

藤野保編　一九八五『九州と外交・貿易・キリシタン（II）』九州近世史研究叢書第六巻　国書刊行会

米原正義編　一九八八『大内義隆のすべて』新人物往来社

結城了悟著・佐久間正訳　一九六九『長崎を開いた人―コスメ・デ・トーレスの生涯―』中央出版社

結城了悟　一九九三『天正少年使節―資料と研究―』長崎地方文化史研究所

結城了悟　一九九九『キリシタンになった大名』聖母の騎士社

王彩芹　二〇一一「日本初のグーテンベルク印刷機の歴史的意義」『周縁の文化交渉学シリーズ』2　天草諸島の文化交渉学研究

【訳本】

H.チースリク監修・太田淑子編　一九九九『日本史小百科〈キリシタン〉』東京堂出版

シュールハマー著・シュワーデ校閲・神尾庄治訳　一九六七『山口の討論―一五五一年、イエズス会士コスメ・デ・トレスと仏教徒との―』新生社

ジョアン・ロドリーゲス（João Rodriguez Tçuzu）著・伊東俊太郎・伊東隆夫他編集　一九七〇『日本教会史　下』大航海時代叢書XI　岩波書店

フロイス・ルイス著、柳谷武夫訳　一九六三『日本史1　キリシタン伝来のころ』東洋文庫四　平凡社

ルイス・デ・グスマン著、新井トシ訳　一九四四『東方伝道史　上巻』天理時報社

平山篤子訳　一九八五「パードレ・ホセ・デ・アコスタと『対明戦争を正当化する諸論拠に対する反論』」『英知大学論叢サピエンチア』第19号

平山篤子　一九九六「アロンソ・サンチェス神父と対明戦争―第二次マカオ出張報告書（一五八四年）」『帝塚山経済学』第五巻

【欧文】

DOCUMENTOS DEL JAPON 1547-1557 Editados y anotados por Juan Ruiz de Medina S. J., Monumenta Historica Societatis Iesu, vol. 137, Roma 1990

Fróis, Luis, SJ, HISTORIA DE JAPAM, Volumen I, Edicição anotada por José Wicki SJ, Biblioteca Nacional De Lisboa, 1976

Guzman, Luis de, sj, HISTORIA DE LAS MISIONES DE LA COMPAÑíA DE JESÚS EN LA INDIA ORIENTAL, EN LA CHINA Y JAPÓN DESDE 1540 HASTA 1600, (1601)"El Mensajero del Sagrado Corazón de Jesús", Bilbao, 1891

Satow Ernest M., THE JESUIT-MISSION PRESS IN JAPAN, 1591-1610, London,1888(Tokyo 1926)

Valignano, Alessandro, S. I., HISTORIA DEL PRINCIPIO Y PROGRESSO DE LA COMPAÑíA DE JESÚS EN LAS INDIAS ORIENTALES (1542-64), Roma, 1944

井形　進　二〇〇二「宗像興聖寺の色定法師坐像」『九州歴史資料館研究論集』二七
井形　進　二〇〇五「宗像大社の宋風獅子とその周辺」『佛教藝術』二八三
井形　進　二〇〇八「首羅山遺跡の宋風獅子と薩摩塔」『首羅山遺跡―福岡平野周縁の山岳寺院―』久山町教育委員会
井形　進　二〇〇九「太宰府所在の薩摩塔」『市史研究ふくおか』第四号　福岡市史編さん室
井形　進　二〇一二a「薩摩塔の時空と背景」『デアルテ』二八　九州藝術学会
井形　進　二〇一二b『薩摩塔の時空 異形の石塔をさぐる』花乱社
井形　進　二〇一四「山の神仏と海―九州北部と造形遺品に見る―」『山岳修験』五四
井形　進　二〇一七「長門三隅の熊野権現社の宋風獅子」『九州歴史資料館研究論集』四二
井形　進　二〇一八a『九州に偏在する中国系彫刻についての基礎的研究―薩摩塔と宋風獅子の基準設定にかかる考察―』平成二六年度～二九年度科学研究費補助金（基盤研究C）研究成果報告書　九州歴史資料館
井形　進　二〇一八b「志々伎神社の薩摩塔と宋風獅子」『九州に偏在する中国系彫刻についての基礎的研究』（前掲）
井形　進　二〇一八c「首羅山遺跡の薩摩塔と宋風獅子」『九州に偏在する中国系彫刻についての基礎的研究』（前掲）
井形　進　二〇一八d「宋風獅子の時空」『九州に偏在する中国系彫刻についての基礎的研究』（前掲）
井形　進　二〇一九「筥崎宮周辺の中国渡来石造物―恵光院の作例を中心に―」『九州歴史資料館研究論集』四四
井形　進　二〇二〇「薩摩川辺の水元神社の薩摩塔」『九州歴史資料館研究論集』四五
伊藤幸司　二〇一一「悟空敬念とその時代」『首羅山遺跡発掘調査報告書』久山町教育委員会
伊藤幸司　二〇一八a「港町複合体としての中世博多湾と箱崎」『九州史学』第一八〇号
伊藤幸司　二〇一八b「中世の箱崎と東アジア」九州史学研究会編『アジアの中の博多湾と箱崎　アジア遊学二二四』勉誠出版
伊東尾四郎　一九三二「宗像の古写経」「一筆書写一切経文献」『宗像郡誌』下巻
伊東尾四郎編　一九七三『福岡県宗像郡誌』上巻・中巻・下巻　名著出版覆刻
江上智恵　二〇一五「太祖神社所蔵の大陸系石製香炉」服部英雄他編『歴史を歩く時代を歩く』九州大学大学院比較社会文化研究院服部英雄研究室
江上智恵　二〇一八「薩摩塔編年試論―考古学の見地から―」『九州に偏在する中国系彫刻についての基礎的研究―薩摩塔と宋風獅子の基準設定にかかる考察―』
大庭康時・佐伯弘次・菅波正人編　二〇〇八『中世都市博多を掘る』海鳥社
大庭康時　二〇〇九『中世日本最大の貿易都市 博多遺跡群』新泉社
大庭康時　二〇一九『博多の考古学 中世の貿易都市を掘る』高志書院
鹿児島県立埋蔵文化財センター　二〇〇七『鹿児島県立埋蔵文化財センター発掘調査報告書（一二〇）持躰松遺跡』
川添昭二　一九九四「宗像大社の中世資料」『中世の海人と東アジア』海鳥社
川添昭二・網野善彦編　一九九四『中世の海人と東アジア』海鳥社
貴田　潔　二〇一八「筥崎宮と荘園制」九州史学研究会編『アジアの中の博多湾と箱崎　アジア遊学二二四』勉誠出版
九州史学研究会編　二〇一八『アジアの中の博多湾と箱崎　アジア遊学二二四』勉誠出版
九州歴史資料館　二〇〇二『筑前 大分 大分宮と養源寺』《九州の寺社シリーズ18》
朽津信明　二〇〇九「いわゆる「宋風獅子」の岩質について」『考古学と自

然科学』五八　日本文化財科学会
古代学協会　二〇〇三「特輯 十一世紀～十五世紀における南九州の歴史的展開―万之瀬川下流域に見る交易・支配・宗教―」『古代文化』第五二九号
末吉武史　二〇一二「福岡・恵光院燈籠堂の石造十一面観音像―南宋彫刻の可能性と図像の検討―」『福岡市博物館研究紀要』第二二号
高津孝・橋口亘・大木公彦　二〇一二「薩摩塔研究（続）―その現状と問題点」『鹿大史学』五九号別冊
筑紫　豊　一九三三『恵光院』瑠璃山恵光院
土田充義　一九七三「室町期の筥崎八幡宮の建築について―文書「八幡宮指図并材木目録帳」による復元―」『九州産業大学工学部研究報告』第九号
奈良国立博物館編　一九七六『国宝重要文化財 仏教美術 九州一（福岡）』小学館
筥崎宮　一九七〇『筥崎宮史料』
橋口　亘　二〇一三a「南さつま市加世田益山の八幡神社現存の宋風獅子―中世万之瀬川下流域にもたらされた中国系石獅子―」『南日本文化財研究』一八
橋口　亘　二〇一三b「南九州市川辺町宮の飯倉神社現存の宋風獅子」『南日本文化財研究』一九
橋口亘・高津孝・大木公彦　二〇一一「大応国師供養塔（福岡市興徳寺）四天王像彫出部材の発見と薩摩塔」『南日本文化財研究』一二
橋口亘・松田朝由　二〇一三「南さつま市加世田小湊「当房通」の薩摩塔―万之瀬川旧河口付近「唐坊」比定地の中国系石塔―」『南日本文化財研究』二〇
橋口亘・松田朝由　二〇一五「南さつま市金峰町宮崎字持躰松の上宮寺跡の中国製石仏（一）―万之瀬川下流の上宮寺跡で発見された宋風石仏と周辺の宗教遺物・遺構―」『南日本文化財研究』二五　南日本文化財研究刊行会
林　文理　一九九四「「博多綱首」関係史料」『福岡市博物館研究紀要』第四号
原田昭一　二〇一八「「藤原助継」銘石造物について―九州における大陸風意匠をもつ石造物の調査―」シンポジウム『石造物研究による中世日本文化・技術形成過程の再検討―東アジア交流史の視点から―』元興寺文化財研究所
久山町教育委員会　二〇〇八『首羅山遺跡―福岡平野周縁の山岳寺院―』
久山町教育委員会　二〇一〇『首羅山遺跡発掘調査概要報告書』
久山町教育委員会　二〇一二『首羅山遺跡発掘調査報告書』
松尾尚哉　二〇一〇「宇美町所在の薩摩塔について」『還暦、還暦?、還暦!』武末純一先生還暦記念事業会
宗像神社復興期成会　一九六一・一九六六・一九七一『宗像神社史』上巻・下巻・附巻
宗像市　一九九五『宗像市史 資料編第一巻 古代・中世Ⅰ』
宗像市　一九九九『宗像市史 通史編第二巻 古代・中世・近世』
村井章介　二〇一八「日中仏教文化の交流―中世の禅宗を中心に―」『シンポジウム「首羅山遺跡からみる中世日本と東アジア―首羅山遺跡の調査成果とこれから―」資料集』久山町教育委員会
桃崎祐輔・山内亮平・阿部悠理　二〇一一「九州発見中国製石塔の基礎的研究―所謂「薩摩塔」と「梅園石」製石塔について―」『福岡大学考古資料集成』四　福岡大学人文学部考古学研究室
八尋和泉　一九八四『恵光院』瑠璃山恵光院
山内晋次　一九九八「航海守護神としての観音信仰」『古代中世の社会と国家』上巻・大阪大学文学部日本史研究室
劉　恒武　二〇一六「浙江の窣堵波式石塔と九州の薩摩塔」『シンポジウム「中世の福岡平野から見る東アジア―首羅山と造形遺品を中心に―」資料集』久山町教育委員会

九州の五輪塔

石松好雄　一九八八『大宰府史跡―昭和62年発掘調査概報―』九州歴史資料館
井形　進　二〇〇八「首羅山遺跡の宋風獅子と薩摩塔」『首羅山遺跡』久山町教育委員会
伊藤延男　一九七三「五輪塔奥院所在」『奈良六大寺大観』第14巻　岩波書店
入江英親　一九七九『国東塔の分布と特色』（大分県文化財調査報告書第42輯）大分県教育委員会
岩永哲夫ほか　一九八四『山内石塔群』（宮崎学園都市遺跡発掘調査報告書第1集）宮崎県教育委員会
上村純一編　一九九七『清水磨崖仏群』（川辺町文化財調査報告書4）川辺町教育委員会
江藤和幸　二〇〇六「国東半島とその周辺の石造仏塔の諸特徴」『石造物、その地域性』（石造物研究会第7回研究会資料）石造物研究会
江藤和幸ほか　二〇一一「大分県中津市域の中世石造物」『石造文化研究』第29巻　おおいた石造文化研究会
大石一久　一九九九『石が語る中世の社会』（ろうきんブックレット9）長崎県労働金庫
大石一久　二〇〇一「日引石塔に関する一考察」『日引』第1号　石造物研究会
小田富士雄　一九七七「豊後・南海部郡の磨崖石塔群」『九州考古学研究　歴史時代編』学生社（初出は一九六一年）
甲斐常興　一九八九「五輪塔新二例とその三種悉地真言」『史迹と美術』第五九五号　史迹美術同攷会
賀川光夫　一九八一「五輪塔地下遺構の調査報告」『重要文化財　五輪塔　保存修理工事報告書』野津町教育委員会
賀川光夫編　一九九五『臼杵石仏　よみがえった磨崖仏』吉川弘文館
川勝政太郎　一九八一『新版 石造美術』誠文堂新光社
川上秀秋ほか　一九八五『白岩西遺跡』（北九州市埋蔵文化財調査報告書第43集）財団法人北九州市教育文化事業団埋蔵文化財調査室
北川賢次郎　二〇〇〇『勝福寺古塔碑群Ⅰ』（深田村文化財調査報告書第4集）深田村教育委員会
桑原憲彰　一九八〇『玉泉寺』（熊本県文化財調査報告第44集）熊本県教育委員会
極楽寺　一九七七『重要文化財　極楽寺忍性塔（五輪塔）保存修理工事報告書』
齋藤彦松　一九九七「清水磨崖仏群の調査」『清水磨崖仏群』［上村編 一九九七］
狭川真一　一九九八「太宰府の中世石造物」『太宰府市史―建築・美術工芸編―』太宰府市
狭川真一　二〇〇三「西大寺奥ノ院五輪塔実測記」『元興寺文化財研究所研究報告二〇〇二』㈶元興寺文化財研究所
狭川真一　二〇〇五「東吉田五輪塔」『嬉野町石塔調査報告』（嬉野町文化財調査報告書第11集）嬉野町教育委員会
佐藤亜聖　二〇〇六「西大寺様式五輪塔の成立」『戒律文化』第4号　戒律文化研究会
佐藤　誠　一九八九『九州の石塔　調査資料集』
髙橋　学　二〇一五「律宗系石塔からみた宰府最福寺について」『太宰府市公文書館紀要』第九号　太宰府市公文書館
多田隈豊秋　一九七五『九州の石塔』上・下巻　西日本文化協会
富田桂子　一九八〇「福岡県・善導寺の石造宝塔」『歴史考古学』第4号　歴史考古学研究会
中島恒次郎　一九九九『横岳遺跡（遺構編）』（太宰府市の文化財第45集）太宰府市教育委員会
長嶺正秀ほか　一九九四『平清経塚』（苅田町文化財調査報告書第23集）苅田町教育委員会
西野元勝　二〇〇九「蔵持山周辺の石塔について」『石造文化研究』第28号

おおいた石造文化研究会
藤澤典彦　一九八一「一石五輪塔」『国東仏教民俗文化財緊急調査報告書』元興寺文化財研究所
藤澤典彦　一九九五『五輪塔の研究―平成6年度調査概要報告―』元興寺文化財研究所
古川久雄　二〇〇五「長崎県対馬市厳原町豆酘内院―内院小学校構内五輪塔―」『日引』第6号　石造物研究会
前川清一　一九八四『肥後の金石論集・I』（私家版）
前川清一編　二〇〇四『肥後国浄水寺古碑群』熊本県豊野町教育委員会
前川清一編　二〇〇七『肥後国西安寺五輪塔群』熊本県玉東町教育委員会
馬淵和雄　二〇〇四「叡尊・忍性教団の考古学」『叡尊・忍性』（日本の名僧10）吉川弘文館
望月友善　一九七五『大分の石造美術』木耳社
桃崎祐輔ほか　二〇一一「九州発見中国製石塔の基礎的研究」『福岡大学考古学研究室研究調査報告第10冊』福岡大学考古学研究室
八尋和泉　一九七六「筑前飯盛神社神宮寺文殊堂文殊菩薩騎獅像および豊前大興善寺如意輪観音像について」『研究論集 2』九州歴史資料館

光勝寺石塔群

岩渕末紀子・桑名法晃・徳永前啓・深谷恵子　二〇一二「《史料紹介》尊重院日億著『億師年譜』（佐賀県松尾山光勝寺蔵）」『立正大学大学院仏教学研究会仏教学論集』№29　立正大学
小城市教育委員会　二〇一六『光勝寺一区』小城市文化財調査報告書第三二集
小城町史編集委員会編　一九七四『小城町史』小城町
佐賀県立図書館　一九六〇「光勝寺文書」『佐賀縣史料集成』古文書編第五巻
佐賀県立図書館　二〇一四「当山舊記控」『佐賀県近世史料』第一〇編第三巻
佐賀県立図書館　二〇一四「法華宗由緒」『佐賀県近世史料』第一〇編第三巻
志佐惲彦　二〇一〇「第八章　中世の美術と工芸」『厳木町史』中巻　厳木町史編纂委員会　唐津市
本間岳人　二〇一六「中世の題目石塔について」『興風』二八号　興風談所
松尾山光勝寺　一九七八『鎮西本山　松尾山光勝寺』松尾山光勝寺
宮崎県教育委員会　一九八四『山内石塔群』宮崎学園都市遺跡発掘調査報告書第一集

九州の梵鐘生産

阿蘇品保夫　一九七一「中世鋳物師組織の推移試論―阿蘇品鋳物師文書の紹介をかねて―」『熊本史学』第三九号
網野善彦　一九八四『日本中世の非農業民と天皇』岩波書店
有川宜博　一九九三「中世の小倉鋳物師」『北九州の金工品』北九州市立歴史博物館
飯沼賢司　二〇〇八「銭は銅材料となるのか―古代～中世の銅生産・流通・信仰―」『経筒が語る中世の世界』別府大学文化財研究所企画シリーズ①　思文閣出版
五十川伸矢　二〇一六『東アジア梵鐘生産史の研究』岩田書院
伊藤幸司　二〇〇三「大内氏の琉球通交」『年報中世史研究』二八号
井上　聡　二〇〇六「京都平野の都市と文化」『行橋市史』中巻　行橋市
上里隆史　二〇一〇「古琉球の金工品生産と流通」『琉球の金工』日本の美術第533号
遠藤喜代志　二〇〇八「芦屋釜の技術復興―（その1）挽き中子」『アジア鋳造技術史学会誌　FUSUS』1号
大分県教育委員会編　一九七四『大分県史料』(26)（第四部　諸家文書補遺2）
尾形善郎　一九八四「肥前の梵鐘考（1）」『佐賀県立博物館・美術館報』№067

川添昭二　一九八三「筑前芦屋の時宗・金台寺過去帳について」『九州中世史の研究』吉川弘文館
北九州市立歴史博物館　一九八七『わが町の宝　北九州市の指定文化財展』
九州国立博物館　二〇一五『戦国大名　九州の群雄とアジアの波涛』
久保智康　二〇一〇『琉球の金工』日本の美術第533号
佐伯弘次　二〇〇三「室町後期の博多商人道安と東アジア」『史淵』一四〇輯
佐々木稔　二〇〇二「銅生産の開始・衰退・再活発化と各段階の技術的様相」『鉄と銅の生産の歴史―古代から近世初頭にいたる―』雄山閣
笹本正治　一九九〇『中世の音・近世の音』名著出版
笹本正治　一九九六『真継家と近世の鋳物師』思文閣出版
杉山　洋他編　一九九三『梵鐘実測図集成　上・下』奈良国立文化財研究所史料　第37・38冊　奈良国立文化財研究所
杉山　洋　一九九八「琉球鐘」『仏教芸術』二三七
高橋康夫　二〇〇六「古琉球の環境文化―禅宗寺院とその境地―」『シリーズ都市・建築・歴史4　中世の文化と場』東京大学出版会
太宰府市　二〇〇四『太宰府市史』通史編Ⅱ
田渕義樹　二〇〇五「田中吉政と平井鋳物師」『秀吉を支えた武将　田中吉政―近畿・東海と九州をつなぐ戦国史―』柳川古文書館
坪井良平　一九七〇『日本の梵鐘』角川書店
坪井良平　一九七四「梵鐘雑記其三」『史迹と美術』第四五一号
富来　隆　一九五五「豊後国丹生荘について（一）」『大分県地方史』第5号
名古屋大学文学部国史研究室編　一九八二『中世鋳物師史料』法政大学出版局
西田京平・平尾良光　二〇一二「10～17世紀における日本の各種資料の鉛同位体比」『鉛同位体比法を用いた東アジア世界における金属の流通に関する歴史的研究』平成21年～23年度科学研究費補助金報告書
西村強三　一九七八「太宰府天満宮の慶長五年在銘の鰐口について」『九州歴史資料館研究論集4』九州歴史資料館
西村強三　一九八七「大宰府の金工」『大宰府の歴史』7　西日本新聞社
福岡県　一九六五『福岡県史』第3巻上冊
松井和幸　二〇一四『考古学からみた中世鋳物師の総合的研究（課題番号23520946）平成二三年度～平成二五年度科学研究費助成事業（基盤研究（C）研究成果報告書』
美東町　二〇〇四『美東町史』
村上繁雄　一九三五「文献に現はれたる北九州に於ける鐵器其他に對する考察（Ⅰ）」『製鉄研究』一四五号
八尋和泉　一九七八「延徳三年銘銅造毘沙門天像について―筑前高倉神社境内―」『九州歴史資料館研究論集4』九州歴史資料館
八尋和泉　一九七九「宇佐の美術工芸」『宇佐市史』下巻　宇佐市史刊行会
山本信夫・狭川真一　一九八七「鉾ノ浦遺跡（福岡県）―筑前大宰府鋳物師の解明―」『仏教芸術』一七四

執筆者一覧

大庭康時　奥付上掲載
山村信榮（やまむら のぶひで）　一九六三年生れ、太宰府市教育委員会
江上智恵（えがみ ともえ）　一九六六年生れ、久山町教育委員会
櫻井成昭（さくらい なりあき）　一九六八年生れ、大分県立先哲史料館主幹研究員
末吉武史（すえよし たけし）　一九六九年生れ、福岡市博物館学芸員
上田純一（うえだ じゅんいち）　一九五〇年生れ、京都府立大学 文学部 特別専任教授
デ・ルカ・レンゾ（Renzo De Luca）　一九六三年生れ、イエズス会日本管区長
井形　進（いがた すすむ）　一九七一年生れ、九州歴史資料館学芸員
狭川真一（さがわ しんいち）　一九五九年生れ、大阪大谷大学 教授
太田正和（おおた まさかず）　一九七五年生れ、小城市教育委員会
大重優花（おおしげ ゆうか）　一九八七年生れ、福岡大学人文学部歴史学科（考古学専攻）卒

【編者略歴】

大庭 康時（おおば こうじ）

1960年生れ、福岡市経済観光文化局文化財活用部埋蔵文化財課

〔主な著書論文〕

『博多の考古学』（高志書院）、『中世都市 博多を掘る』（編著・海鳥社）、「博多」（『いくつもの日本 新たな歴史へ』岩波書店）

佐伯 弘次（さえき こうじ）

1955年生れ、九州大学大学院人文科学研究院教授

〔主な著書論文〕

『モンゴル襲来の衝撃』（中央公論新社）、『対馬と海峡の中世史』（山川出版社）、「室町時代の博多商人宗金と京都・漢陽・北京」（『寧波と博多』汲古書院）

坪根 伸也（つぼね しんや）

1963年生れ、大分市教育委員会文化財課

〔主な著書論文〕

「大友館跡の変遷と府内周辺の方形館」（『戦国大名大友氏と豊後府内』高志書院）、「守護城下町を守るムラ―豊後府内の事例から―」（『西国城館論集Ⅰ』中国・四国地区城館調査検討会）、「中・近世移行期の施錠具と真鍮生産にみる外来技術導入をめぐる諸問題」（『国立歴史民俗博物館研究報告』第210集 国立歴史民俗博物館）

九州の中世Ⅳ

神仏と祈りの情景

2020年5月10日第1刷発行

編　者　大庭康時・佐伯弘次・坪根伸也

発行者　濱　久年

発行所　高志書院

〒101-0051 東京都千代田区神田神保町2-28-201

TEL03(5275)5591　FAX03(5275)5592

振替口座　00140-5-170436

http://www.koshi-s.jp

印刷・製本／亜細亜印刷株式会社　カバー装丁／Bow Wow

ISBN978-4-86215-207-7